本书系广东省2014年深化教育领域改革试点项目"基于DQP体系的高职学分制教学"和2014年广东教育教学成果奖（高等教育）培训项目《基于学习成果导向（DQP框架）工商管理专业人才培养方案的设计与应用》研究成果。

DQP
DEGREE QUALIFICATIONS PROFILE

基于DQP成果导向的人才培养探索与实践

美国学历资格框架中国化的应用实践

何静 编著

·广州·

版权所有　翻印必究

图书在版编目（CIP）数据

基于 DQP 成果导向的人才培养探索与实践：美国学历资格框架中国化的应用实践/何静编著. —广州：中山大学出版社，2017.4

ISBN 978-7-306-06027-3

Ⅰ.①基… Ⅱ.①何… Ⅲ.①高等职业教育—人才培养—研究—美国、中国 Ⅳ.①G718.5

中国版本图书馆 CIP 数据核字（2017）第 067549 号

出版人：	徐　劲
策划编辑：	刘爱萍　吕肖剑
责任编辑：	王延红
封面设计：	曾　斌
责任校对：	刘　犇
责任技编：	何雅涛
出版发行：	中山大学出版社
电　　话：	编辑部 020-84111996，84113349，84111997，84110779
	发行部 020-84111998，84111981，84111160
地　　址：	广州市新港西路 135 号
邮　　编：	510275　传　真：020-84036565
网　　址：	http://www.zsup.com.cn　E-mail: zdcbs@mail.sysu.edu.cn
印 刷 者：	佛山市浩文彩色印刷有限公司
规　　格：	787mm×1092mm　1/16　21.75 印张　400 千字
版次印次：	2017 年 4 月第 1 版　2017 年 4 月第 1 次印刷
定　　价：	48.00 元

如发现本书因印装质量影响阅读，请与出版社发行部联系调换

目　录

前言 ··· 1
序一 ··· 1
序二 ··· 4

第一编　从发展的视角寻求教育变革的力量与路径

第一章　我国高等职业教育的现状与发展趋势 ·· 3
　第一节　中国职业教育行业现状分析及发展趋势预测 ···························· 3
　第二节　新形势下我国职业教育的十大突破 ·· 12
　第三节　职业教育创新及未来发展趋势思考 ·· 17
第二章　我国高等职业教育人才培养模式及问题与趋势 ··························· 23
　第一节　高等职业教育人才培养主要模式与构成 ································· 23
　第二节　我国高等职业教育人才培养模式存在的主要问题 ···················· 30
　第三节　高等职业技术教育人才培养模式发展趋势 ······························ 34
第三章　成果导向的教育理念、内涵与主要模式 ···································· 40
　第一节　成果导向教育模式的形成历程 ·· 40
　第二节　成果导向教育模式的理论基础 ·· 41
　第三节　成果导向教育模式的特点与实施架构 ···································· 42
　第四节　成果导向教育模式的表现形式 ·· 48
　第五节　成果导向教育评估 ··· 49
　第六节　成果导向教育与传统教育的比较 ··· 51
　第七节　成果导向教育时代的到来 ·· 56
第四章　美国学历资格框架（DQP）的内涵 ··· 58
　第一节　美国学历资格框架（DQP）的起源与发展 ····························· 58
　第二节　学历资格框架（DQP）的重点内容 ······································· 60

第三节　对学历资格框架（DQP）的评价 ………………………… 65
第五章　美国职业教育与大学学分制模式的特征与启示 ……………… 67
　　第一节　美国职业教育的发展历程及趋势 ………………………… 67
　　第二节　美国职业教育的特点 ……………………………………… 68
　　第三节　美国大学学分制模式的主要特点 ………………………… 71
　　第四节　美国大学学分制模式的几点启示 ………………………… 73
　　第五节　美国职业教育改革的新动向及启示 ……………………… 76

第二编　基于DQP成果导向的理论实践与创新

第六章　现代职业教育课程观的思辨与探索 …………………………… 83
　　第一节　对当前社会现象与职业教育课程观的思考 ……………… 83
　　第二节　对人才培养与大学责任的思辨 …………………………… 85
　　第三节　对当前课程观与课程改革的思辨与探索 ………………… 87
第七章　以学习成果为导向的教育理念 ………………………………… 91
　　第一节　以教师为中心的教育教学理念的现状 …………………… 91
　　第二节　两种教学理念与结构特点的比较分析 …………………… 92
　　第三节　以学习成果为导向的教育教学理念 ……………………… 93
第八章　DQP在我国高等职业教育领域的解读 ………………………… 97
　　第一节　DQP参照点与职业能力的对应关系 ……………………… 98
　　第二节　DQP参照点与应用型学习的对应关系 …………………… 101
第九章　美国DQP中国化的探索与实践 ………………………………… 107
　　第一节　广东岭南职业技术学院对DQP的实践 …………………… 107
　　第二节　美国DQP参照点的中国化调优 …………………………… 113
第十章　学分矩阵结构在完全学分制改革中的探索与应用
　　　　——基于DQP的高职学分制教学实践 ………………………… 117

第三编　基于DQP成果导向的实务与运用

第十一章　基于DQP的专业规范与课程体系设计 ……………………… 127
　　第一节　专业规范的含义 …………………………………………… 127
　　第二节　专业规范的结构及内容 …………………………………… 129
　　第三节　专业规范的制定 …………………………………………… 130
第十二章　基于DQP的课程整体设计 …………………………………… 146

第一节　课程规范的概念及特点 ·················· 146
　　第二节　课程规范的结构 ······················ 148
　　第三节　课程规范的内容设计 ··················· 148
第十三章　基于成果导向的教学设计与实施 ············ 157
　　第一节　基于成果导向的教学设计 ················ 157
　　第二节　基于成果导向的教学实施理念 ·············· 161
　　第三节　基于成果导向的教学实施步骤 ·············· 164
　　第三节　基于成果导向的教学效果比较 ·············· 170
第十四章　基于 DQP 的教学诊断与改进 ············· 177

第四编　基于 DQP 成果导向的应用实例

第十五章　基于 DQP 的工商企业管理专业规范设计 ········ 191
第十六章　基于 DQP 的工商企业管理课程规范设计 ········ 214
第十七章　基于 DQP 的物流管理专业规范设计 ·········· 229
第十八章　基于 DQP 的物流管理专业课程规范设计 ········ 251
第十九章　基于 DQP 的人力资源管理专业规范设计 ········ 269
第二十章　基于 DQP 的模具设计与制造专业规范设计 ······· 292
第二十一章　基于 DQP 的专业诊断与改进实例 ·········· 312
　　第一节　专业评价体系 ······················ 312
　　第二节　工商管理专业评价及诊断 ················ 316
　　第三节　物流管理专业评价及诊断 ················ 320
　　第四节　专业改进计划 ······················ 325

后记 ································· 327

参考文献 ······························· 329

前　言

众里寻他千百度，蓦然回首，那人却在，灯火阑珊处

——高等职业教育创新与改革侧记

国际化是教育现代化的必由之路。

2016 年 6 月，中国正式成为《华盛顿协议》会员，这标志着我国工程教育及其质量保障迈出了重大一步，一定程度上表明我国工程教育的质量得到了国际社会的认可。《华盛顿协议》是当前最具国际影响力的教育互认协议，其宗旨是通过多边认可工程教育资格，促进工程学位互认和工程技术人员的国际流动。成员遍及五大洲，包括美国、英国、加拿大、爱尔兰、澳大利亚、新西兰、中国香港、南非、日本、新加坡、中国台北、韩国、马来西亚、土耳其、俄罗斯等成员。加入《华盛顿协议》是促进我国工程师按照国际标准培养、提高工程技术人才培养质量的重要举措，是推进工程师资格国际互认的基础和关键，对我国工程技术领域应对国际竞争、走向世界具有重要意义。

西方国家在 20 世纪中期已经意识到地区实行实质等效的人才互认的重要性，到八九十年代已经形成了相对成熟的专业认证体系。到 21 世纪，根据工程职业能力的分类，工程专业教育认证体系被国际组织分为针对"专业工程师"的《华盛顿协议》、针对"工程技术专家"的《悉尼协议》和针对"工程技术员"的《都柏林协议》。其中，《悉尼协议》是针对接受三年制高等教育培养的工程技术教育的认证。虽然目前中国尚未加入该协议，但是全面加入国际工程教育认证、走向工程教育的国际化是未来发展的必然趋势。

提升高等职业教育的国际化竞争力是改革的趋势。

近些年来,中国高等职业教育在规模上发展很大,但在质量上尚未充分满足社会对职业人才的需求,有关材料显示,我国高等职业教育的国际化竞争力与很多发达国家相比还有一定的差距,这也反映了高等职业教育在国际化职业人才培养方面任重而道远。因此,在中国未来向后工业社会和中等发达程度迈进的过程中,提高对职业教育的投入,扩大职业教育的规模,建立完善、灵活、融通的职业教育结构体系,参与并举办国际各类职业技能比赛,专项研讨体验和制定国际规则,促进教育模式国际化,加强教育成果国际化、育人方式和评价国际化,加强学分学历互认,仍应是我国职业教育发展的基本方向。

当前,我国现有的专业建设,如人才培养计划的制订、教学方式的改进、职业意识的传授、毕业生要求的达成等更多的还是局限在国内同行借鉴、经验参考的层面上,高职教育所采用的国外经验如德国、新加坡、台湾模式等,也大多是偏于教育者自身的需求方面,比如产学合作、工学结合,等等。中国高职教育现在面临的问题是要走一条以学生为中心,以结果为导向(成果为导向)、以专业建设为抓手的内涵式发展之路,这是"后示范""后骨干""一流高职""创新强校工程"时期的必由之路。从这个意义上来说,《悉尼协议》具有极强的参考意义。《悉尼协议》对学生的培养目标、学生学习要求及毕业生应掌握的知识、技能要求都做了明确规定;同时对课程体系、师资队伍、专业的持续改进须达到要求也做了明确的规定。《悉尼协议》提倡以"学生为中心""以结果为导向",同时倡导专业与课程根据社会经济发展持续改进,以满足社会对人才的需求。这对改善我国当前相对封闭、静态的教学和质量保证体系而言显然值得学习与借鉴,只有推进动态的、开放的、持续改进的质量保证体系,只有不断反馈和评价教育教学工作的效果,发现需要改进的教学环节并进行及时的修正,才能从根本上保证培养质量的保持和提高。才能真正推动专业建设的内涵式发展。

成果导向与学分制改革探索与实践的先行者。

《国家中长期教育改革与规划发展纲要(2010—2020年)》首次从国家层面正式提出教育国际化,自"教育十三五规划"出台和党的十八大以来,国家鼓励借鉴国际经验开展人才培养模式改革与创新,逐步实现教育国际化。教育领域的国际化即教育资源在国际范围配置,要素在国际流动,通过借鉴国际的先进教育理念与教育经验来促进教育领域的改革和发展,最终目的是提升教育的国际地位、影响力和竞争力,培养具有国际视野、通晓国际规则、能够参与国际事务和国际竞争的国际化人才。在这一大背景下,广东岭南职业技术学院在参考美国学历资格框架的基础上,结合国情和高等职业教育的实际情况,进行了美国学历资格框架〔Degree Qualifications Profile,简称 DQP)Beta 版〕中国化的积极探索与实践。

美国学历资格框架(DQP)的主要作用是为高等院校在设计其专业课程预期学习成果时提供较为具体的参照标杆,并非要求直接采用的标准,而是协助高等院校反思"为什么以及如何做才能更好地帮助学生成长"的一个工具,因此得到了美国独立学院理事会(CIC)、美国高等院校协会(AAC&U)、国家学习成果评核中心(NILOA)等机构的积极支持,在全美高等院校进行试点推广并取得了良好成效。2014 年,露明纳基金会参考各高等院校应用实践结果的反馈,对学历资格框架(DQP)进行了修订,发行了 2.0 版。其中一个主要的修订就是将 Beta 版中的五大学习领域(专门知识学习、广泛且融合的知识学习、智力技能学习、应用学习、公民学习)的最后两个学习领域进行了扩充,首先将应用学习领域扩充为应用与协作学习领域,以突出"与他人合作"能力在人才培养中的重要性;其次将公民学习领域扩充为公民与全球学习领域,以促使学生能更好地适应全球化发展下的社会、经济与生活。

从 2011 年起,在美国独立学院理事会(CIC)、美国高等院校协会(AAC&U)、国家学习成果评核中心(NILOA)等机构的积极支持下,学历资格框架(DQP)在全美高等院校进行试点推广。至 2014 年年底,已经有超过 400 所美国高等院校应用了学历资格框架(DQP),在通识教育课程完善、通识教育与专业教育的融合、专业培养方案完善以及学习成果评核等领域取得了良好成效并成为美国高等教育改革的一项工具。

广东岭南职业技术学院在参考美国学历资格框架(DQP)基础上,从 2014 年开始开展人才培养模式的改革与创新。并在 2014、2015、2016 级践行以"学生为中心、成果为导向"的育人理念,探索构建学分矩阵结构课程体系,实施"教、学、做、创"的一体化改革,建立成果导向的课程调优系统与人才培养质量的诊断与改进保障体系。如今,基本实现了由传统注重课程教学过程和学分的育人模式到以学生为中心、注重学生学习成果、强化课程知识融合与应用的转变,使学生毕业后能真正拥有职业和社会适应能力,成为全面发展的人才。三年的探索与实践,人才培养质量和师资水平得到显著提高，项目成果对当前职业教育的改革与创新具有一定的实践性、普适性和示范性，对同类院校具有较好的借鉴指导作用。

本项目的探索与实践过程中也得到了同行的大力支持和高度关注，先后接受了近15所兄弟院校的参观交流，2015年6月我们在"广东省高职教育公共事业与管理类专业特色建设高峰论坛"上以该项目的实践情况与参会的兄弟院校进行了交流。交流过程中得到了广东省高职高专公共事业与管理教指委主任严中华教授的肯定和兄弟院校的好评。此后，在具有丰富职业教育经验和专家型教授严中华的支持下，以本书的部分内容面向广东省高职高专公共事业与管理教指委成员单位开展了两期规模近200人的"基于DQP成果导向的教学改革与创新师资"培训，也得到了参训教师的一致好评，这也给了我们极大的鼓舞。

本书所涉及美国学历资格框架（DQP）中国化实践探索的内容，是基于广东省2014年深化教育领域综合改革试点项目《基于DQP体系的高职学分制教学》和2014年广东教育教学成果奖（高等教育）培育项目《基于学习成果导向（DQP框架）工商管理专业人才培养方案的设计与应用》的研究背景，在学校的支持和统一指导下，经过三年的学习、翻译、架构与实践探索，形成了一套基于实现高等职业教育人才培养目标的人才培养框架，并经过实践，认为可有效解决当前高等职业教育在专业人才培养模式改革中迫切需要解决的部分问题。我们想既然是有意义的、积极的，那么我们就认真归纳、总结。如果说，我们的智慧和探索与实践，能为推动高等职业教育的改革发展做点贡献，或许这就是我们最大的欣慰和愿望。

本书编写过程中，得到华南师范大学副校长、比较教育学博士生导师吴坚教授，笔者的导师陕西师范大学博士生导师袁祖社教授，广东岭南职业技术学院校长朱家勇教授、副校长陈思东教授、教务长刘丹青教授，广东科学技术职业学院严中华教授、关冬梅教授等领导的指导和支持。同时也得到了同事们的大力协助，书中有些章节的思路来自于殷明博士、翟树芹老师、牛玉清老师的实践，有些章节引用了我与他们共同署名发表的文章。本书的第一编中有些章节引用了刘春生、赵进忠、叶晓平等同志的相关文章，我在此一并表示衷心的感谢。

何　静

（广东岭南职业技术学院经济管理学院院长）

2017年2月18日

序一

  我第一次对美国学历资格框架（DQP）产生兴趣，是 2016 年 1 月 8 日于广东科学技术职业学院举行的广东省高职教育公共事业与管理类专业特色建设高峰论坛暨分教指委成立的大会上。广东岭南职业技术学院经济管理学院院长何静教授率其团队，在会上分享了其学校如何借鉴 DQP 创新人才培养模式的经验；此后，2016 年 3 月 16 日，我率分教指委副主任委员以及相关成员 30 多人对广东岭南职业技术学院基于 DQP 学分制人才培养模式改革的现状进行深入调研后，本人对美国 DQP 的兴趣更是有增无减。其原因在于我认为我国职业教育"后示范"改革待破解的以下几个难题，几乎都能在 DQP 中找到相关的解决思路、技术和工具：高职与中职以及普高之间如何衔接和打通的技术问题；创新创业精神、职业道德以及社会主义核心价值等通识素质和能力如何融入职业教育人才培养全过程的路径和技术问题；体现学生为中心的学分制改革的路径和技术问题；职业教育如何突破副学士学位授予的问题；中国的职业教育如何与国际接轨的路径和技术问题，等等。事实上，广东岭南职业技术学院自 2014 年以来基于 DQP 与学分制人才培养的探索与实践也有力地证实了这一判断。

  不仅如此，在我与广东岭南职业技术学院 DQP 项目组主要成员殷明博士交流时，他对 DQP 解读时也指出："美国多年来基于 DQP 成果导向高等教育的实践也证实，采用 DQP 对人才培养模式进行改革创新也将为职业教育各类相关利益方带来直接的利益。"例如，对学生而言，其利益主要体现在：提高了学生的学习兴趣与自主性；当学生努力达成学习成果时，他的学习觉悟发生了惊人的转变；学生对学习过程的监管增强了其自主管理能力；学生有更多应知应会成果向家长、用人单位展示。对教师而言，其利益主要体现在：教师们将注意力从单门课程转移到专业课程体系，并且不同专业的教师们可以就"如何优化教学设计以促进学生学习"进行对话与交流，从而使得教师间的交流与合作得到加强，从而促进了教师的专业发展；教学水平与成效得到提高，更容易产生工作成就感。对学校而言，其利益主要体现在：专业培养计划与课程体系设计更加科学；教学管理体系更加科学、获得了教育质量提升的有力证据。对用人单位而言，可以更深入地参与到教育的全过程并获得更具适用性的发展型人才。上述四方面的利益汇合又导致专业人才培养质量的全面提升。

综观21世纪全球教育创新的实践可以发现，美国DQP是全球成果导向教育理念践行类型的一朵奇葩。成果导向教育（Outcome-Based Education，OBE）理念在1981年由斯帕迪（Spady W.）率先提出，到目前，已经形成了比较完整的理论体系，并且呈现不同的实践类型，例如，除美国基于DQP成果导向高等教育实践类型之外，还存在全球基于认证的成果导向工程教育实践类型、欧盟基于高等教育区资格框架和Tuning（调优）的成果导向高等教育实践类型和澳、英基于国家资格框架（AQF、QCF）的成果导向职业教育实践类型，等等。

英国博洛尼亚协议专家斯蒂芬·亚当（Stephen Adam）认为，成果导向是教育的一种新范式，是追求卓越教育的正确方向。因此，我国向国际工程联盟大会积极申请成为《华盛顿协议》正式成员，并且于2016年6月2日获得了批准，这标志着我国工程教育专业认证从形式和内容上由输入与过程导向开始向成果导向的转化。另外，2012年10月，中国政府和欧盟委员会共同启动了中欧调优（Tuning）联合研究项目，在项目第一阶段选择了管理学、土木工程学和比较教育学三个专业进行试点研究，旨在推动中国高等教育向成果导向教育这一新范式转化。

2014年岭南职业技术学院的管理者们审时度势，在我国率先引进DQP对高职教育专业人才培养模式进行了改革创新。并且经过三年的实践，积累许多宝贵经验，为我国后示范的高等职业教育顺应国际教育改革趋势、推动成果导向教育将提供重要的思路和借鉴。

因此，由何静教授率其优秀团队编著的《基于DQP成果导向的人才培养探索与实践》一书的出版恰逢其时。

另外，本书出版之时也是本人编著的《国外职业教育核心理念解读——学习成果导向职业教育课程开发理论与实践》一书付梓之时，两本书的内容相得益彰，希望从事高等（职业）教育改革和创新的同仁们都能喜欢并从中受益。

以此为序。

严中华　教授
(广东省人才开发与管理研究会副会长；
广东省高职高专公共事业与管理教指委主任；
麦迪士国际职业教育研究与评估中心主任；
广东科学技术职业学院经济管理学院院长)
2017年2月18日

序二 勇于开拓创新 值得学习借鉴

近年来，随着我国社会主义市场经济体制的不断创新，高等职业教育作为国民经济中的重要力量发展速度迅猛，也取得了较为丰硕的成果。在今后一定时间内，我国还将大力发展职业教育，这彰显了我国对职业教育的重视程度和职业教育在整个教育体系中的地位。同时，随着社会经济的发展和国家"一带一路"战略的实施，高等职业教育国际化问题已成为当前高等职业教育改革与创新的重要研究课题。国外的一些发达国家高等职业教育的许多有益经验值得我们借鉴，借鉴和融合国际先进经验，提升本国、本校的高等职业教育水平，是推进我国高等职业教育国际化进程的有益探索。

高职人才培养模式的国际化改革与创新是当前高等教育研究的一个重大课题。在世界各国职业教育都在不断改革与创新过程中，涌现出了许多特色鲜明的人才培养模式，其中有些更是值得我们思考与借鉴的。在国家鼓励借鉴国际经验开展人才培养模式改革与创新的背景下，广东岭南职业技术学院在参考美国学历资格框架（Degree Qualifications Profile，简称DQP）基础上，结合国情和高等职业教育的实际情况，进行了DQP学历框架中国化实践的积极探索，经过三年多的探索与实践，制定了一套基于成果导向的高等职业教育人才培养模式和学分制管理体系，并经过实践有效地解决了高等职业教育在专业人才培养模式改革中迫切需要解决的部分问题，为我国的高等职业教育改革与创新提供了有利的借鉴和引导。

吴坚 教授

（华南师范大学副校长、比较教育学博士生导师）

2017年1月18日

第一编
从发展的视角寻求教育变革的力量与路径

知者不惑,仁者不忧,勇者不惧。
——《论语·子罕》

随着《国家中长期教育改革与发展规划纲要（2010—2020年）》的制定和十三五规划的通过，面向未来的教育改革的目标和任务逐渐清晰。但是，真的能改吗，我们到底要不要改，改革的力量何在，应该往哪里改，又如何启动一场实质性的教育改革？……

第一章 我国高等职业教育的现状与发展趋势

第一节 中国职业教育行业现状分析及发展趋势预测

国家重视人才培养，职业教育市场迎来契机。国家先后实施科教兴国、人才强国战略，重视人才培养，把人才作为推进事业发展的关键因素，是提升国家核心竞争力和综合国力的重要保证。

一、中国职业教育市场现状分析[①]

根据 2015 年全国人大常委会审议的全国人大常委会执法检查组关于检查《中华人民共和国职业教育法》实施情况报告，我国已建成世界上规模最大的职业教育体系，职业院校 13300 多所、在校生 3000 万人、年毕业生近 1000 万人、累计培训各类从业人员 2 亿多人次。2012 年全国教育培训市场的总体规模达到 9600 亿元，其中职业培训的市场规模为 3000 亿元左右，占比接近三分之一，市场空间巨大。

学员学习主动性强、付费意愿高。相比其他细分行业，由于职业教育用户参与的主要目的是为了谋求更好的职业发展，因此用户的学习主动性强、付费意愿高，互联网化的潜力巨大。根据《2014 年搜狐教育行业白皮书》，职业教育用户相比早教、中学教育等其他细分行业用户的年培训消费更多、付费意愿更强。

2015 年我国高等职业教育、中等职业教育、专科职业教育、继续教育市场规模分别为 417 亿元、615 亿元、834 亿元和 1450 亿元。到 2020 年，我国整体职业教育市场规模有望达到 3787 亿元。而在国家财政投入方面，虽然我国教育经费投入每年稳步提升：据国家统计局消息，2014 年全国教育经费

---

① 本节部分文字和数据来源于"中国产业信息网"，http：//www.chyxx.com/industry/201608/435248.html。

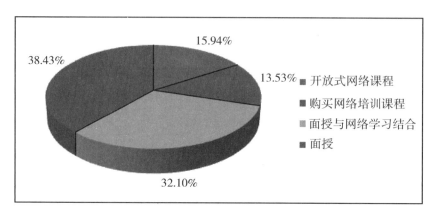

图1-1 职业教育用户付费意愿调查

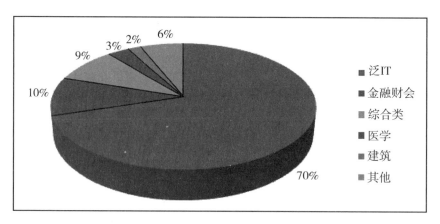

图1-2 职业教育专业成长空间示意图

总投入32806.46亿元，同比增长8.04%；国家财政性教育经费26420.58亿元，占GDP的4.15%；然而与发达国家相比，我国教育投入效率相对较低，尚有较大提升空间。

职业教育方面，2014年中央财政投入仅5.92亿元，地方财政投入1831.35亿元，与中国产业信息网测算市场规模缺口超千亿。目前职业教育体系以政府办学为主体，财政性经费职业教育总投入的比例为74%，未来将形成以政府办学为主体、全社会积极参与、公办与民办共同发展的格局。

第一编 从发展的视角寻求教育变革的力量与路径

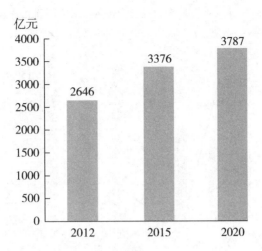

图1-3 我国职业教育市场规模预测

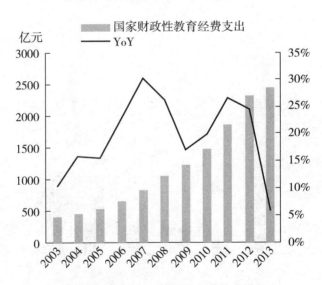

图1-4 国家财政性教育经费稳定增长

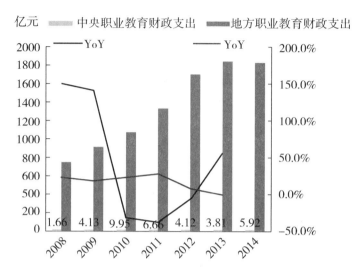

图1-5 中央与地方职业教育财政支出对比图

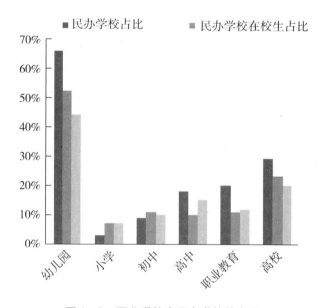

图1-6 职业学校中民办学校的占比

二、需求旺盛，职业教育市场广阔

转型发展需求与高就业率持续推动职业教育市场扩张。受到全球经济不景气的影响，自2011年以来我国高校毕业生就业率整体呈现持续下滑趋势，到2014年，全国高校应届毕业生初次就业率仅略高于70%。与此形成对照的是职业学校就业率高达90%以上。据教育部统计，2015年，全国中等职业学校毕业生人数为515.47万，就业人数为496.42万，就业率为96.30%，对口就业率为77.60%。高就业率成为职业教育吸引生源的一个重要因素。

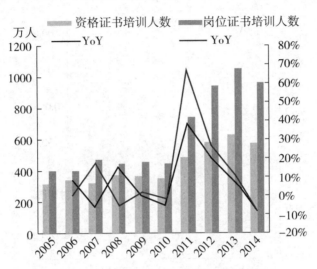

图1-7 近年来职业教育学员增长趋势

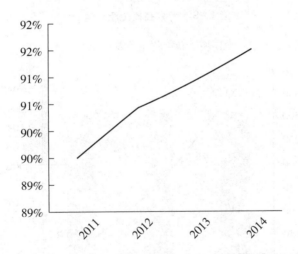

图1-8 高职高专职业学校就业率走势

从劳动力市场的需求角度看，当前我国正在经济转型期，需要大量的专业性技术人才来补充第二、三产业劳动力缺口。职业教育作为高等教育的补充，承担着培训劳动力的重要任务。根据人社部印发的《人力资源和社会保障事业发展"十三五"规划纲要》，"十三五"期间实现城镇新增就业5000万人以上，实现城镇登记失业率控制在5%以内；制定技工教育"十三五"规划，大力推进技工院校改革创新，推动建设职业训练院，大力推行企业新型学徒制、国家基本职业培训包、校企合作、互联网+职业培训等培训模式。

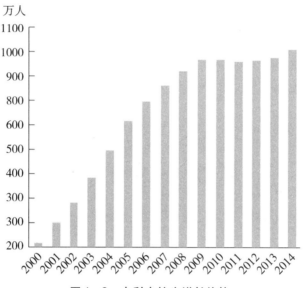

图1-9 专科在校生增长趋势

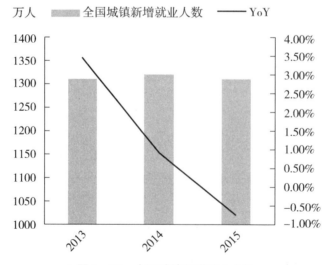

图1-10 全国城镇新增就业人数

从图1-10来看，2013—2015年的新增就业人数并没有显著增多，这说明毕业生的就业压力大，职业教育依然任重道远。

三、职业教育互联网化趋势明显

随着"互联网＋"技术的普及，传统教育培训行业正逐步与互联网实现深度融合。利用信息通信技术以及互联网平台开展网络远程课程模式正逐步取代传统的点对点授课模式。2015年我国在线教育用户人数达到9099万，市场规模达到1043.1亿元，预计到2017年用户规模将达到1.2亿，市场规模1231.5亿元，潜力巨大。

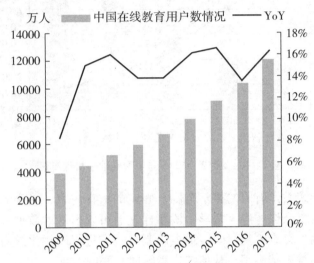

图1-11　2009—2017年中国在线教育用户预测

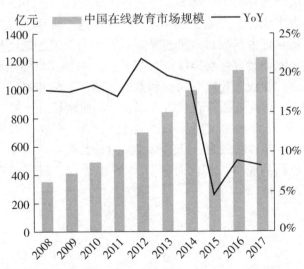

图1-12　2008—2017年中国在线教育市场规模预测

早在20世纪90年代，互联网教育的概念就已经形成，但受制于当时的技术设备和人们传统观念，产业未能兴起。进入2010以来，随着互联网与智能手机的大范围普及以及人们思想观念的转变，互联网教育正爆发出巨大潜力。

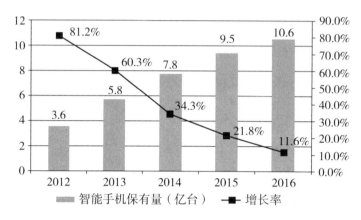

图1-13 2012—2016年中国智能手机保有量

相比于传统教学有限的教学范围、固定的教育内容、受众群体有限，互联网教育有着受众群体广、教学手段多样化、可以引入大数据分析，特别是移动端互联网教育有不受时间、地点限制，能够进行碎片化学习的特点。这些优势正吸引越来越多用户从传统教学转向互联网教育。

目前，互联网教育集中于高等学历教育和职业教育。2015年，高等学历在线和职业教育市场规模分别达到706亿、300亿。高等学历在线教育主要以为高校学生提供证书培训、考研辅导等服务为主，发展时间较长，相对也较成熟。而在线职业教育受众群体以在职人员为主，其目的性更强，付费意愿与能力也更强。在线职业教育的盈利模式较清晰。近年来，高等学历在线教育有放缓迹象，而职业教育在线教育则保持稳定增长。

目前主要的商业模式包括B2C自营、B2C开放、O2O、C2C以及MOOC。其中B2C是目前最为常见的模式，但是其教学质量不高，如果要提高质量则需要较高的成本。相比而言O2O解决了线上线下沟通问题，其教学质量有更好的保证。

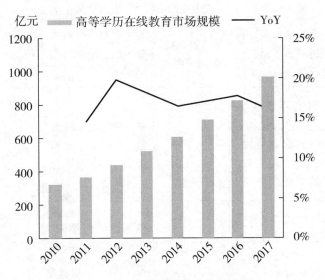

图1-14 高等学历在线教育发展情况

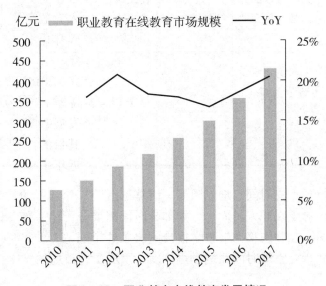

图1-15 职业教育在线教育发展情况

表1-1 互联网教育多样化的商业模式

商业模式	模式简介	代表平台	模式优势	模式劣势
B2C 自营类	平台开发课程，打包销售给学员，是目前最普遍的模式	新东方在线、学而思网校	竞争力强、学习次数不限、突破师资限制	线下教学体验相对较差、课程内容有限
B2C 开放类	运营商不提供内容，内容由明星教师或自媒体提供，平台利用用户量，提供技术支持	YY教育	平台有庞大的流量，模式适应于搭建语音和视频平台	流量来源不同使得用户来源庞杂、转化率较低；用户黏性不足
O2O类	同时提供线上及线下教育，通过线上营销购买带动线下经营和消费	学尔森	线下教学质量高、学员黏性强、沟通更直接	模式尚未大范围普及
C2C类	每个人都可以成为老师，是一类互助平台	谷歌 hetpouts	授课模式多样、学员更有兴趣学习、用户流量庞大	教师质量不能保证、收费模式单一
MOOC类	将顶尖大学的课程放在网络平台上，并通过作业、讨论、考试等互动方式学习	Coursera	教学内容质量较高、教师权威	需要强大的平台整合能力以及知名高校的合作、此类模式的平台较少

互联网教育不受时间、地点限制，能够进行碎片化学习的特点直击职业教育的痛点。对于在职人员而言，大部分时间需要分配给工作，因而缺乏足够的学习时间。互联网移动端教学恰恰解决了这个问题，使得学员能充分利用通勤时间和所有空歇时间跟进学习进度，因而受到市场的欢迎。

第二节 新形势下我国职业教育的十大突破

2014年的全国职业教育工作会议是在我国改革发展进入新阶段、教育事业面临新的机遇和挑战的背景下召开的一次重要会议，会议在职业教育的战

略定位、工作方针、发展目标、办学方向、培养目标、价值追求、发展方式、办学机制、保障机制以及长期规划等十个方面取得了突破。国务院会前印发了《国务院关于加快发展现代职业教育的决定》（以下简称《决定》），教育部、国家发展改革委、财政部、人力资源社会保障部、农业部、国务院扶贫办印发了《现代职业教育体系建设规划（2014—2020年）》。

与2002年和2005年国务院召开的两次全国职业教育工作会议相比，这次会议领导重视前所未有，改革力度前所未有、部门协作前所未有。会议为我国新形势下职业教育改革发展指明了新方向，提出了新要求，绘制了新蓝图，开启了新阶段，翻开了新篇章，是我国职业教育发展史上的重要里程碑。

这次全国职业教育工作会议在以下十个方面取得突破，这也是党的十八大之后我国职业教育的十大突破。

第一大突破是确定了我国职业教育新的战略定位。

习近平总书记关于职业教育的重要批示从四个方面为我国职业教育确定了新的战略定位。一是明确了职业教育是什么。习近平总书记指出："职业教育是国民教育体系和人力资源开发的重要组成部分"，深刻阐明了职业教育的本质属性、跨界特性以及在国民教育体系和人力资源开发领域的重要地位。二是明确了职业教育的重要作用。习近平总书记指出，职业教育"是广大青年打开通往成功成才大门的重要途径"。三是明确了职业教育的重要职责。习近平总书记指出，职业教育"肩负着培养多样化人才、传承技术技能、促进就业创业的重要职责"。四是明确了职业教育的重大使命。习近平总书记指出，发展职业教育"为实现'两个一百年'奋斗目标和中华民族伟大复兴中国梦提供坚实人才保障"。

第二大突破是确定了我国职业教育新的工作方针。

习近平总书记关于职业教育的重要批示为我国职业教育确定了新的工作方针。习近平总书记在深刻阐释职业教育战略定位的基础上，明确提出职业教育"必须高度重视，加快发展"。"必须高度重视，加快发展"既是习近平总书记对我国职业教育事业的科学判断，也是对我国职业教育发展的新的要求，体现了新形势下我国职业教育发展工作方针的调整，即由"大力发展"调整为"加快发展"。改革开放以来，我国职业教育发展的工作方针是"大力发展"。1985年，《中共中央关于教育体制改革的决定》首次提出"大力发展职业技术教育"，1991年、2002年、2005年，国务院先后印发的三个职业教育决定所确定的工作方针均为"大力发展"。党的十八大在深刻分析世情国情基础上，面对经济社会新的形势和挑战，提出了"加快发展现代职业教育"。"加快发展"方针是以习近平同志为核心的党中央对"大力发展"方针的继承和发展，是在已有发展基础上的进一步发展，核心是加快推进中国职业教育现代化的步伐。

第三大突破是确定了我国职业教育新的发展目标。

习近平总书记关于职业教育的重要批示和《决定》为我国职业教育确定了新的发展目标。习近平总书记指出："努力建设中国特色职业教育体系"。《决定》指出："到2020年，形成适应发展需求、产教深度融合、中职高职衔接、职业教育与普通教育相互沟通，体现终身教育理念，具有中国特色、世界水平的现代职业教育体系"。新的发展目标就是习近平总书记提出的"努力建设中国特色职业教育体系"。《决定》关于职业教育发展目标的表述是这一目标的具体化。发展目标要形成的职业教育体系最本质的特点是"中国特色"，同时具有"世界水平"，是现代化的。《决定》就如何构建现代职业教育体系做了全面安排部署，首次提出"探索发展本科层次职业教育"，打通了职业教育从中职到专业学位研究生的上升通道；首次提出"建立学分积累与转换制度"和健全职业教育考试招生办法，为职业教育纵向衔接、横向沟通作了制度设计；首次提出"建立有利于全体劳动者接受职业教育和培训的灵活学习制度，服务全民学习、终身学习，推进学习型社会建设"。

第四大突破是确定了我国职业教育新的办学方向。

习近平总书记关于职业教育的重要批示和《决定》为我国职业教育确定了新的办学方向。习近平总书记指出，"要牢牢把握服务发展、促进就业的办学方向"。《决定》指出："坚持以立德树人为根本，以服务发展为宗旨，以促进就业为导向"。2005年《国务院关于大力发展职业教育的决定》提出了"以服务为宗旨、以就业为导向"的职业教育办学方针，明确了职业教育的职能定位和特性定位，有效地引领了我国职业教育事业的发展。这次全国职业教育工作会议提出的新的办学方向就是"服务发展、促进就业"。"服务发展、促进就业"与"以服务为宗旨，以就业为导向"有历史的承接关系，但又增加了新的内容。新的办学方向继续强调了"服务"，同时增加了"服务"的对象——发展，既包括经济社会发展，也包括人的全面发展，即面向市场、面向社会、面向人人；继续强调了就业，同时科学定位了职业教育在就业中的作用——促进，要促进解决就业总量和结构矛盾，促进社会成员提升就业创业能力和职业生涯持续发展能力。新的办学方向为新形势下办好职业教育指明了方向，确定了定位，明确了任务，需要深入学习领会，认真贯彻执行。

第五大突破是确定了我国职业教育新的培养目标。

培养什么人和怎么培养人是教育的关键问题,党的教育方针从总体上回答了这个问题。围绕着党的教育方针,各级各类教育都有自己特定的培养目标。职业教育的培养目标新世纪以来主要有这样三种表述:一是"培养一大批生产、服务第一线的高素质劳动者和实用人才"(2002年),二是"培养数以亿计的高素质劳动者和数以千万计的高技能专门人才"(2005年),三是"培养数以亿计的高素质劳动者和技能型人才"(2013年)。这一提法是对过去职业教育培养目标提法的概括总结,更体现了对职业教育人才培养目标认识的深化和创新。"技术技能人才"主要是指掌握技术并能应用操作的人才,是既会又懂的人才,是能够持续发展的人才,是对职业教育培养人才类型的最新界定。

第六大突破是确定了我国职业教育新的价值追求。

习近平总书记关于职业教育的重要批示为我国职业教育确定了新的价值追求。习近平总书记指出,"要加大对农村地区、民族地区、贫困地区职业教育支持力度,努力让每个人都有人生出彩的机会"。我国是一个大国,幅员辽阔,地区发展不平衡是我国的基本国情;同时,我国又是一个社会主义国家,需要各个地区共同发展,需要全国人民共同富裕。促进公平是社会主义的本质特征,是我们制定政策的基本原则。职业教育作为我国现代化事业的有机组成部分和推进国家繁荣、人民幸福的有力武器,必须高度关注薄弱地区和处境不利人群的发展。"努力让每个人都有人生出彩的机会",这就是职业教育新的价值追求。新的价值追求要求我们要高度关注薄弱地区的发展,加大对农村地区、民族地区、贫困地区职业教育支持力度;要面向人人,高度关注处境不利人群的发展,加大对他们的资助力度,努力让每个人都有人生出彩的机会。

第七大突破是确定了我国职业教育新的发展方式。

习近平总书记关于职业教育的重要批示和《决定》为我国职业教育确定了新的发展方式。习近平总书记指出,"着力提高人才培养质量","深化体制机制改革,创新各层次各类型职业教育模式,坚持产教融合、校企合作,坚持工学结合、知行合一,引导社会各界特别是行业企业积极支持职业教育"。《决定》提出了"政府推动、市场引导""加强统筹、分类指导""服务需求、就业导向""产教融合、特色办学""系统培养、多样成才"等五大发展基本原则。新的发展方式简单归纳一下,就是要以提高质量为核心,以构建体系为重点,用改革创新的办法,发挥市场和政府"两只手"的作用,推进我国职业教育全面协调可持续发展。当前,中国经济已进入"新常态",职业教育要适应中国经济新常态,围绕提高人才培养质量这个核心,以建设现代职业教育体系为重点,充分发挥市场和政府的作用,深化改革,创新模式,坚持产教融合、校企合作、工学结合、知行合一,尽快实现向新的发展方式转变。

第八大突破是确定了我国职业教育新的办学机制。

《决定》为我国职业教育确定了新的办学机制。新的办学机制在《决定》中有很多表述,如强调发挥企业重要办学主体作用,强化校企协同育人;强调发挥行业的作用,加强行业指导、评价和服务功能;还有鼓励多元主体组建职业教育集团,等等。其中有一个很重要、也是第一次提出来,就是要"完善现代职业学校制度"。提出要扩大职业院校办学自主权,依法制定职业院校章程和制度,建立学校理事会或董事会,推进校长聘任制改革和公开选拔试点,坚持和完善中等职业学校校长负责制、公办高等职业院校党委领导下的校长负责制,建立企业经营管理和技术人员与学校领导、骨干教师相互兼职制度,完善体现职业院校办学和管理特点的绩效考核内部分配机制,等等。其核心就是要确立职业院校真正落实面向社会自主办学的法人地位,实现依法治教、依法治校,进一步激发职业院校的办学活力。

第九大突破是确定了我国职业教育新的保障机制。

《决定》为我国职业教育确定了新的保障机制。跟过去不同,这次会议在保障机制方面没有提出要实施什么"工程"或者更多的"计划",而是展现了一种新的保障机制思路。一是注重保障制度建设。强调完善经费稳定投入机制、健全社会力量投入的激励政策、加强基础能力建设、完善资助政策体系、健全就业和用人的保障政策等。二是注重落实政府职责。明确职业教育管理体制,明确中央政府和地方政府职责,明确政府和学校关系,强调职业教育工作部门联席会议制度的作用。三是注重强化督导评估。强调教育督导部门加强对政府及有关部门的督导,落实督导报告公布制度;强调完善职业教育质量评价制度,实施职业教育质量年度报告制度;强调发挥行业、用人单位作用,积极支持第三方机构开展评估。四是注重营造良好环境。推动加快修订《中华人民共和国职业教育法》,完善职业教育先进单位和先进个人表彰奖励制度,落实职业教育科研和教学成果奖励制度,研究设立职业教育活动周。总之,依靠法律和制度保障发展将成为我国职业教育保障机制的常态。

第十大突破是出台了我国职业教育首个中长期规划。

为贯彻落实党的十八大和十八届三中全会精神,贯彻落实《国家中长期教育改革和发展规划纲要(2010—2020年)》《决定》,教育部、国家发展改革委、财政部、人力资源社会保障部、农业部、国务院扶贫办组织编制了

《现代职业教育体系建设规划（2014—2020年）》，并在全国职业教育工作会议召开前夕正式出台。这个规划是我国历史上职业教育方面的第一个专门中长期规划，系统地介绍了现代职业教育体系建设的背景，明确了体系建设的指导思想、建设目标和基本原则，设计了体系的层次结构、终身一体、办学类型、开放沟通等基本架构，提出了十二方面重点工作任务、九项制度和机制建设要求和保障实施要求，为到2020年形成中国特色职业教育体系提供了施工图和时间表。

第三节 职业教育创新及未来发展趋势思考

一、职业教育发展所面临的问题

（一）传统观念思想束缚和制约

许多人认为现在读书出来还不是为别人打工，认为在教育上的投入得不到实际的利益回报，甚至认为教育是无限制的投入，会增加其负担，读书还不如出门打工挣钱，这也就导致许多孩子失去读书的机会。其实这种错误的思想观念严重阻碍了我国教育的发展，造成我国目前许多个体的职业教育素养薄弱。这一问题严重削弱了我国的经济竞争力，加剧了我国的就业压力，阻碍我国教育事业的发展。

（二）职业教育发展地区不平衡

在我国，经济发展东强西弱，所以这也就导致我国的教育发展差异较大。在经济发达的城市地区，教育资源丰富，实力雄厚，设施配置齐全，有丰富的师生资源，并且能够及时了解到新的信息资源；相反，在经济落后的贫困地区，教育设施落后，教师资源严重缺乏，学生的教育得不到保障，更何谈去发展教育。

（三）缺乏实际效用

现在多是捆绑式的教育，把学生束缚在校园，接受理论知识，缺乏实际操作和运用，没有培养其动手操作能力，这样常常会和社会实际脱轨。所以，我们学习理论知识，不能只是呆板地接受，也要懂得灵活运用到生活的各个方面，这才是我们学习知识的目的。

（四）专业设置与地区经济发展不匹配

职业院校在设置专业时，往往不重视对专业人才供需状况的现实，也缺乏科学有效的专业论证和预测机制，未能做到与地方经济的主导产业发展趋势相适应，现在各个高等职业院校多从利于招生的角度出发，盲目向综合性院校发展，办一些所谓的热门专业，而忽视了实际作用。由于课程缺乏系统化、科学化，导致许多毕业生所具备的技能远远不能适应社会发展的需求，这样常常会导致社会需求与人才供应的矛盾。

（五）国际化程度不高和国际竞争力不足

审视我国的职业教育国际化水平，可以看到，我国职业教育国际化虽然类型全面，目的明确，但在国际化进程中，引进国外经验与成果多，输出的少，在交流方面具有较强的单向特征；我国更多地认可国际社会先进的职业教育发展经验与成果，而被别国所知晓或认可的不多，这表明我国职业教育的通用性不强；尽管我国职业教育国际合作与交流新设项目逐年增多，但参与的院校并不广泛，这表明我国职业教育的开放性不足。

（六）人才培养模式的通用性不强导致走出国门办学难

合作办学是我国职业教育国际化进程中经常采用的形式。据统计，2013年，共有来自澳大利亚、加拿大、英国、美国、韩国、德国等24个国家及我国港、澳、台地区的235个机构，与我国大陆25个省、市、自治区的296所高职院校进行了合作办学。

在这些合作办学项目中，学生基本都是来自中国。学生们在学习达到标准后，除获得中方的大专文凭外，还可以获得外方合作伙伴的资格或证书，包括Diploma（文凭）、Advanced Diploma（高级文凭）、Associate Degree（副学士学位），以及Certificate（证书）等。合作伙伴所颁发的资格证书可以作为那些希望到合作伙伴国或地区的高等教育机构继续学习的学生的申请依据之一。

尽管我国也有一些职业院校尝试到国外办学，但这种情况极少，希望获得中国职业院校毕业证书的外国学生也很少，主要原因是我国职业教育国际化的通用性不强。

二、新常态下职业教育转型发展的创新思考

经济新常态下，发展方式的转变必然会拉动社会职业的升级，也势必催

生职业教育的改良和重构。《决定》（国发〔2014〕19号）指出，"当前职业教育还不能完全适应经济社会发展的需要，结构不尽合理，质量有待提高，办学条件薄弱，体制机制不畅"。职业教育是与社会经济发展密切联系的教育实践形式，必须与时俱进，适应经济社会发展的需要实现转型发展。

（一）正视现状，明确目标，积极创新发展

我国还处在计划经济向市场经济转型的过程中，计划经济的管理制度还没有完全废除，同时，市场经济的管理制度也还没有完全建立。传统思想理念和现代职教思维的相互碰撞，再加上新旧制度的碰撞导致了我国的职业教育改革面临巨大的问题。很多院校习惯了计划经济条件下的政府，职校的管理人员以及习惯传统教育的师生和社会必须改变这种依赖性，要不断发展现代新思想、新教育。

实施以就业为导向的职业教育，科学评价职业教育的效果和质量，要以科学的人才观为导向，建立以就业率为核心的职业教育体系，综合职业教育的多种因素，从学校发展的不同角度来评估就业的质量和学校的办学水平。同时，通过这种体系培养更多的应用型的技术技能人才，达到职业教育办学的目的。

（二）积极投入和参与国际竞争，提升我国职业教育的国际化程度

由于国内的竞争思想冲击着传统的教育视野。目前，我国的职业技术教育在人才培养上缺乏培养国际型人才的紧迫感，不仅缺乏对国际市场的了解，还缺少对国际标准、规范和先进技术技能的学习和了解，师生缺少在国际竞争环境中的体验。所以我们要与世界接轨，加紧与世界先进文化的交流与沟通，然后融入到国际大环境中去。

借助"一带一路"愿景与行动精神，提升职业教育国际化水平。通过学习交流，提升职业教育国际化的通用性，进而实现"设施联通"。职业教育的通用性主要表现在职业教育的资格、课程、制度、经验等内容能够被别国所认可并使用。提升职业教育的通用性，一方面要对我国的职业教育改革发展经验进行系统梳理，提炼中国职业教育模式，寻求我国发展职业教育所体现的职业教育规律，积极向国际社会介绍与推广，需要注意经验的可复制性。此外，要积极参与国际社会职教标准的制定，或牵头开发高质量的职教标准，将职业教育的资格证书标准和课程标准对接我国企业和"一带一路"合作地区或国家相应企业的技术标准体系。

积极参与"构建多层次政府间宏观政策沟通交流机制",提升职业教育的交流水平,进而实现"政策沟通"。"政策对话"是促进中外职业教育相互理解的一种有效形式。近年来,我国教育行政部门与英国、德国、瑞士、荷兰、澳大利亚、新西兰等国共同举办了多次职业教育政策对话。通过介绍各国职业教育发展改革现状,就共同感兴趣的问题进行交流,促进了双方对别国职业教育的理解。职业教育是与经济发展联系最为紧密的一种教育类型。企业走出去,人才需先行。在国外所设的企业,往往要招收并培养企业所在国家的人们。为顺利进行教育教学,政府之间有必要进行沟通与交流,相互沟通与交流两国职业教育制度,增进相互了解,为职业教育国际合作与交流提供政策保障。

鼓励我国更多的职业院校广泛开展与"一带一路"国家和地区的合作办学、师生交流与合作研究,提升职业教育的开放水平,实现"民心相通"。"一带一路"国内区域包括西北、东北、西南等18个重点省和西安、兰州、重庆、成都、南昌等10个节点城市。充分利用国家留学基金委、亚投行,以及进出口银行提供的机会,鼓励这些省市的职业院校与行业企业一道,共同开展与"一带一路"地区和国家具有实质意义的合作。

提升基础能力,构建专业服务平台。"一带一路"所涉国家众多,这些国家社会经济发展状况相差很大,既有处于要素驱动发展阶段的,也有处于效率驱动发展阶段的,还有处于创新驱动发展阶段的国家。这些国家社会制度不同,有必要培育一支聚焦"一带一路"地区和国家的职业教育专家队伍,长期追踪这些国家社会和职业教育发展现状及趋势。设立专门的项目,搜集有关国家的职业教育数据,形成数据库。构建专业服务平台,使之能够提供"一带一路"职业教育专业咨询服务。

(三)加强职业教育立法,为职业教育转型发展奠定法制基础

职业教育转型发展离不开法律的保驾护航,与职业教育发展相关的每一个方面都需要法律的规范。尽管我国在1996年即颁布施行了《职业教育法》,1999年施行《高等教育法》,2014年又颁布了《关于发展现代职业教育的决定》,但这些法律法规的许多条款跟不上时代的发展,并且被写成政府文件的形式,许多法律条款模糊不清,可操作性不强,执行力大打折扣。因此,要实现职业教育的转型发展,必须加强对职业教育的研究,根据职业教育的发展规律制定完善职业教育制度、政策、法律和法规,规范职业教育管理,协调职业教育各主体的权利义务及其关系,使职业教育管理和教学在法制轨道上运行。

（四）加强宣传教育，提升培养质量，为职业教育转型发展营造良好的舆论氛围

尽管我国发展现代职业教育的历史已不短，但"学而优则仕"的封建思想依然影响深远，重学历轻能力的现象依然比较严重，导致职业教育吸引力不强，生源不足、不优，地方政府对职业教育不够重视，这些都制约了职业教育的转型发展。要改变这种状况，必须加强宣传教育，大力弘扬劳动光荣、技能宝贵、创造伟大的时代风尚，引导政府、社会、民众，也包括教育部门自身转变观念，同时提升技术技能人才的培养质量，夯实职业可持续发展能力，使职业教育成为人们提升自我的重要选择和有力支撑。

（五）理顺结构，构建现代职业教育体系，为职业教育转型发展搭建通畅便捷的通道

经济新常态下，现代产业和社会发展需要多规格、多层次、多专业的高素质劳动者和技术技能型人才，这就要求现代职业教育拥有完整的涵盖中职、高职、本科和研究生层次的职业教育体系，发挥中等职业教育在现代职业教育中的基础作用，但层级的结构和规模要紧扣经济社会发展趋于科学合理，各层级的专业设置能紧密衔接，职业教育与普通教育相互沟通，在保障职业教育学生技能技术培养质量的基础上，加强文化基础教育，使学生就业有能力，升学有基础。同时普通教育学生也可以根据其职业发展和个人需要加强职业技能训练，增强其就业创业的核心竞争能力。

（六）创新培养，引导就业，延伸职业教育转型发展的内涵

职业教育服务经济社会发展和人的全面发展，因此，职业教育要紧贴地方经济结构和支柱产业，根据产业链决定职业教育人才培养链，使专业设置与产业需求对接，课程内容与职业标准对接，教学过程与生产过程对接，毕业证书与职业资格证书对接。同时根据社会发展、产业结构转型升级方向、产业集群规模经济效益带来的区域范围内人才需求链的变化，确定专业调整方向，改选传统专业、发展特色专业、培育新兴专业、优化主干专业、淘汰过时专业，从而提高专业与产业的匹配度和吻合度。

在培养方式方面，不管是"产学研结合人才培养模式""订单式人才培养模式""以就业为导向的人才培养模式"，还是"双证书制人才培养模式"，都必须以遵循教育规律和学生身心发展规律为前提，根据多元智能发展理论，从需要、动机、兴趣、情感、性格、价值观念以及意志发展诸方面

考虑学生的发展方向，努力使每一个教育对象能获得适合的教育，促进其个性发展。

创新是一个民族进步的灵魂，是国家兴旺发达的不竭动力。在职业教育人才培养过程中，要突出创新创业教育实践，将创新创业教育纳入课程体系，鼓励学生组建创新创业团队，培养"有知识、懂技术、熟技能、会经营"的创新创业型人才。

（七）积极引导，多元参与，提升职业教育转型发展的实力

国家是职业教育投资主体，政府应在职业教育中发挥主导地位。除营造制度环境、制订职业教育发展规划、改善基本办学条件、加强规范管理和监督指导外，还要通过财政、税收等手段引导企业和社会力量参与兴办职业教育，发挥现有职业院校的积极性，扩大职业院校在专业设置及调整、人事管理、教师评聘、收入分配等方面的办学自主权，鼓励院校、行业、企业、科研机构、社会组织及个人等多元主体组建职业教育集团，探索职业教育覆盖全产业链。

建立与专业发展相适应、与企业和社会发展岗位相吻合，集教学实训、社会培训、产品生产、技能鉴定、科技研发、成果推广和信息交流于一体的高水平实训基地，确保设备功能、实习工位满足实践教学需要，使实训基地成为培养学生基础能力、专业能力、创新能力的重要载体和校企合作、产教融合的重要平台。

在我国，教育一直是一个比较沉重的话题，它的发展历来受到大家的密切关注，所以教育的发展是一个任重而道远的课题。相信在不断改革创新的道路中，教育事业会不断迸出新的活力。

第二章 我国高等职业教育人才培养主要模式及问题与趋势

第一节 高等职业教育人才培养主要模式与构成

一、高等职业技术教育人才培养模式的定义

关于模式的概念,《国际教育百科全书》的叙述是:"对任何一个事物的探究都有一个过程。在鉴别出影响特定结果的变量,或提出与特定问题有关的定义、解释和预示的假设后,当变量或假设之间的内在联系得到系统的阐述时,就需要把变量和假设之间的内在联系合并成一个假定的模式。"模式可以被检验和建立,并且需要的话,可以根据探究进行重建。他们与理论有关,可以从理论中派生,但从概念来说,它们又不同于理论。

国内对于人才培养模式的定义目前有 10 种:

(1) 人才培养模式是教育者教育思想和教育概念的集中体现。

(2) 人才培养模式实际上是人才的培养目标、培养规格和基本培养方式。它决定着高校人才的基本特征,集中体现了高等教育思想和教育观念。

(3) 人才培养模式是在一定的教育思想指导下,人才培养目标、制度和过程的组合。

(4) 人才培养模式是由人才培养的指导思想、目标、内容、方式、质量评价标准等要素所构成的相互协调的系统。它反映了人才培养的目标、规格、过程以及评价之间的规律性关系,是一所大学办学思想、办学水平和办学特色的集中体现。

(5) 所谓培养模式,即培养目标、业务规格、培养过程、培养方法、教育管理等方面的综合特征或主要特点。

(6) 人才培养模式,就是高等工程专科院校所进行的人才教育过程的抽象,包括德、智、体等方面全面发展的教育过程和方式。

（7）人才培养模式是指在一定的教育理论、教育思想指导下，根据特定的培养目标和人才培养规格，以相对稳定的教学内容和课程体系为依托，不同类型的学校人才的教育和教学模式、管理制度、评估方式及其实施过程的总和。

（8）人才培养模式指人才的培养目标、培养规格、培养方案。它集中反映在人才培养计划（教学计划）上，包括专业培养目标、人才培养规格、学生知识、能力、素质结构、课程体系、教学内容及培养过程等。

（9）人才培养模式是指高等学校人才培养目标和质量标准，为大学生设计的知识、能力和素质结构以及怎样实现这种结构的方式。

（10）人才培养模式是在一定教育思想指导下，培养目标、教育制度、教育过程诸要素的组合。

这10种定义可以归结为三种说法：

（1）目标、方式说。人才培养模式实际上是人才的培养目标、培养规格和基本培养方式。它决定着高校人才的基本特征，集中体现了高等教育思想和教育观念。

（2）结构、方式说。人才培养模式指人才培养目标、培养规格和培养方案。它集中放映在人才培养计划（教学计划）上，包括专业培养目标、人才培养规格、学生知识、能力、素质结构、课程体系、教学内容及培养过程等。

（3）综合说。所谓培养模式，即培养目标、业务规格、培养过程、培养方法、教育管理等方面的综合特征或主要特点。

要理解高等职业技术教育人才培养模式这一概念，我们首先要明确人才培养模式和教育类型之间的关系。

人才培养模式是一个大概念，教育（学校教育）是一个小概念。它们的关系是：教育包含在人才培养模式的大概念中，教育（学校教育）模式这个集合只是人才培养模式这个集合中的一个子集（图2-1）。根据概念的内涵和外延的反比关系，即内涵愈小，外延愈大；反过来，内涵愈大，外延愈小。那么，高等职业技术教育是一个比教育更小的概念，它的外延要比"人

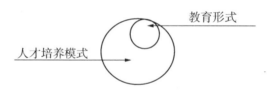

图2-1 人才培养模式和教育形式关系图

才培养模式"和教育外延要小得多,而它的内涵要比人才培养模式和教育的内涵丰富得多。除了"人才培养模式"一般内涵以外,还有决定其特质的内涵。

人才培养模式是由人才培养的指导思想、目标、内容、方式、质量评价标准等要素所构成的相互协调的系统。它反映了人才培养的目标、规格、过程以及评价之间的规律性关系,是一所大学办学思想、办学水平、办学特色的集中体现。具体来讲,人才培养模式包括在某一时期里呈相对稳定状态,它涉及诸多方面的内容,专业设置、课程模式、教学过程和师资队伍建设是人才培养过程的主要环节,任一环节的典型特点都可以构成培养模式某一方面的特征。本节主要对高等职业技术教育(以下简称"高职教育")的实施机构、培养目标、专业设置、课程结构、师资队伍等涉及人才培养模式的几个问题进行研究。

结合其他专家学者对高职教育人才培养模式的定义,本节认为:高职教育人才培养模式是指在适应一定社会经济发展时期需要的教育理论和教育思想的指导下,按照特定的人才培养目标、规格,以相对稳定的教学内容和课程体系、管理制度和评估方式,实施人才教育过程的总和,并在实践中形成的格式化范式。人才培养模式随着一个国家产业结构的调整、经济结构的升级、科学技术的发展而不断更新、不断充实和不断发展。

二、高等职业技术教育人才培养模式的内涵

在当前形势下,职业技术教育的人才培养模式的内涵具体包含以下几点:

(一)职业教育的目的性

教育目的就是按照党和国家确定的教育方针构建人才的培养模式,以满足社会和经济发展对人才的需要。教育的目的性对教学方向、教学内容、教学方法和教学管理起着决定作用。

(二)参与主体的多元性

职业技术教育应培养适应生产、建设、管理、服务第一线需要的应用性人才,应用型人才的培养就必须充分发挥学校、企业、经济实体和各个用人单位的作用,也应充分调动学生的积极性,鼓励学生积极参与,多元性的主体也就要求其培养规格和方式等必须多元化。

(三) 培养模式的创新性

职业技术教育的创新性是由经济和科技发展的快速性和人才市场需求的多变性决定的，强调的是实践性，突出的是创新性，现有的职业技术教育人才培养模式是经过长期的理论研究与实践探索逐步成型与完善的结果，而面对科学技术的发展，产业结构的调整、经济结构的升级、人才培养模式也需要不断更新、不断充实和不断发展，只有不断创新的人才培养模式才是有生命力的。

三、高等职业技术教育人才培养模式的主要构成

(一) 正确的教育理念

确立何种教育理念是高等职业技术教育人才培养模式成败的关键，理念是人才培养模式的指南。在理解高等职业技术教育理念内涵之前，有必要弄清什么是"理念"和"教育理念"。"理念"是一个具有能反映一类事物每个个体或一类现象每种个别现象共性能力的普遍概念，具体说它是诸理性认识及成果的集大成。它既包含了认识、思想、价值观、信念、意识、理论、理性、理智，又涵盖了上述思维产品的表现物，如目的、目标、宗旨、原则、规范、追求等，而后者使理念这一抽象的概念具有了直观的形象。"教育理念"是教育主体在教学实践及教育思维活动中形成的对"教育应然"的理性认识和主观要求。教育理念既可以是系统的也可以是非系统的、单一或彼此独立的理性概念或观念，这取决于教育主体对"教育应然"即教育现实的了解和研究程度，以及他们指导教育实践的需要。无论是系统的还是非系统的教育理念，均对教育主体的教育实践发生影响。

高等职业技术教育理念是指人们对高等职业技术教育持有的理性认识，对其所能发挥的作用和功能的期望和向往，是一种对于高等职业技术教育所拥有的认识和观念。高职教育是面向全体公民的教育，在认可学生个体差异的基础上促进人的个性在职业领域全面发展的教育；高等职业技术教育是一种促进解决就业的教育，也是面向大众的教育，是为所有人提供技能的教育，对包括穷人、被遗忘的人和未曾被关注的人，对在职人员和失业人员进行再培训的教育，它必将能促进全世界所有公民接受公平教育；高职教育也实施职业准备教育阶段的教育，培养学生综合素质，让学生学会做人，并能在自己的岗位上无私奉献，懂得作为社会人应与社会及其他社会人和谐相处，学会生存；随着生产力的发展和社会的进步，人的职业、岗位、职业能

力会经常变动、更新，这就需要经常不断地参加各种各样的培训和技术学习，所以职业技术教育也是满足终身学习需要的教育。

所以，高等职业技术教育理念是一种主体教育理念、一种文化教育理念、一种素质教育理念，同时也是一种终身教育理念。随着社会的发展，高等职业技术教育的理念也需要不断创新，它将不再是单纯的学校模式，而是学校与社会企业联合的复合模式；不再是终结教育，而是贯穿人的一生的终身教育；不再仅仅是为了谋生，而是拥有不同个性、兴趣的爱好者用以充实自我的一种有用的职业生活教育。教育理念是构建合理人才培养模式的前提，办学理念是办学定位、办学模式、课程设置、人才培养模式的决定性因素。所以，只有在把握时代特征的基础上，确立正确的人才培养模式理念才能构建合理的人才培养模式。

（二）明确的人才培养目标

目标是激发人的行为的预期要达到的目的或结果。通常具有预测性、可替代性、有形性和激励性等特点。按层次可分为组织（团体）目标和个人目标，按时间可分为长期目标和短期目标，按稳定性可分为静态目标和动态目标。

培养什么类型人才的问题，是高等职业技术教育需要解决的首要问题。在"三级"（国家、学校和专业为"三级"）培养目标中，国家级培养目标与普通高等学校是一致的，即培养德、智、体全面发展的社会主义事业的建设者和接班人。校级培养目标和专业培养目标则因校、因专业而异。对于工程类专科学校，目前比较广泛的提法是提倡培养技术应用型人才。高等职业技术教育人才培养目标则应更深一个层次，即培养能够胜任生产一线工作的技能型和管理型人才。培养目标应更具有职业定向性，要使办学方式、专业设置、教学内容等与部门和企业的实际技术水平和生产状况紧密联系，使之成为主要从事成熟理论与技术的应用和操作的高级技工和管理人员后，即能顶岗工作。

要确定目标就必须先正确地对人才类型进行分类。由于职业技术教育包括技术型职业教育和技能型职业教育，所以培养的人才可以分为技术型人才和技能型人才。其中技术型人才也称工艺型人才、执行型人才、中间型人才。他们在生产第一线或工作现场从事为社会谋取直接利益的工作，只有经过他们的努力才能使工程型人才的设计、规划、决策变换成物质形态或者对社会生产产生具体作用。这种人才又可以分为三类：

（1）生产类，如工厂技术员、工艺工程师、工地施工员、农艺师等；

（2）管理类，如车间主任、作业长、工段长设备科长、护士长、护理部主任以及行政机关中的中高级职员；

（3）职业类，如会计、出纳、统计、导游、空勤人员、农业生产经营者等。

技能型人才也称技艺型人才、操作型人才。他们也是在生产第一线或工作现场从事为社会谋取直接利益的工作，主要应掌握熟练的操作技能以及必要的专业知识。他们与技术型人才的区别在于主要依靠操作技能进行工作。一些高技术设备的操作者虽然有操作知识，但不能简单地归入技能型人才，需分析其智力含量的多少来决定其是技术型人才还是技能型人才。

技术型人才和技能型人才的关系如图2-2所示：

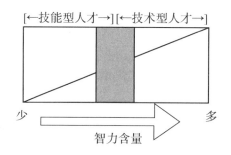

图2-2 技术型人才与技能型人才的关系

（三）科学的课程设置和专业设置

1. 课程设置必须以职业分析为特点

课程设置在构建合理的人才培养模式过程中具有导向性。职业技术教育所面临的最大挑战，也许是要通过课程设置、教学法和授课情况来协调普通教育与职业教育之间的关系。每个国家都希望以自己喜欢的方式来这样做，但21世纪要求在这些教育与培训体制的基石之间建立新型协调关系。这一点是明确无误的。

由于生产力的不断提高，职业与职业之间的界限变得模糊，彼此间的渗透与复合已日益成为发展的主流趋势，因此在进行课程设置时必须以职业分析为工具。职业分析是确认、描述社会职业所含人物及作业项目的科学分析过程，也是利用行为科学方法掌握相应从业人员的现场行为及其行为方式的素材搜集过程。职业高等职业技术教育是面向职业的教育，有较强的职业针对性和鲜明的职业特色，为了适应专业设置的职业性需要，满足学生职业能力发展需要，课程设置就必须以职业分析为特点。

2. 专业设置要以社会需求为导向

专业设置是指学校根据社会经济发展的需要，结合教育主管部门和行业主管部门所提供的专业目录，在具备一定办学条件的基础上，进行新专业的开发和改造现有专业的过程。专业设置是学校分类培养人才的基础性工作，学校根据专业设置确立人才培养规格和目标，进行专业基本建设，组织和实施教学，为社会输送各种专门人才；学生按照专业进行学习，并形成某方面的专长，为未来职业活动做准备；用人单位根据学生所学专业挑选所需人才。所以，专业设置合理与否，对办学兴衰至关重要。具体来说，专业设置有两方面的内容：一是开发新专业，从社会经济发展需要出发，开设有别于现专业，并适应新职业或未来职业的专业。二是改造专业，将不适应社会经济发展需要的专业，经过充分论证后，优化课程体系，重组教学内容，重新定位或增添新的专业，制定适应社会经济发展的实施性教学计划和课程大纲，并努力在教学实践中实施。

《中国教育改革和发展纲要》指出，"专业的设置与划分，反映了人才的培养目标、思想要求和业务范围，是培养规格的一种具体表现形式"。高等职业学校培养的是工业、农业及第三产业所需要的高技能人才、管理者，其专业设置与当地的经济发展、社会进步是紧密相关的。高等职业技术学院所设置的专业必须适应它们的需求，实质上也是间接地适应当地经济、社会发展的需要。另外，随着经济、科技、社会的迅速发展，三类产业的发展、变化很快，高等职业学校的专业设置也必须随之做出反应，使专业的服务面拓宽，增大其适应的范围。由于培养人才有一定的周期，教育效益明显具有滞后性。从这一教育规律出发，高等职业技术院校在设置专业时，必须展望和预见到这种发展趋势，使所设专业具有一定的超前性。高职院校专业设置的一个社会决定因素是以社会需求为导向，即面向基层，针对某一特定的职业领域而设置专业。所以，高职院校在进行专业设置时，必须考虑地域经济发展和长短期发展目标，学校专业职能的定位，教学设施设备与其他办学条件，招收学生的类型和起点，学习年限及达到的要求；高等职业技术院校的专业设置、师资队伍的现状，以及在这方面的计划、规划；本校现有专业相关的科技领域、社会科学领域的学科现状及发展趋势，以及与本地区经济、社会发展相关的其他学科方面的发展趋势等，并以此为依据，结合职业分析科学地论证、设置专业。

第二节 我国高等职业教育人才培养模式存在的主要问题

在经济全球化和教育全球化的大背景下,我国的职业技术教育人才培养模式存在许多弊端和缺点。一直以来,我国职业教育的人才培养模式是以学校和课堂为中心,比较封闭,缺乏灵活性;与社会和企业的需求脱节,缺乏社会和企业的大力参与;培养目标没有能反映劳动力市场及职业岗位的需求;课程的学科性过强,太注重学术性教学,职业性导向缺乏;没有根据工作实践来开发和实施课程;人才的标准及其资格认定缺乏国际视野,未与国际接轨;没有实施弹性学制;不能针对学生实际设置课程体系,没有更多地给学生提供边工作边学习的机会。这种人才培养模式完全不能适应经济全球化的要求,亟待转变。

一、高等职业技术教育人才培养理念不能适应经济发展需要

在高等职业技术教育人才培养模式的理念上,注重就业的短期功能,忽视育人的长期功能。近几年来就业压力的逐渐加大,使得我们把高等职业技术教育当成暂时缓解社会就业压力的一条"捷径",高等职业技术院校成为未能进入普通高等教育高中毕业生的主要选择。在发挥缓解短时期社会矛盾的作用的同时,却忽视了职业技术教育本身所应具有的功能,即育人功能,仅仅是普通高等教育的压缩,失去了职业技术教育特有的功能。

二、培养目标上注重"人的生产性",忽视"人格性"

在高等职业技术教育人才培养目标上,注重"人的生产作用"教育,忽视"培养更完善人格"教育。所有的教育包括高等职业技术教育,人都是其出发点和归宿。因而教育总是担负着解放人、完善人、提升人,赋予人以人性素质的长远责任。一切教育就其本性来说,都应该是面向未来的,当今时代明确地向教育提出了"为一个未来的社会培养新人"的任务。但是,当今的高等职业技术教育实践,多有忽视学生"人格性"的不足。我国高等职业技术教育人才培养目标明确定为"培养生产、服务、管理第一线的实用性技术人才",把高职学生培养成仅仅会操作会技能的生产者,没有重视对其进行符合人性的人文教育。教育的本质就是不断完善人的本性,培养既懂生产又有良好人文素质的人,成就人的本性。作为高等教育的类型之一,高等职

业技术教育应旨在培养积极参与社会生活的、有社会责任感的、全面发展的社会公民，促进人的生活的、道德的、情感的、理智的与技术的和谐发展。

三、培养层次上注重专科教育，忽视更高层次的教育

在高等职业技术教育的培养层次上，注重专科教育，忽视更高层次的教育。目前，我国高等职业技术教育人才培养的最高层次主要为大专层次，这与国际惯例和客观事实是不一致的。从国际惯例来看，联合国教科文组织1997年颁布的《国际教育标准分类法》明确高等职业技术教育是高等教育的重要类型之一，它与"以学术目的为主"的普通高等教育并存于专科、本科和硕士各层次的教育中。从客观实际来看，随着科技进步，有些行业第一线的实用人才需要较长的学习年限才能完成其专业训练。例如，护理学院培养具有专业护理知识的护士需要4年，属于本科层次，并不仅仅限于大专层次的3年或者更低的层次。所以，高等职业技术教育并不仅限于专科。同时，高等职业技术教育和专业学位也具有内在联系，"专业学位作为具有职业背景的一种学位，为培养特定职业高层次专门人才而设置"，其目的是在于"加速培养经济建设和社会发展需要的高层次应用型专业人才"。对于专业学位，一些发达国家把这种学位叫职业学位，作为从事某种职业的必备条件。可见，专业学位教育与高等职业技术教育一脉相承，这就奠定了高等职业技术教育的教育层次高移的实践基础。

四、课程设置上注重专识教育，忽视通识教育

在高等职业技术教育人才培养课程设置上，注重专识教育，忽视通识教育。目前，通识教育概念尚未引入高等职业技术教育。实际上，在我国高等职业技术教育中，有两大课程体系是为通识教育服务的，一是公共必修课，二是公共选修课。公共必修课主要包括外语、语文、数学、体育、计算机等。这些课程明确要求有等级考试或达标的要求。人文科学、自然科学、艺术类的公共选修课则往往不被重视，放在可有可无的地位。职业资格制度没有得到很好实施，造成质量无保证。《职业教育法》规定，"实施职业教育应当根据实际需要，同国家制定的职业分类和职业等级标准相适应，实行学历证书、培训证书和职业资格证书制度"，"国家实行劳动者在就业前或者上岗前接受必要的职业教育的制度"。然而，由于执法力度不够等原因，一些用人单位特别是私营企业继续招聘未经职业教育和培训的低素质劳动力，不仅挤占了职业学校和培训机构毕业生的就业机会，也为安全生产带来很大隐患。

五、专业设置与经济发展脱节

高等职业技术教育的培养目标应是满足社会经济生产第一线发展需要的实用型人,具有明显的市场导向性。我国大多数职业技术教育院校是由原来的中等职业技术学校改制而成,或者由成人教育学院改造而来。因而,专业设置多数是在原来的基础上设置一些本科压缩式的专业,按照学科体系的模式构建专业,强调了专业学科体系的完整性,但缺乏高等职业技术教育的特色;也有的院校是将原来的中等职业课程搬过来,增加学时,但教学方法仍沿袭"老一套",只是培养了一些徒有"高等职业技术教育"虚名的中等技能人才,缺乏高等职业技术教育的"高"技能特色。可见,在进行专业设置时,高职院校并没有进行认真的人才需求调查,缺乏人力资源相关分析,盲目设置专业,不能把社会经济发展的长远需求同自己的办学优势结合起来,造成专业设置和经济发展需要之间的严重脱节,仅仅追求"短、平、快"式的经济效益,而忽视了社会效益这一重要因素。

六、高职院校毕业生择业观念陈旧,缺乏科学的指导

高职院校毕业生择业观念陈旧,缺乏科学的职业生涯指导。在高等职业技术教育大众化的时代,就业岗位也日趋大众化,但是大多数职业技术院校的毕业生不能客观认识到这一点。他们不能认识到自己所接受的职业教育人才培养目标的本质,不能正确处理学业和就业之间的关系,对前途充满了恐惧和茫然。他们不能认识到自己的就业岗位就是在生产、服务的第一线,而是和普通高等院校的本科毕业生攀比,希望到稳定的科研岗位或者从事轻松的高薪水职业,讲待遇,讲条件,就业期望值过高。他们不能意识到社会对于高等职业技术教育人才的迫切需求,忽视了自身专业技能的学习,对自己没有正确定位。他们不能认识到人的一生中不可能只从事一种职业,应该树立终身学习思想,在不断发展、不断学习、不断接受技能更新培训过程中适应技术、技能的不断变化。造成这些问题的重要一点就是我国的高职院校普遍缺乏对学生的职业生涯指导。

七、教学上注重理论教育,忽视实践教学

在高等职业技术教育人才培养的教学上,注重理论教育,忽视实践教学。许多高职院校的办学模式完全是本科压缩型;有的院校缺乏必备的实践教学条件,基础不扎实;有的院校教师大多是传统型教师,又疏于联合外聘,双师型教师奇缺,在教学中缺乏必要的实践教学和情境教学。专业设置

缺乏特色，教师水平有待提高。比较突出的问题是一些院校的专业师资和教学条件不足，专业名称是从普通高校本科专业转移而来，造成高等职业技术教育专业特色不突出；以学科为中心设置专业并开展教学的办学模式使各专科学校在专业设置中不能突破其固有的学科体系，在教学中也难以实现多学科的综合与集成，从而无法做到根据社会经济发展的需求灵活调整其专业设置，实践性不强。

八、教学评价注重教学过程，忽略学生的学习成果

目前我国大多学校采用的大多是"以教师为中心"的教学结构，"以学生为中心"的教学结构相对较少提及，在教学评价方面也过于注重教师的教学过程，而忽略了学生的学习成果的评价和考核。

"以教师为中心"的教学结构特点是：教师是知识的传授者，是主动的施教者，并且监控着整个教学活动的进程；学生是知识传授的对象，是外部刺激的被动接受者；教学媒体是辅助教师教学的演示工具；教材是学生唯一的学习内容，是学生知识的主要来源。其重视知识的确定性和普遍性，注重分析和抽象，这在学习的初级阶段是必要并且有其合理性的，但它没能使学生的认识进一步提升，学生获得的往往只是零散的、教条式的书本知识。

"以学生为中心"的教学结构的特点是：学生是信息加工的主体，是知识意义和内涵的主动建构者；教师是课堂教学的组织者、指导者，是学生建构意义的帮助者、促进者；教学媒体是促进学生自主学习的认知工具；教材不是学生的主要学习内容；学生通过互联网技术途径完全可以实现自主学习。这种教学结构更关注学习中具体的非结构性的知识层面，并在此领域进行了深入研究。总体来说，建构主义的学习理论更适合学习的高级阶段，对于如何使学生的认识由抽象走向"思维中的具体"是很有启发的。它重视学习活动中学生的主体性作用、实践能力和创新能力，重视学生面对具体情境进行有意义的建构，这相对于经典学习理论是一种进步。

改革现行教育教学理念，从"以教师为中心"逐步向"以学生为中心"转变，将学生变为信息加工的主体，成为知识意义和内涵的主动建构者；将教师定位为课堂教学的组织者、指导者以及学生建构意义的帮助者和促进者。合理的教学结构更关注学习中具体的非结构性的知识层面，并在此领域进行了深入研究，这对于如何使学生的认识由抽象走向"思维中的具体"是很有启发的。不断重视学习活动中学生的主体性作用、实践能力和创新能力，重视学生面对具体情境进行有意义的建构，这些相对于传统的理论学习是一种进步。两种教育教学理念与教学结构各有特点、各有利弊，也各有自

己的适应性，不存在孰优孰劣的问题。但在教育国际化的背景下，"以学生为中心"的教育理念正逐步影响着我国的高等教育，作为职业教育院校，建立以学生学习成果为导向的教育教学理念更值得积极探讨。

第三节　高等职业技术教育人才培养模式发展趋势

一、高等职业技术教育的全球化是适应经济全球化的必然

教育全球化已经成为国际教育发展的趋势，世界各国教育必然不同程度地受到教育全球化潮流的影响，我国也不例外。我们应该紧紧抓住这一潮流，正视现实，积极应对教育全球化带来的挑战，而不是消极回避，消极应付。经济全球化是建立在资本、生产、通信和技术一体化之上的，具体表现为资本、商品、技术、人员和信息等要素日益增加的跨国流动，以及因为新的通信技术而彼此联系更加密切的网络化趋势。同时，经济的全球化又相应地导致各国政治、文化、教育甚至思想和价值观等要素的趋同化。教育全球化已成为世界各国教育发展的必然，职业技术教育必须积极应对教育全球化的挑战。教育全球化根植于经济全球化，同时也强烈地表现出对经济效益的追求。

教育全球化的活动内容包括有形的资源、人员、信息等要素的跨国流动，也包括无形的对思想（包括教育理论、教育模式等）、价值观等要素的借鉴和模仿，不仅包括人员派出或接收，而且包括课程引进、学分互认和跨国办学等。教育全球化的主体将由政府主导逐步转变为政府和院校共同协作或院校主导。教育全球化是一个动态的发展过程，其内涵随着时间、环境、条件以及其他要素的变化而变化。在经济全球化的今天，各国的技术教育逐步趋向融合，超越了地域、国家、民族的局限，呈现出职业技术教育全球化的发展趋势。职业技术教育的主要任务是培养生产、服务、管理第一线的从事技术工作的高级应用性专门人才，学习内容的国际化、学历与技术证书的国际化等技术教育全球化趋势，对人才培养规格提出了更新的要求，熟悉国际惯例和法规、会外语、了解国际技术标准和规范成为人才必备的基本条件，面对教育的全球化，我们的培养目标需做适当的调整，即培养生产、服务、管理第一线的主要从事技术工作的符合国际标准的高级应用性专门人才。

二、高等职业技术教育的通识化是各国职业教育的发展趋势

知识有余而能力不足是中国传统高等教育人才培养的弊端之一。尽管教育界对此早有深刻的认识，但在实践上并没有彻底改观，传授知识、理解和掌握专业知识和专业技术仍然是高等教育人才培养的主要方面。基于行动的学习、基于探索认知的学习、基于问题的学习以及基于个人需要的学习并没有在高校的教学实践中树立起来。学术研究与教学实践的分离、科学技术（包括各专业技术）与社会实践的分离，科学教育、人文教育、体能教育、心理教育、语言表达能力、社会交往和合作能力等方面的教育严重不足。在市场竞争日趋激烈的今天，仅有专业教育远远不能满足学生求生存、图发展的需求。从学生的就业及今后职业需求出发，就必须把能力教育和通识教育结合起来，调整办学的理念，走出以专业学术教育作为顶峰体验的精英教育的老套路。重视学生的职业需求，这需要在教学实践上正确处理能力教育、通识教育和专业教育三者的关系。笔者以为，能力教育应贯穿于各类人才的培养，特别是每门课程的教学实践中。专业能力只是学生诸多能力（包括语言表达能力、社会交往能力、科学和专业技术认知能力、文化感悟能力、法律理解能力、独立解决问题能力、实践操作能力、组织能力、忍受失败和挫折能力、团结合作互助精神、工作责任心、想象创新能力等）中的一种。

就业机遇的不确定性很难像计划经济时代那样按专业对口的需求寻找并实现自己的职业抱负和理想。"学非所用，用非所学"是市场经济体制条件下，专业教育无法解决的一个根本性难题。通识教育的思想正是基于这一理念而提出来的替代方案。事实上，通识教育并不否定专业教育，部分高校已经出台的打通各专业的公共基础课，搭建专业教育的共同平台，正是通识教育和专业教育结合的开始，再辅之以选修课程及辅修专业等，就可以在并不否定专业教育的基础上实现通识教育的目的。由于计划经济体制时期的教育思想是精英教育观，而当今的中国教育正处在向大众化迈进的阶段，绝大多数非研究型大学必须转变精英教育观念，必须考虑学生的职业倾向，必须下大力气去研究市场经济需要什么样的人才。美国、加拿大、英国等发达国家一些著名高校在本科生教育中充分顾及学生的职业选择，在本科教育层次上，他们采用的是以能力教育为核心的通识教育方针，较好地适应了学生职业选择不确定性这一特点。

高等职业技术教育人才培养模式的变革，就是在尊重学生成才愿望的基础上，为学生提供一个多样化、多元化的成才选择空间。教学自由、学习自

由是培养个性化、有创新精神和创新能力的必要条件。例如，目前机械学科的知识领域已从"纯机械"发展为"机、电、计算机和信息技术"。在知识更新呈加速趋势，国际竞争日趋激烈的形势下，如果不从发展创新的角度培养有个性、有特色、有创新潜力的人才，如果不从多元化、综合化的角度思考人才成长的方向，那么我们培养出来的人才就很难适应当今社会、经济和学生个人发展的需求。通识教育的加强则能在促进学生适应经济发展的过程中发挥重大的作用，也必能促进各学科各专业的健康发展。

三、高等职业技术教育的终身化是高等职业技术教育发展的基本方向

高等职业技术教育应该是人生中所接受的一部分教育，是一个阶段性教育，不是终结性教育。牢固树立终身教育的观念是发达国家发展职业教育的共识，也是高等职业技术教育发展的根本方向。日本政府1978年5月颁布的《部分修改职业训练法》的法律，明确提出终身职业训练及终身技能评价是职业教育的根本方向。后来又制定了《终身职业能力开发促进法》《终身学习振兴法》。1995年11月24日，第十九届京都产业教育审议会发表了《关于在终身学习社会期待的职业教育》的咨询报告。报告提出，要构筑丰富的终身学习社会，把走上社会后的学习作为人生体系的重要一环。目前，日本已组建了包括终身职业能力开发中心、职业设计指导中心以及地方职业能力开发综合中心在内的，面向21世纪的终身职业能力开发体系。

美国早在1971年就在全美范围内推行实施终身化的职业教育——生计教育。生计教育是一项旨在对全体学生进行生计意识、生计探索、生计准备和生计定向等内容的持续性教育的综合教育计划，其目的在于帮助人们从幼儿园到成年获得整个生涯的谋生技能，并形成个人生活方式。生计教育作为一种终身意义的职业教育，它的推行实施得到美国联邦政府及美国职业协会等组织的广泛支持。德国职业培训条例明确规定，职业教育是一种就业教育；专职培训是为在业人员转换新的职业岗位而进行的一种补充教育；职业进修是为从业人员在某一领域进一步深化而开展的职业继续教育。三者均属职业教育范畴。

国外劳动力就业的状况都已证明，学校已不再是获取知识的唯一场所，职前学习也不再是唯一的培训时期，"只有终身学习，终身受教育，才能终身就业"。为此，1999年4月在韩国召开的第二届国际职业技术教育大会，把会议的主题确定为"终身学习与培训，迈向未来的桥梁"。大会提议各国要改进终身教育与培训系统，制定灵活的接受终身职业教育的政策。所以，

我们在进行人才培养模式的构建时必须把学生的职业生涯发展考虑进去，而不是只寻求短期效益，而要把学生的长期发展加入到课程整合当中，以增强学校的吸引力，保持高等职业技术教育的旺盛生命力。

四、注重以人为本是现代教育理念的体现

21世纪需要的是更具人文素质和文化底蕴的"技术人文主义者"。培养学生学会认知，学会做事，学会共同生活和学会生存等综合素质将成为职业技术教育人才培养的重要特征。以人为本，尊重人的主体性和创造性，关注人的实践活动的思想已经成为当今社会的一个重要特征。人们的关注点将回归到人本身，注重人的个性发挥。教育目标将以学生的个体为依据，并非是对国家和社会目标的否定，而是突出学生个体的独立身份、权力与价值。以能力和绩效为本位，强调对学生综合才能和创造性的培养，就是要在学生进行职业课程的学习时，为学生的生涯发展提供更加宽泛和灵活的课程体系和标准，也就是要强调职业技术教育应该为学生生涯发展提供多样化的道路选择，为学生的继续教育和就业做好准备。

高等教育的个性化是世界高等教育发展的重大趋势之一。这体现了世界各国公民对个体生命价值的重视和关怀。个人的职业成就是个体生命价值的最佳注解，是生存的最高境界。高等教育是满足学生成才愿望并为其今后的职业选择和职业成就做出重要影响的教育活动。学生的成才需求和职业追求是高等教育机构全部教育教学及科研活动的最高目的，也是高校生存的社会基础。尊重学生的个性、尊重学生个人的成才选择是高校人才培养和教学改革的基本方向。建立以学生为中心的教学模式，以能力培养为目标的通识教育方针，实际上就是要为学生的个人选择和个人成长成才创造和提供一个宽松、有帮助、有指导的学习环境。树立个性化的教育理念，必须确立个性化的课程体系，同时要求教师探索个性化的教学模式。在中国要实现个性化的人才培养目标，就需要变革现行的高校管理体制，给予高校更多的自主权，主要是专业设置权、课程设置权，取消专业设置和课程设置的审批权，同时保障教师的学术自由和教学自由（并非否定同一学科的共同范式，而是强调有特色、有创新、有重点等）。中国高等教育的弊端之一就是共性制约太多，教师教学无创意，学生缺乏想象力和创新能力。尽管当前理论界创新教育的呼声很高，但如果不尊重学生的成才选择，不尊重学生的课程选择，不尊重教师的教学自由、学术自由，创新教育就是一句空话，高校的资源，尤其是教师的智力资源就得不到充分利用。

根据世界发达国家的经验，职业技术教育的发展战略需要与经济发展阶

段相适应。以美国为例,在该国工业化发展过程中,强调以企业界的需要作为职业技术教育的出发点,工业化的生产方式与工业化的职业培训模式相匹配;在其进入后工业化时代后,以人为本,关注个性发展、创新成为后工业化时代的特征。在这种时代背景中,传统职业技术教育的模式受到质疑,强调为个体未来发展提供多样化选择,关注培养个体的终身发展能力成为美国后工业化时代的重要特征。从经济发展水平来看,我国正处于从工业化初期到中期迈进的过程。但是我国的经济结构极为复杂,农业经济、工业经济及最先进的以信息和知识的应用为特征的经济形态并存,区域发展极为不平衡。总体上看,工业发展是我国目前经济发展的重点,同时,信息技术革命也会对我国的经济发展和社会的各个方面产生重要的影响。就现状而言,我国职业技术教育的发展既不属于工作本位也不是学生本位,更多的是具有学校本位的发展特点,这种封闭的办学模式造成了教育产出与企业需求之间不对接的矛盾。并且,目前我国企业的生产方式主要以流水线批量生产为特征,企业对技能人才的需求仍然注重操作技能和遵章守制,员工的创造性受欢迎,但并不是企业的主流特征。在这样的背景下,就业为导向就成为我国职业技术教育发展的阶段性选择。鼓励学校积极与企业建立合作关系,以企业的需求为依据设置专业和制订教学计划就成为现实的选择。但是我们绝不能忽视用超前的、以学生为本的目光考虑职业技术教育的发展方向,职业教育不仅仅需要关注学生的眼前就业问题,还应该关注学生就业的持续性和学生的终身职业发展。

五、注重人文教育是提高人才素质的途径

我国职业技术院校自创办以来,一直不重视人文教育。许多院校过分强调实用性,导致目光短浅的实用功利主义办学思想的蔓延。随着素质教育的推进,职业技术院校要在注重实用性、突出实践性的基础上,着重提高学生的人文素质。提高学生人文素质是一个复杂的系统工程,需要从教育的各个环节着手。现代企业面对激烈竞争的态势,面对加入WTO,与世界接轨的局面,对人才素质有更高的要求。人文与技能素质并重,且人文品质更具优先的地位,这已是全球人才学家和企事业决策者们的共识。

人文知识和素质能助人启动精神引擎,设计人生之路。著名作家梁衡曾撰写《人格在上》一文,他认为人在社会上应有三项资本,或曰三种魅力:一是外貌,包括体格、姿色,这主要来源于先天;二是知识技能和思想,这靠后天的修炼;三是人格,这完全是一种独立于"貌"和"能"之外关于思想和世界观的修炼。

人文素质是人格铸造和技能修炼的原动力,也是人文社会科学工作者和管理者技能素质的重要组成部分。发达国家多数企业都十分重视职工的培训,把人文素质的培训居于重要的地位。西方国家兴起的 MBA、DBA、NLP 培训等成了莘莘学子追求的新宠。职业培训也成了"朝阳行业"。NLP 是一门能够改变人类身心运用方式的行为科学,自 1971 年出现以来,经过 30 多年的不断发展,被广泛应用于人际沟通、个人成长、企业管理、身心健康、教育训练、心理治疗与成功辅导等领域。它能提供一整套改变自我、掌握人生的心理技巧,可教会人怎样做人做事,怎样成功地通过提高自身的能力去获得高质量的人生。入世后,中国企业与世界企业的接轨进程加快。我们要有强烈的"与世界联网"的意识,要学习世界优秀企业员工的人文精神和培训经验。

在当今世界,要想在买方市场图生存、求发展,就必须具有卓越的人文精神,"小心翼翼"为顾客,"尽心尽力"为顾客,"全心全意"为顾客。当今国际职业技术教育的一个重要发展趋势就是要求"全人格化",要求学生不仅仅要有专业的知识和技能,更重要的要有良好的素质素养,要有对企业的忠心,要有热心、主动、积极、团结的精神,还要有良好的沟通表达能力,有决策计划的能力,有发现问题和解决问题的能力。例如,在美国的学校、企业,都将人文素质的提升置于重要的地位。许多学校都要求每个学生修读一定数量的人文与自然科学课程及技能课,确保学生全面发展。哈佛、耶鲁等名校规定:大学低年级学生必须修满文学与艺术、历史、自然科学、社会分析与道德观、外国文化等五大"核心课程",人文素质教育占有较大比重。

实施人文素质的培训,有助于培养通才、复合型人才,有助于提升人才的人格魅力和优化心理素质,它对于人才的成长是百利而无一害的举措。在知识经济时代,全球化进程的加快,提升了"做人"培训的地位。为适应全球化带来的各种变革、矛盾、问题和挑战,高职教育在不断变化的环境中自由地生存和发展,对人的适应性、持久性、创新性提出了更高的要求,因此,高职教育必须将人文素质培训列入目标任务和重要内容,必须更加重视学生健全的人格、良好的心态、正确的价值观、和谐的人际关系等方面的培养。

第三章 成果导向的教育理念、内涵与主要模式

通过对成果导向教育模式的发展轨迹研究，可以使我们更好地理解此种模式存在的价值，更好地借鉴和学习。

第一节 成果导向教育模式的形成历程

细究成果导向教育模式，从其表象上依稀可见美国著名教育学家杜威的目的与手段之关系的影子，继而又传承了泰勒的以目标为中心的"目标模式"的理念，最后又深受派纳的"自传式课程"的影响。其实作为美国土生土长的教育改革产物，它的面世必然取各家之长，顺应历史的变迁与社会发展的要求。

美国本身就是一个外来文化混杂的国家，多元的文化背景和价值观念经过长期的磨合使得人们对于任何一种信仰都不是那么坚信不疑，改革的步伐一直走在世界前列。对于教育制度而言，由于与社会经济环境的极度融合，就要求所培养的学生一定要对社会有所作为。这一信条不仅早已脱离了欧洲的影响，更是成为促进全球整体科技、经济进步的基本原则之一。自20世纪80年代以来，美国教育家斯派蒂、斯洛克、布兰迪等人在前人研究的基础上开始了对以成果为基础的教育模式的探索之旅。在此之前，美国经历了冷战与嬉皮士时代，社会各阶层思想极为混乱，如何把民众导向引入社会经济运行方面是全美教育机构改革的重点。很显然，在民主氛围极为浓郁的美国，很多公民自不会买政府的账，于是教育者采取了一种"欺骗性"的手段将个人的成功欲望与社会需求目标融合。而事实上，这种观点确实是符合人性的：人终归是社会的产物，每个人都渴望得到社会的承认，于是成果导向教育就有了存在的社会环境。但是与早先"目标模式"的区别在于，其设计的成果导向目标较之以往的目标来源更加广泛，更加直接，更加切合社会的需求；同时顺应了当时民众对于自由个体的向往，将新思潮中"个性的解

放"去其糟粕,强调了"个体的解放",推崇因材施教、因兴趣施教,也更易为人所接受。

第二节 成果导向教育模式的理论基础

成果导向教育(Outcome Based Education,简称 OBE)自 1981 年由斯派迪(WAliam Wiliam G. Spady)创设以来,受到国内外教育学界的追捧。OBE 理念的基本原理是:所有学习者均成功(Success for All)。这个理念的逻辑架构基础在于,每个学生都是有才能的,学习应基于合作而不是竞争,学校应当成为为每个学生找到成功方法的教育机构。OBE 的提出者斯派迪在立足此教育理念逻辑基础上于 1994 年提出了成果导向教育的金字塔结构。该结构将成果导向教育分为五个方面,即一个执行范例、两个关键目标、三个关键前提、四个执行原则以及五个实施要点。"一个执行范例"意为 OBE 实施伊始应有一个清晰的愿景及框架。这个愿景和框架要清晰阐明学生在专业领域应具有何种能力,并围绕具体能力指向设计教学目标、设置课程、组织教师教学以及教学评价的框架体系。"两个关键目标"是指建构成果蓝图以及营造成功情境与机会。成果蓝图需标明学生在毕业时应当具有的知识、能力与价值追求,而营造成功情境与机会是成果蓝图实现的充分条件。"三个关键前提"是指所有的学生均能学习并获得成功,学校的各项工作将直接影响学生的学习以及成功学习能够促进更成功的学习。"四个执行原则"被各国学者继承与实践。这四个原则可归结为:其一,清楚聚焦,焦点是重要的高峰成果;其二,向下设计,从最终、高峰成果向下进行创设;其三,高度期许,期待所有学生都获得成功;其四,扩展机会,增强成功学习的机遇。布兰特进一步从教学设计视角对以上四个原则进行了阐释。他认为清楚聚焦的高峰成果应当是学生在整个学习过程结束后能够展示出综合应用所学的能力,而不是一周、一学期或一学年活动本身。向下设计则是以高峰表现为最终目标,课程与教学设计回归学生能够带着走的能力。高度期许意味着教师应当将学生的学习历程视为学生自我实现的高层次挑战,不为学生设置一般性标准,而应期待学生们都能达成自我实现。扩展机会要求教师应以更弹性的方式回应学生的个体需求,并创造机会让学生实践其所学,以证明其学习的有效性和有用性。"五个实施要点"包含明确学习成果、建构课程体系、明晰教学策略、形成自我参照评价以及逐级到达顶峰五个层面。

OBE 在应用层面上有三种类型:以重视专业技能及其结构性表现的传统型 OBE;强调非结构性表现与高层次能力的过渡型 OBE;聚焦生活角色能力

以及由复杂角色绩效决定的转变型 OBE。传统型 OBE 学习成果可分为专业技能与结构性表现两个层面。在专业技能层面，由教师事先制定好专业课程内容，并以专业分数高低来对学习成果进行测评。而结构性表现体现为学生要达到专业技能成果而进行的特定化项目、模块及步骤。相比前一类型，转变型 OBE 强调学校存在的目的是培养学生具有符合未来公民取向的知识、能力与特质。而基于当代课程架构与教学模式下的学校教学理念无法培养出能在未来复杂且充满挑战的高科技生活环境中有所成就的学生。因此，转变型 OBE 理念核心就在于以未来取向学习成果为导向。过渡型 OBE 介于前两者之间，强调高层次能力与非结构性表现的学习成果。此处高层次能力指不局限于特定的学科知识，特指具备能够运用批判性思维通过综合所学知识解决现实问题的能力。所谓非结构性表现指向在较为复杂工作中的表现，需要从不同的视角整合知识或是设计自己的学习方案并决定其范围、执行标准和测评方式。

在实践中，传统型 OBE 虽然被美国、加拿大等国家普遍采用，但不可否认，这是内部的、狭隘的学习成果。其具体表现在以下几方面：一是课程的内容及学习成果通常以传统的学科内容为分类标准，与实际生活经验相脱节；二是学生最佳学习表现的概念被限定在个别课程或一小部分教学活动中，学习被视为各自分离的活动；三是核心指向为毕业学生拥有的学术能力，而不是全人发展；四是其结构性表现为单一的课堂讲授，并非与真正的生活角色与环境脉络相结合。转变型 OBE 虽在教育理念上具有一定的先进性，但不可否认的是，以"未来学习成果"作为核心导向在实务操作中具有复杂性和较难操作的特征。另外，我国作为教育大国而非教育强国的现实也对该理念在实际中的具体功能发挥产生了一定的影响。而过渡型 OBE 既克服了传统型 OBE 的弊端，又能立足于我国教育实际，在现阶段应采用此理念重构我国教育思想、教学理念和教学设计。

第三节　成果导向教育模式的特点与实施架构

一、成果导向教育的特点

斯派蒂、斯洛克、布兰迪等美国教育家自 20 世纪 80 年代以来对以成果为基础的教育进行了长期的研究，90 年代以后出版了不少有关成果导向教育的专著。在他们看来，成果导向教育理论是以人人都能学会为前提，以学生为中心、成果为导向而设计的。在成果导向教育的过程中，既要完成现在教育的要求,又要满足适宜公众未来的需要,是一种强调能力培养、能力训练的教育系统。这些能力指某人给定的专业、职责或任务而言的综合能力,换言之就是适应就业的能力,需要和期望所有团体合作以产生成果的过程。教育要反映民族信念体系,反映民族文化、个人价值与潜力,实现为今日学习者的未来做准备。

成果导向教育能够衡量学生能做什么,而不是学生知道什么,前者是传统教育无法做到的。例如,传统教育衡量学生的常用方法是,从几个给定答案中选择出一个正确答案。这种方法往往只能测试出学生的记忆力,而不能让学生展示出他们学会了什么。也就是说,重要的是理解而不是记忆。对内容的理解所体现的认知能力比对内容的记忆所体现的记忆能力重要得多。OBE要求学生将掌握内容的方式,从解决有固定答案问题的能力拓展到解决开放问题的能力。

OBE要求学生通过具有挑战性的任务,例如提出项目建议、完成项目策划、开展案例研究和进行口头报告等,来展示他们的能力。这样的任务,能让学生展示思考、质疑、研究、决定和呈现的能力。因此,OBE是将学生置于发展他们的设计能力到完成一个完整过程的环境之中。OBE更加关注高阶能力,例如创造性思维的能力、分析和综合信息的能力、策划和组织能力等。这种能力可以通过以团队的形式完成某些比较复杂的任务来获得。

成果导向教育理论认为,人类潜能是可测量的或可论证的。成果导向教育的设想是所有的学生都能学好,且在学校里的表现是多样化的,应给予足够的时间、指导与机会来掌握并表现他们的能力。其中,社会、教育者、父母都必须对学生的学习负责。社会应为学习者提供良好、宽松的社会环境和各种优质服务,增强教育责任感;要发扬民主,鼓励学习者参与并自主地做出决定,最大限度地发挥个人潜能。

学校要创造学习成功的条件,以未来为导向,以学生为中心,重新检查、修改教学大纲要求,强调按学生个人兴趣、需要和水平学习。应要求学生学习的是能最大限度地运用以经验为基础的、对目前与未来都必要的活的知识和技能。每个学生的需要是通过多种指导性的策略与评估手段来满足的。教师所做的教学策略是指导性的,策略是以分析学生的需求并反映学生的需求而制定的。教师指导学生、促进学生学习的过程,必须以最适用的理论、最深入的观察和分析来进行。在教学中,要注意观察、分析教学实际情况、发现问题、改变策略、解决问题,这也是一个经验积累的过程。它可以为未来的学习提供数据,使学生能更好地选择自己的学习、评估学习,使学习成为一个不断提高的过程,最终使每个学习者获得成功,并以一次的成功引向下一次的成功。每个学生，都要给予足够的时间和支持来使之意识到自己的潜在能力。

成果导向教育理论认为，学习是持续不断的，而学习时间是不定的、是由学生与学校明智地安排的。由此，我们要利用一切可能的资源，满足所有学生的需要，最大限度地保证学生获得成功。每个学生要发挥能动性，对自己的学习负责，做出适当的学习抉择，独立学习与思考，达到能自我评估并获得成功。评估一个学生是否进步，不是根据学生看过了多少本书，而在于考查学生是否完全掌握了为未来独立获取成功的重要技能。所以，评估是以成果标准为参考，即要根据所处学习阶段的内容、水平和成绩而恰如其分地进行评估。父母要加强与教师的联系，理解、支持孩子的学习，对孩子的学习做必要的补充，与孩子建立良好的情感关系。

二、成果导向教育的实施原则

（一）清楚聚焦

课程设计与教学要清楚地聚焦在学生在完成学习过程后能达成的最终学习成果，并让学生将他们的学习目标聚焦在这些学习成果上。教师必须清楚地阐述并致力于帮助学生发展知识、能力和境界，使他们能够达成预期成果。清楚聚焦是 OBE 实施原则中最重要和最基本的原则，这是因为：第一，可协助教师制定一个能清楚预期学生学习成果的学习蓝图；第二，以该学习蓝图作为课程、教学、评价的设计与执行的起点，与所有的学习紧密结合；第三，无论是教学设计还是教学评价，都是以让学生能充分展示其学习成果为前提；第四，从第一次课堂教学开始直到最后，师生如同伙伴一样为达成学习成果而努力。

（二）扩大机会

课程设计与教学要充分考虑每个学生的个体差异，要在时间和资源上保障每个学生都有达成学习成果的机会。学校和教师不应以同样的方式在同一时间给所有学生提供相同的学习机会，而应以更加弹性的方式来配合学生的个性化要求，让学生有机会证明自己所学，展示学习成果。如果学生获得了合适的学习机会，相信他们就会达成预期的学习成果。

（三）提高期待

教师应该提高对学生学习的期待，制定具有挑战性的执行标准，以鼓励学生深度学习，促进更有效率的学习。提升期待主要有三个方面：一是提高执行标准，促使学生完成学习进程后达到更高水平；二是排除迈向成功的附加条件，鼓励学生达到高峰表现；三是增设高水平课程，引导学生向高标准努力。

（四）反向设计

以最终目标（最终学习成果或顶峰成果）为起点，反向进行课程设计，开展教学活动。课程与教学设计从最终学习成果（顶峰成果）反向设计，以确定所有迈向高峰成果的教学的适切性。教学的出发点不是教师想要教什么，而是要达成高峰成果需要什么。反向设计要掌握两个原则：一是要从学生期望达成的高峰成果来反推，不断增加课程难度来引导学生达成高峰成果；二是应聚焦于重要、基础、核心和高峰的成果，排除不太必要的课程或以更重要的课程取代，才能有效协助学生成功学习。

教育教学改革首先要变革教学理念，建立全新的人才观和师生观。各地区、各学校在限定了具体的学习范围和程序，明确教学计划目的、对象后，要制定全新的成果目标课程体系，变革课程结构。学校教学计划可分四个层次：正式计划，即计划学校要教学生的一切科目；非正式计划，即对学校要组织的活动、兴趣小组、各种球类运动和准备成立的俱乐部等做出计划；隐性计划，包括一切通过教师与员工的态度和言行对学生产生间接影响的教育；零计划，指一切不包括在正式教学计划中的潜在学科和主题。

在制定计划并落实任务之后，就应该授以教师教学策略，使其明确学习是受成果驱策的。教师只有以人为本，以成果为本，才能全面贯彻落实素质教育，完成社会赋予的历史使命。在教学生学会求知、学会做事、学会与他人友好相处、学会生存的同时，自己也应增强上岗就业和转岗所必需的综合知识与技能，逐步成为"双师型"教师。在教学中，教师要变革教学方法，变革教学途径，建立全新的综合成果训练体系。要向学生提供真实的情境，来练习解决有意思的问题。可使用科学技术，比如利用电脑与网络，让学生把课堂学习与课外学习有机地结合起来，扩大知识来源。围绕日常生活引导学生发现问题，利用发散思维探索解决问题的方法，来促进可信的研究与真实的学习。比如可利用小组活动让所有的学生进行相关的、试验性和描述性的调研，收集相关数据，学会分析和说明数据。运用定量分析方法，提高智力，加深情感，促进学生健康成长，让学生终身受益。在提高学生理解能力与解决问题的能力、获得成就方面，成果导向教育比传统教学效果要好得多。通过实施成果导向教学计划而获取的技巧和经历的学习过程，对学习者来说是成功地学习其他任何科目的重要因素。

三、成果导向教育的实施要点

OBE 的实施要点，或者说关键性步骤如下：

（一）确定学习成果

最终学习成果（顶峰成果）既是 OBE 的终点，也是其起点。学习成果应该可清楚表述和可直接或间接测评，因此往往要将其转换成绩效指标。确定学习成果要充分考虑教育利益相关者的要求与期望，这些利益相关者既包括政府、学校和用人单位，也包括学生、教师和学生家长等。

（二）构建课程体系

学习成果代表了一种能力结构，这种能力主要通过课程教学来实现。因此，课程体系构建对达成学习成果尤为重要。能力结构与课程体系结构应有一种清晰的映射关系，能力结构中的每一种能力要有明确的课程来支撑，换句话说，课程体系的每门课程要对实现能力结构有确定的贡献。课程体系与能力结构的这种映射关系，要求学生完成课程体系的学习后就能具备预期的能力结构（学习成果）。

（三）确定教学策略

OBE 特别强调学生学到了什么而不是教师教了什么，特别强调教学过程的输出而不是输入，特别强调研究型教学模式而不是灌输型教学模式，特别强调个性化教学而不是"车厢"式教学。个性化教学要求教师准确把握每个学生的学习轨迹，及时把握每个人的目标、基础和进程。按照不同的要求，制定不同的教学方案，提供不同的学习机会。

（四）自我参照评价

OBE 的教学评价聚焦在学习成果上，而不是在教学内容以及学习时间、学习方式上。采用多元和梯次的评价标准，评价强调达成学习成果的内涵和个人的学习进步，不强调学生之间的比较。根据每个学生能达到教育要求的程度，赋予从不熟练到优秀的不同评定等级，进行针对性评价，通过对学生学习状态的明确掌握，为学校和教师改进教学提供参考。

（五）逐级达到顶峰

将学生的学习进程划分成不同的阶段，并确定每阶段的学习目标，这些学习目标从初级到高级，最终达成顶峰成果。这将意味着，具有不同学习能力的学生将用不同时间、通过不同途径和方式，达到同一目标。

四、成果导向教育三角形框架

综上，可将 OBE 的实施框架归纳为：一个核心目标、两个重要条件、三个关键前提、四个实施原则、五个实施要点。由此构成了 OBE 的三角形实施框架（见图 3-1）。

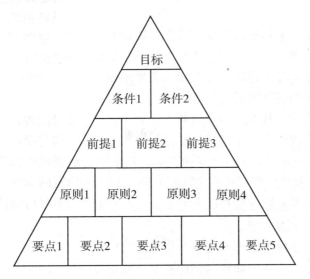

图 3-1　成果导向教育三角形实施框架

其中，一个核心目标：所有学生都要达成顶峰成果。两个重要条件：一是描绘成果蓝图，建立一个清晰的学习成果蓝图，并勾勒出哪些是必备的能力与内容，即确定学生在毕业时应该达到的能力结构；二是创设成功环境，为学生达成预期成果提供适宜的条件和机会。三个关键前提：一是所有学生均能通过学习达成预期成果，但不一定要同时通过相同途径、采用同样方式；二是成功是成功之母，学习的成功会促进更成功的学习；三是学校要对学生成功学习负责，学校掌握着成功的条件与机会，直接影响学生能否成功学习。四个实施原则：清楚聚焦、扩大机会、提高期待和反向设计。五个实施要点：确定学习成果、构建课程体系、确定教学策略、自我参照评价和逐级达到顶峰。

第四节 成果导向教育模式的表现形式

与传统的教育模式一样,成果导向教育模式自有一套完整的体系支撑。

策略计划作为一个以未来为导向的策划过程,所做的计划要限定掌握知识的范围、学习技巧和态度,目的在于帮助个性迥异的学生在风云变幻的社会中、在突飞猛进的经济热潮中、在日新月异的生存环境和异彩纷呈的文化中获取成功。

课程设定强调目标来源的广泛性,并带有极强的针对性,但由于辅以人性化的指导,冲淡了设定中的功利性色彩。提倡根据个体学习的情况展开个体与他人、文本及个体的相互作用,它要求学习者进行自我分析,以了解自己在学习情境中的不同反应。

教学手段授之教师以教学策略,以人为本,以成果为本,全面贯彻落实素质教育,完成社会赋予的使命。

保障体系则涵盖社会各个层面,从学习者在入学前的社区培养到学习中专业课程的技术保障,再到工作中继续学习的环境建设都需要整个社会的关注。

评估体系则根据各院校的专业特点及社会对毕业生的要求,扶正院系发展方向与学生学习方向。

凭借这一套完善的理论构成与先进的操作程序,以成果为导向的教育理念已经深入到全美各大高校。也许教学过程中存在校际的差异,但在学生培养的评估上,主流教育机构的观点却是一致的。对于工程学科而言,由于与成果导向教育模式具有天生的契合度,美国工程及技术教育认证委员会(ABET)从 2000 年开始实施成果导向式认证,他们对高校学系、毕业生学位的认证之工程规范从早期的教育投入,即教育动机和努力、机构和服务、资源和费用等,转移到教育产出,即能力和成果、成绩和效果上,并提出了认可某一学位时的十一条导向性准则:第一条是应用数学、科学及工程知识的能力;第二条是设计及进行实验和分析数据的能力;第三条是能够设计系统、组建工序以满足特定需要的能力;第四条是在不同界别组成的专业队伍里运作的能力;第五条是确定、规划及解决工程问题的能力;第六条是了解责任及专业道德;第七条是有沟通能力;第八条是拥有广阔的教育基础去理解工程项目对社会及全球的影响;第九条是认识到终身学习的重要性并拥有切实执行的能力;第十条是对当代社会关注的议题有一定的认识;第十一条是认识现代应用工程、工艺、技术及工具。这十一条基本上就是把美国工程院的一个理想转换成一条准则。

第五节 成果导向教育评估

现代社会千变万化，社会竞争日益激烈，现代人所肩负的责任越来越大，改善和提高项目评估迫在眉睫。成果导向教育评估理论为我们展开了全新的教学成果评估方式。有效的评估，在成果导向教育中是完整的学习过程不可缺少的一部分，包含过程与成果、认知与情感范围的持续评估，会激发学生对学习的责任感。成果导向评估考虑结果、质量、有价值的以人为本的成果。评估人员包括评估发起人、教育共同经营者、评估者。成果导向教育评估要求评估者了解教育政策和评估策略，明确成果目标，检查所使用的评估方式是否比其他评估更有效，评估结果如何应用，明确评估的类型、重点和标准，即弄清楚教育应使受教育者获得什么样的成就，应该使受教育者获取其人生中有价值的成果。成果导向教育评估要求教学大纲能反映教育机构所要获得的成果的功效和影响。接着，是落实评估方式方法，即选择是进行成绩评估、功能评估，还是进行个人评定。在进行成果评估后，可就结果进行解释，最后把成功的成果应用于实践，以改善成果导向教育效果。

教学评估，就是根据一定的目的和标准，有系统地对教学思想、课程、教材、教学过程、教学方法以及能否产生教学效果等做出价值判断。教学评估理论大约经历了四个阶段：20世纪60年代着重评估计划是否能有效地解决社会问题；70年代聚集于如何运用信息来设计与改进社会方案；80年代重点主要放在把前两个阶段的评估理论融合到一起。80年代末90年代初是教育评估的后现代主义阶段，轻视以理科为基础的注重定量研究的教学法，崇尚社会建构主义的、定性的、多元的教育方法。成果导向评估包括描述、解释和价值判断。需要指出的是，历史的评估方法是以经验和控制为条件的，在"知识本位观"影响下的教学评价内容狭窄，仅仅着眼于学生对知识掌握的多少及精确程度。往往对掌握知识成果多者大加赞扬，将掌握知识缓慢者视为没有发展前途的"后进生"，对他们进行挖苦、打击，甚至放弃。成果导向评估理论重实效，强调现实和问题的解决；具有以社区为基础，既综合又富个性化的特点。通过对以"成果为本位"的创新教学的探索和深入研究，进行鉴定、判断、反馈、管理、调控、引导、激励和研究，从而建立全新的综合成果评价体系。其与"知识本位观"影响下的教学评价的最大差别在于：成果导向观认为即使是再差的学生也存在着一定的发展空间和潜力，每一个人的发展速度并非等速，当其在连续的多阶段的多次发展顺利时，其发展速度会呈加速度提升。因而，"成果导向观"影响下的教学特别注重运用激励导向这把金钥匙，去开启学生尚未开发的潜能大门，把学生引向其"最近发展区"，从而不断提高其学习成果。

成果导向评估理论向后现代主义、实用方法转移，这对测量和分析方法产生了影响。成果导向教育评估采用多维度模式进行。建立和发展真实评估体系有三种方式：多维证实、建立文件夹和评估可完成的任务。多维证实，包括从活动检查表、合约书、充分的展示和陈述、动手操作并证明、口头访问调查、反思日志、教师对学生的观察、奇闻轶事记录、学生自我评价、写作测试等方面进行评估。文件夹的内容可以是记录学生一年或更长时间内所做的努力，包括所有学生的计划、观察文件夹、成长文档，以及已获取的成果。文件夹由学生选择并根据学生的意图来完善，必要时可以向导师请教。学生和导师对文件夹要进行阶段性的评估。评估的任务包括评估学生笔头测试、评估学生所进行的模拟活动和解决问题的活动，及学生的计划或活动执行情况。根据以上三种评估体系确定学生的成绩，看其是否达到中期目标、是否达到学年水平并可升学、是否达到毕业水平。一般采用4分制的打分方法。获1分表明任务完成欠佳（相当于达D成绩）；2分表明基本掌握目标要求的能力（相当于达C成绩）；3分表明已达到目标要求（相当于达B成绩）；4分表明超越目标要求（相当于达A成绩）。在每次评估中，学生必须获得2分或2分以上成绩。

成果导向教育改革对评估所产生的影响主要在于对个人行为评估以及在整个体系分同年龄组进行评估。评估结果作为策略计划的基础，用于比较、提高成果质量、提高个人竞争的优势。以行为为基础的评估方法的共同特征，是在策略上采用不定额的任务，采取更严密的顺序和获得更复杂的技能。要求运用对前后联系密切的策略，用不同的方式解决复杂问题。行为评估涉及与教育有关的预期成果展示，要求体现理解并展示阶段的、应用的或在不同环境下都能运用的技能。

高等教育改革要实现的是教育思想和观念的转变。长期以来，我国专业教育体系，不论是专业设置、教育模式、课程体系与教学内容等，都是按照计划经济来考虑的。经过改革开放，我国经济结构再次面临重大调整，与国际的交流日益频繁，迎接市场经济的挑战是新时期高等教育面临的历史责任。我们要有紧迫感、危机感，为经济和社会发展提供人才和智力上的支持。直接针对市场、面向就业，根据社会需要确定学生应培养的成果，是高校教育教学改革的重点。成果导向理论的实质，是强调以专业技术成果为基础，按专业和工作分析得来的专业成果本身的结构方式组织教学，重视专业技能及技能的获得，对科学知识强调相关与必须，这与我国近年来强调的专业教育有异曲同工之处。

第六节 成果导向教育与传统教育的比较

一、成果导向教育的新突破

（一）成果决定而不是进程决定

传统教育的课程教学严格遵循规定的进程，统一的教学时间、内容、方式等。教学进度是以大部分学生可以完成为前提预设的，如学生在规定时间内未完成学习，将被视为达不到教学要求。OBE 的目标、课程、教材、评价、毕业要求等均聚焦于成果，而不是规定的进程。OBE 强调学生从学习的一开始就有明确目标和预期表现，学生清楚所期待的学习内容，教师更清楚如何协助学生学习。因此，学生可以按照各自的学习经验、学习风格、学习进度，逐步达成目标，所有的学生均有机会获得成功。

（二）扩大机会而不是限制机会

传统教育严格执行规定的学习程序，就像将学生装进了以同样速度和方式运行的"车厢"，限制了学生成功的机会。OBE 强调扩大机会，即以学习成果为导向，以评价结果为依据，适时修改、调整和弹性回应学生的学习要求。"扩大"意味着改进学习内容、方式与时间等，而非仅仅延长学习时间。

（三）成果为准而不是证书为准

传统教育学生获得证书是以规定时间完成规定课程的学分为准，而这些课程学分的取得是以教师自行设定的标准为准。OBE 获得证书是以学习成果为准，学生必须清楚地展现已达到规定的绩效指标，才能获得学分。将学习成果标准与证书联系起来，使得证书与学生的实际表现相一致，而非只是学生在规定时间内完成学业的证明。

（四）强调知识整合而不是知识割裂

传统教育只强调课程体系，实际上是将知识结构切割成了一个个课程单元，每门课程成为一个相对独立、界限清晰的知识单元，这些知识单元之间的联系被弱化了，学生的学习往往是"只见树木、不见森林"。OBE 强调知识的整合，是从知识（能力）结构出发反向设计，使课程体系支撑知识结构，进而使每门课程的学习都与知识（能力）结构相呼应，最终使学生达成顶峰成果。

（五）教师主导而不是教师主宰

传统教育以教师为中心，教什么、怎么教都由教师说了算，学生只是被动地接受教师的安排来完成学习。OBE 强调以学生为中心，教师应该善用示范、诊断、评价、反馈以及建设性介入等策略，来引导、协助学生达成预期成果。

（六）顶峰成果而不是累积成果

传统教育将学生每次学习的结果都累积起来，用平均结果代表最终成果。这样，学生某一次不成功的学习，就会影响其最终成果。OBE 聚焦的是学生最终达成的顶峰成果，学生某一次不成功的学习，只作为改进教学的依据，不带入其最终成果。

（七）包容性成功而不是分等成功

传统教育在教学进程中的评价将学生分成三六九等，而最终成果也被划分成不同等级，从而将学生分成了不同等级的成功者。OBE 秉持所有学生都是成功学习者的理念，仅将学生进行结构性区分或分类，采取各种鼓励措施，创造各种机会，逐步引导每一位学生都成为成功的学习者，达成顶峰成果。

（八）合作学习而不是竞争学习

传统教育重视竞争学习，通过评分将学生区分开或标签化，将教师与学生、学生与学生之间关系置于一种竞争环境中。在这种环境中，学习成功者和学习失败者之间不可能建立一种和谐互动的关系。OBE 强调合作式学习，将学生之间的竞争转变为自我竞争，即让学生持续地挑战自己，为达成顶峰成果而合作学习。通过团队合作、协同学习等方式，使学习能力较强者变得更强，使学习能力较弱者得到提升。

（九）达成性评价而不是比较性评价

传统教育强调比较性评价，在学生之间区别出优、良、中、差等不同等级。OBE 强调自我比较，而不是学生之间的比较。强调是否已经达到了自我参照标准，其评价结果往往用"符合/不符合""达成/未达成""通过/未通过"等表示。由于采用学生各自的参照标准，而不是学生之间的共同标准，故评价结果没有可比性，不能用于比较。

（十）协同教学而不是孤立教学

传统教育将教学单元细化为一个个孤立的课程教学，承担每门课程教学任务的教师独立开展教学工作，很少顾及不同课程教学之间的协同效应。OBE强调教学的协同性，要求每一名承担课程教学的教师，为了达到协助学生达成顶峰成果的共同目标，进行长期沟通、协同合作，来设计和实施课程教学及评价。

二、成果导向教育与传统教育对比

表3-1从学习导向、成功机会、毕业标准、成就表现、教学策略、教学模式、教学中心、评价理念、评价方法和参照标准这十个方面，对OBE和传统教育进行了对比。

表3-1 OBE与传统教育的对比

序号	项目	成果导向教育	传统教育
1	学习导向	成果导向，学生的学习目标、课程设置、教材选用、教学过程、教学评价以及毕业标准等均以成果为导向。	进程导向，强调学生根据规定程序、时间和进度学习。
2	成功机会	扩大成功机会，为确保所有学生学习成功，学校应为每一名学生提供适当的学习机会。	限制成功机会，学习按照规定程序与课表进行，因而限制了其发展与取得成功的机会。
3	毕业标准	以绩效为毕业标准，学生毕业时必须证明能做什么。	以学分为毕业标准，学生取得规定学分即毕业。
4	成就表现	以最终成果表示学生的顶峰表现，阶段性成果只用作下一阶段学习的参考。	以阶段学习的累积平均结果衡量学生最终成就表现，某一阶段的欠佳表现会影响最终成就。
5	教学策略	强调整合、协同教学、授课教师应长期协同、强化沟通合作、强化合作学习，鼓励团队合作，形成学习共同体	偏重分科，单打独斗，教师授课边界清晰，很少沟通与合作，强化竞争学习，鼓励互相竞争。

续上表

序号	项目	成果导向教育	传统教育
6	教学模式	能力导向教学模式，强调学生学到什么和能做什么，重视产出与能力，鼓励批判性思考、推理、评论、反馈和行动。	知识导向教学模式，强调教师教什么，重视输入，重视知识的获得与整理。
7	教学中心	以学生为中心，教师结合具体情境并应用团队合作和协同方式，来协助学生学习。	以教育为中心，教师教什么，学生学什么，学生按教师要求的方式学习。
8	评价理念	强调包容性成功，创造各种成功机会，逐步引导学生达成顶峰成果。	强调选择与分等，程度较差的学生因缺乏相应的学习机会而越来越差。
9	评价方法	评价与学习成果相呼应，能力导向，多元评价。	评价与规定程序相呼应，知识导向，常用课堂测试。
10	参照标准	自我标准参照，重点在学生的最高绩效标准及其内涵的相互比较。	共同标准参照，评价可用于学生之间的比较。

（一）从学科导向向目标导向转变

传统教育是学科导向的，它遵循专业设置按学科划分的原则，教育模式倾向于解决确定的、线性的、静止封闭问题的科学模式，知识结构强调学科知识体系的系统性和完备性，教学设计更加注重学科的需要，而在一定程度上忽视了专业的需求。成果导向的教育是目标导向的，它遵循的是反向设计原则，其"反向"是相对于传统教育的"正向"而言。反向设计是从需求（包括内部需求和外部需求）开始，由需求决定培养目标，再由培养目标决定毕业要求，再由毕业要求决定课程体系。正向设计是从课程体系开始，逆反向过程到毕业要求，再到培养目标，再到需求。然而，这时的需求一般只能满足内部需求，而不一定能满足外部需求，因为它是教育的结果而不是教育的目标。因此，传统教育对国家、社会和用人单位等外部需求只能"适应"，而很难做到"满足"。而目标导向下的教育则不然，它是反向设计、正向实施，这时"需求"既是起点又是终点，从而最大程度上保证了教育目标与结果的一致性。

目标导向下的教育在教学设计与实施中强调如下四个方面：培养目标要以需求为导向，毕业要求要以培养目标为导向，课程体系和课程教学要以毕业要求为导向，资源配置要以支撑毕业要求与培养目标的达成为导向。毕业要求的达成要能支撑培养目标的达成，课程教学要求的达成要能支撑毕业要求的达成。所有参与教学的教师要明确自己所教对达成毕业要求和培养目标的贡献与责任，每位学生要明确自己所学对达成毕业要求和培养目标的作用。培养目标和毕业要求的表述要有利于对目标和要求的达成度进行评价。

（二）从教师中心向学生中心转变

所谓以教师为中心，是指教学设计主要取决于教什么，教学过程主要取决于怎么教，教学评价主要取决于教得怎么样，这是学科导向教育的必然。所谓以学生为中心，是指教学设计主要取决于学什么，教学过程主要取决于怎么学，教学评价主要取决于学得怎么样，这是成果导向教育的使然。也就是说，以学生为中心的教育要求整个教学设计与教学实施都要紧紧围绕促进学生达到学习成果（毕业要求）来进行，要求提供适切的教育环境、了解学生学什么（内容）和如何学（方式与策略）、引导学生进行有效学习，并实施适切的教学评价来适时掌握学生的学习成效。

以学生为中心的教育主要体现在如下几个方面：培养目标与毕业要紧紧围绕学生的发展来确定；教学内容根据学生的期望而设计；师资与其他支撑条件判断标准是是否有利于学生达成预期目标；评价的焦点是学生学习效果与表现；是面向全体学生而不是个别优秀学生。以学生为中心的教育强调"教主于学"的教学理念，即教之主体在于学，教之目的在于学，教之效果在于学。遵循以学论教的教学原则，即教什么取决于学什么，怎么教取决于怎么学，教得怎么样取决于学得怎么样。重教轻学是传统工程教育的痼疾，至今仍然主导着课堂教学。要改变这种状况，必须解决两个基本问题：教学本质与教学理念。

教学本质回答的是教学是什么。传统的认识是：教学是"教师把知识、技能传授给学生的过程"。这种传统认识有5个局限：教学局限于教书，教书局限于课程，课程局限于课堂，课堂局限于讲授，讲授局限于教材。我们理解的教学就是"教学生学"，教学生"乐学""会学""学会"。其中"会学"是核心，要会自己学、会做中学、会思中学。教学理念回答的是为什么教学。传统的认识是："教"是为了"教会"，"学"是为了"学会"。我们提倡的教学理念是"教为不教、学为学会"。"教为不教"有两层含义："教"的目的是"不教"，"教"的方法是"大教"。"教，是为了不教"是我国当代著名教育家叶圣陶先生的名言。这种"教"是教学生"学",这种"大教"是"善教"。施教之功,贵在引路,妙在开窍。叶圣陶先生曾讲:"教师之为教,不在全盘授予,而在相机诱导。"

(三) 从质量监控向持续改进转变

我国高校目前的教学质量管理,还停留在对教学环节进行质量监控的初级阶段,初步具备了监督、调控功能,但缺乏改进功能。一个具有完善功能的质量管理体系应该具备"闭环"特征,即通过监督功能发现偏差,通过调控功能纠正这些偏差,再通过改进功能分析产生这些偏差的原因,并对系统进行改进。也就是说,这三个功能是首尾搭接,互为输入和输出的关系。

成果导向的教育是一个持续改进的过程。它要求建立一种有效的持续改进机制,从而实现如下功能:能够持续地改进培养目标,以保障其始终与内、外部需求相符合;能够持续地改进毕业要求,以保障其始终与培养目标相符合;能够持续地改进教学活动,以保障其始终与毕业要求相符合。

建立持续改进体系的要点包括"一个目标、两条主线和三个改进":一个目标是保障质量,两条主线包括培养目标的符合度与达成度和毕业要求的符合度与达成度,三个改进为培养目标的持续改进、毕业要求的持续改进和教学活动的持续改进。这三个改进,通过三个循环来实现,即:通过外循环持续改进培养目标、通过内循环持续改进毕业要求、通过成果循环持续改进教学活动。培养目标和毕业要求的符合度与达成度这两条主线,是对其符合度和达成度的评价与改进过程。首先,评价毕业要求(培养目标)是否与培养目标(内外需要)相符合,如果不符合,就要改进毕业要求(培养目标);然后,评价毕业要求(培养目标)是否达成,如果没有达成,就要改进教学活动(毕业要求)。教学活动的改进包括课程体系、师资队伍、支持条件、学生的学习机会、教学过程和教学评价等。

第七节 成果导向教育时代的到来

成果导向教育理念发展于 20 世纪 90 年代。经过 20 多年的发展,其教育理念已逐渐在世界范围内进行传播。我国有关 OBE 的研究刚刚起步,对其如何与我国教育实践相结合的研究文献凤毛麟角。如果说我们对"为谁培养人"这一问题已经形成了共识,那么亟待破解的就是"培养什么样的人",以及"如何培养人"的现实问题。而 OBE 不仅仅作为一种教育理念,更是作为一种教育实践为解决上述问题提供了一个重要的思维解决路径。

需要注意的是，虽然 OBE 理念影响越来越大，但不应停留在战略层面上，而是要落实在实务层面。如 OBE 理念怎样在人才培养目标中进行体现？人才培养目标怎样落实在毕业要求中，其核心和重点是什么，怎样对其进行分解？按照 OBE 理念设计的课程体系在纵向课程以及横向学程上又应怎么安排？教师按照成果导向理念如何对教学大纲做出调整和改变？第二课堂按照由素质教育细化的价值观教育要求怎样进行取舍和设计？以上展示的问题表面上看是教学事务，实际上是"人"的问题。所谓的教学改革，改到深处是课程，改到痛处是教师。

第四章 美国学历资格框架（DQP）的内涵

第一节 美国学历资格框架（DQP）的起源与发展

一、美国学历资格框架（DQP）的起源与发展

在全球化与信息化快速升级、竞争加剧、对人才要求不断提高的社会与经济环境下，同时认识到美国在提高高等教育普及率的目标下对高等教育质量的影响，美国露明纳基金会（Lumina Foundation）①借鉴欧盟的欧洲学历框架（European Qualifications Framework，简称EQF）并结合美国教育特点的基础上，总结美国过往十年在高等教育领域的广泛论证与努力经验，于2011年提出学历资格框架（Degree Qualifications Profile，简称DQP，Beta版），以此作为美国高等教育改革的一项工具。

学历资格框架（DQP）的主要作用是为高等院校在设计其专业课程预期学习成果时的具体描述提供较为具体的参照标杆，并非要求直接采用的标准，而是协助高等院校反思"为什么以及如何做才能更好地帮助学生成长"的一个工具，因此得到了美国独立学院理事会（CIC）、美国高等院校协会（AAC&U）、国家学习成果评核中心（NILOA）等机构的支持，在全美国高等院校进行试点推广并取得了良好成效。2014年，露明纳基金会参考各高等院校应用实践结果的反馈，对学历资格框架（DQP）进行了修订，发行了2.0版。其中一个主要的修订就是将Beta版中的五大学习领域（专门知识学习、广泛且融合的知识学习、智力技能学习、应用学习、公民学习）的最后两个学习领域进行了扩充，首先将应用学习领域扩充为应用与协作学习领域，以突出"与他人合作"能力在人才培养中的重要性；其次将公民学习领

---

① 美国露明纳基金会（Lumina Foundation）是全美最大的专注于提升美国高等教育成效的私人基金会。

域扩充为公民与全球学习领域，以促使学生能更好地适应全球化发展下的社会、经济与生活。

二、学历资格框架（DQP）在美国部分高等院校的应用实践

2011年起，在美国独立学院理事会（CIC）、美国高等院校协会（AAC&U）、国家学习成果评核中心（NILOA）等机构的积极支持下，学历资格框架（DQP）在全美高等院校进行试点推广。至2014年底，已经有超过400所美国高等院校应用了学历资格框架（DQP），在通识教育课程完善、通识教育与专业教育的融合、专业培养方案完善以及学习成果评核等领域取得了良好成效。本节介绍其中几所高等院校的应用实践。

1. 布莱德曼大学（Brandman University）

在加州与华盛顿州拥有26个校区的Brandman University于2011—2012年在对通识教育的改革中，引入了学历资格框架（DQP）。改革内容包括：（1）参考DQP的学历层次与各学习领域学习成果的要求，对其副学士与学士的不同的能力素质要求进行修订；（2）各专业进一步完善培养能力素质的课程体系；（3）将该校现行的通识教育与各专业领域进行匹配与融合；（4）开发嵌入课程的能力素质的评核体系。该校认为学历资格框架（DQP）协助其开发了一套创新性与综合性的本科学历教育体系，以保证其本科毕业生更好地面对21世纪，尤其是即使对于转校生，也可以通过高年级课程中对能力素质的整合培养，使他们达到学历资格要求。

2. 马歇尔大学（Marshall University）

西弗吉尼亚州的Marshall University于2011—2013年开展了学历资格框架（DQP）的试点工作。项目实施中，该校所有本科专业被要求将各专业的预期学习成果与学历资格框架（DQP）进行匹配分析，然后各课程的预期学习成果还要与专业预期学习成果相匹配。该校认为，在完成学历资格框架（DQP）项目后，所有学生都应知道他们从学校毕业时被期望知道些什么以及能够做些什么，也将应明白他们在大学生的每一项经验（课内与课外）是否以及如何有助于他们达成取得学历所要求的学习成果。

3. 波音特洛玛基督大学（Point Luma Nazarene University）

加利福尼亚州的Point Luma Nazarene University于2012—2013年开展了学历资格框架（DQP）的试点工作，并在本科各专业高年级的极点体验（Culminating Experiences）课程中应用。经过实践，该校认为DQP的根本意义在于学生如何展示学习成果，以及如何评核这些展示的学习成果，尤其是

在专门知识领域以及智力技能领域。另外，在推进学历资格框架（DQP）过程中，各院系及专业之间加强了交流与经验分享，取得了明显进步。

第二节 学历资格框架（DQP）的重点内容

一、学历资格框架（DQP）的核心与主体结构

（一）学历资格框架（DQP）的核心

学历资格框架（DQP）的核心是围绕"大学生获取不同层次学历时被期望应知道些什么以及能够做些什么"，即大学生在毕业取得某一层次学历时，应具备的学业资格——应具备的知识、技能及其融合应用——以更好地适应以后工作、生活、公民参与等。

为清晰阐述这些学历的学业资格要求（知道些什么以及能做些什么），学历资格框架（DQP）采用了：（1）规划了五个独立且相融的基本学习领域（专门知识、广泛且融合的知识、智力技能、应用与协作学习、公民与全球学习）作为资格框架的主体结构，且该五大学习领域没有学科界限；（2）对每个学习领域按学生学习过程的长期性与累积性规律设置了跨专业适用的毕业生学业水平（Proficiencies）的参照点要求，对不同学历（副学士、学士、硕士三个层级），参照点要求是不同的；（3）对参照条款的表述是按照学习成果（Learning Outcomes）模式，并强调使用布鲁姆教育目标分类（Bloom's Taxonomy）中的行为动词。

（二）学历资格框架（DQP）的主体结构

学历资格框架（DQP）的主体结构包括五大学习领域、三大学历层次（见图4-1）。

1. 学历资格框架（DQP）五大学习领域

（1）专门知识（Specialized Knowledge）

专门知识是学生攻读某一专业学历所涉及的专业领域学问。学生要想取得学历，必须在所攻读专业的领域掌握各界（如高等院校、用人单位等）期望其所能达到的专业知识与技能要求。

（2）广泛且融合的知识（Broad and Integrative Knowledge）

美国高等教育明确其教育重点在于学生广泛地学习。为了让学生在其专业领域的具体工作环境或更为广泛的社会环境中面对复杂的问题与挑战，学

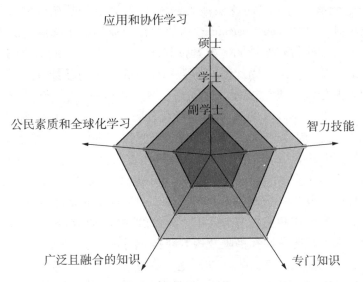

图 4-1 学历资格框架（DQP）的主体结构

生要能够通过探索、联结和应用跨领域的概念与方法来整合其广泛的知识（不再将教育重点放在专业与职业能力，而是综合素质能力。当然，也并没有弱化对专业能力的要求，而是通过融合与应用，来突出学生在以后真实而复杂的环境中对专业知识与技能的灵活应用与持续学习能力）。

（3）智力技能（Intellectual Skills）

智力技能是良好认知能力与操作能力的表现。学历资格框架（DQP）参考两年多来各高等院校应用实践的反馈，归纳了六项在高等教育阶段需要培养的智力技能，包括①解析探究（Analytic Inquiry）：解析探究是智力技能的核心，要求"当我们想做一件事时，先想想如何开展"或者"当我们准备交流一个观点时，先想想论据是否充分"。解析探究不只是对信息的叠加、结合、评估、重构，更重要的是学生能够在学习中对一些假设与惯例（研究结论）予以检视、探究与掌握——通过这三个步骤将老师与书本的知识转变成自己的知识。②信息资源利用（Use of Information Resources）：无论表达的活动还是解析探究的认知功能，都需要学生有效地利用信息资源。学生必须学会怎样去寻找信息、组织信息和评价信息。其任务的复杂度涉及不同语言、媒体（媒介）特征、模棱两可、相互矛盾等。③多元化视角（Engaging Diverse Perspectives）：学生要想获得学位，仅仅是传统的智力技能还不够。学生们如果要证明其适应力、创造力、企业家精神，应注重灵活性（开放性）与知识的广博，理解并应用不同的文化、地域、政治、时代及技术，即具备多元化视角。这样就能够从他人的眼中（角度、观点）来认知这个世界。④伦理判断（Ethical Reasoning）：学生在毕业后的工作或社会活动中不可避免地面对一些特殊的处境，如紧张与冲突的局势、可能造成伤害等，无论是明显的还是隐含的。因此他们需要一种特殊的智力技能来进行辨别、进行缜密的思考分析、进行处理。这就是伦理判断——当他们进行决策与采取行动时，要能对所涉及的（文化、行业、职业、经济行为和社会关系中）道德准则与行为规范先进行理智判断与自我反省。⑤定量表达与分析（Quantitative Fluency）：学生应该学会并习惯在表述中采用量化的分析，这对今后的工作帮助很大。除了基本的算术技能外，学生还要懂得利用可视化、符号转换、算法（公式）。⑥沟通技巧（Communicative Fluency）有效信息的交流更容易形成相互理解与共识。其中的关键是在交流时注意语言及其表达，和听众拉近距离，在铺陈及谈判时条理分明、令人信服、灵活运用多种表达方式，以及一些格式化（结构化）的方式，如数字策略。

这六项智力技能没有学科界限，并与其余四个学习领域交融。学生需要这些智力技能以习得并应用其专门知识与广泛的知识，并作为今后持续学习的基石。

（4）应用和协作学习（Applied and Collaborative Learning）

美国高等教育认为其最关键的一项学习成果是强调应用学习。应用学习注重培养学生应对非常规问题的能力、权衡竞争态势的能力、在模糊环境下进行决策的能力，也包括主动学习与创新能力。

（5）公民素养和全球化学习（Civic and Global Learning）

在美国，毕业生要学会承担公民责任是被广泛承认的高等教育的目的之一。美国高等教育正在尝试用新的方法来培养学生有效的公民和全球意识——将经验式学习或者职场实地学习作为一种手段，提高学生对相关公民与全球背景之环境的卷入程度。

学历资格框架（DQP）强调，上述五大学习领域交叉互融、没有学科界限，适用于不同类型的高等院校。当然不同类型的高等院校在这五大学习领域的侧重点可能有所不同。另外，为增强适应性，学历资格框架（DQP）也提出各高等院校可以根据自己的特点设置第六个学习领域（Institution-specific areas）。

2. 学历资格框架（DQP）的三个学历层次

学历资格框架（DQP）体系涵盖了副学士、学士与硕士三个学历层次。不同学历层次上的差异主要体现五大学习领域学习成果要求的参照点的递进关系——所有学士层次的学习成果要求中应包括副学士的学习成果，所有硕士的学习成果要求中，也应包括学士、副学士的学习成果。每一层次的学习成果要求展示了学生从一个学历走向下一个更高学历，所需进一步对应的挑战与掌握的技能。

二、学历资格框架（DQP）的参照点（Reference Points）

学历资格框架（DQP）以学习成果的方式清晰描述了毕业生取得所修专业学历时需要在五大学习领域所达成的要求，体现了学生的学业成就水平。这些参照点并不是作为学历资格标准，更像是一种路径指引，通过参照点的要求，指引学生达到毕业资格。学生完成参照点体系（交叉层叠与融合）的要求，可以印证其达到毕业资格要求（知识、技能、能力）。本节重点介绍副学士学历层次的参照点。

（一）专门知识学习领域的参照点

（1）参照点1.1：毕业生能够使用专业领域的相关术语来描述专业领域的核心理论和实践，并且提供至少一个与专业领域相关的案例；

（2）参照点1.2：毕业生能够应用相关专业领域的工具、技术和方法去解决专业领域内给定的提问和难题；

（3）参照点1.3：毕业生能够基本上无差错地做出相关专业领域的产品、模型、数据、展示或表演。

（二）广泛且融合知识学习领域的参照点

（1）参照点2.1：毕业生能够描述所学习的每一项核心领域的现有知识或现有实践的研究进展（包括怎样向前推进、怎样验证和怎样更新）。

（2）参照点2.2：毕业生能够就所学习的每一项核心领域描述一个关键性的争议问题，解释该争议问题的意义，并且应用该领域的概念来阐述自己对该争议问题的见解。

（3）参照点2.3：毕业生能够在实施分析性、实操性或创造性的任务中，使用所学习的多项核心领域的公认方法，包括依据的收集与评估。

（4）参照点2.4：毕业生能够从科学、艺术、社会、人类服务、经济或科技的问题中，同时采用至少两个领域的知识，描述如何定义、界定与解释选定问题对社会的重要意义，并对此做出评述。

（三）智力技能学习领域的参照点

（1）参照点3.1：毕业生能够在选定的学习领域界定一个知识主题（主

要是重点与难点),并能明确地讲出该主题中涉及的一些观点、概念、理论以及实践方法。

(2) 参照点3.2:毕业生能够在一个专门领域或一个相对普遍的艺术和科学领域内,做一个项目、写一篇文章或方案、进行一个表演时,有效地找到所需要的信息,对收集的信息进行分类,对信息的有用性进行评估,并将有用的信息合适地引用或应用到项目、文章、方案、表演中。

(3) 参照点3.3.1:毕业生能够对有关社会、政治、经济、艺术乃至全球关系等方面的突出性或重大问题,明确地阐述:不同文化视角(或不同文化背景的知识)会怎样影响人们对上述问题的理解。

参照点3.3.2:毕业生能够对有关文化、社会、政治、艺术或国际关系方面的选定问题,提出自己的见解,并与其他人的见解进行理性的比较。

(4) 参照点3.4:毕业生能够找一个当前社会经济文化等方面的突出问题,该问题要明显涉及道德因素(要能明晰地阐述),还要能够分析并清晰梳理在决策过程中,道德准则或框架是如何产生影响或作用的。

(5) 参照点3.5.1:毕业生能够对有关政治、经济、健康或技术方面的问题,对其中使用到的量化信息(即数字)进行准确的诠释;并能够在论述时有效地利用量化信息(数字与符号)。

参照点3.5.2:毕业生能够创建图表或其他视觉效果更好的方式,来诠释趋势(或走势)、关联(相关或因果关系等),或状态上变化。

(6) 参照点3.6.1:毕业生能够在与普通大众或某一个特定对象进行书面沟通过程中,基本无笔误、错漏,条理清晰,论证令人信服。

参照点3.6.2:毕业生能够与普通大众或某一个特定对象进行有效的正式场合下的言语交流。

参照点3.6.3:毕业生能够就某一具体工作任务的行动计划进行谈判,并对谈判结果进行书面或口头的总结陈述性沟通。

(四) 应用和协作学习领域的参照点

(1) 参照点4.1:毕业生能够书面汇报至少一个案例——自己怎样将所学的学术性知识与技术技能,应用于实地挑战(实践);并提出证据或案例,用来证明自己在应用过程中学到新的知识或有其他的收获。

(2) 参照点4.2:毕业生能够分析至少一个自己在课堂外学来的重要概念或方法。

(3) 参照点4.3:毕业生能够对一个超出课堂所学内容的实践难题准确定位,收集相关线索与信息,进行组织与分析,并提出多种解决方案。

（五）公民素养和全球化学习领域

（1）参照点5.1：毕业生能够清晰地介绍自己的个人背景与文化背景，包括发源与发展、信仰与价值观。

（2）参照点5.2：毕业生能够就某一些社会主义的核心价值观或行为实践，清晰地介绍其在历史上以及当代的不同地位（变迁），举一个包含这些价值观或行为实践的特殊事件，阐述自己的观点。

（3）参照点5.3：毕业生能够参与一个社区（或社团）项目，就其过程做出口头或书面的总结（报告），重点突出这次经历中遇到的公民问题，以及这次经历中的个人感悟。

（4）参照点5.4：毕业生能够识别影响至少两个大洲的经济挑战、环境挑战或公共卫生挑战，并且对所谓的"挑战"进行有理有据的分析评述，并表明自己的观点。

第三节 对学历资格框架（DQP）的评价

（1）学历资格框架（DQP）分别提出了针对副学士、学士、硕士的独特的学历资格要求（学习成果参考标杆），为国家高等教育质量的评价与提升构建了一个框架平台。

学历资格框架（DQP）的提出借鉴了欧洲学历框架（EQF），但比欧洲学历框架（EQF）更为具体、更具参考性（通过五个基本学习领域的学习成果参照点的具体描述）。同时，学历资格框架（DQP）的学习成果参照点意义如下：一方面，在每个学历层次上的，采用了抽象性的描述，以求覆盖众多不同学科专业的普适性；另一方面，在描述上考虑了副学士、学士、硕士这三个不同学历层次之间的关联与递进关系。另外，学历资格框架（DQP）淡化了不同类型高等院校对五个基本学习领域中某一学习领域的侧重要求，而是强调将五个学习领域间的融合视为共同的目标。因此，学历资格框架（DQP）体系设计，为国家层面的高等教育质量的评价与提升构建了一个有共同框架的平台。

（2）学历资格框架（DQP）强调为适应复杂多变的社会、经济环境需求，高等教育应对大学生所掌握知识、技能的广泛性、融合性与应用性有更高的要求，这更有利于学生毕业后的工作适应、社会适应、环境适应，以及后续不断的自我学习。

一方面，学历资格框架（DQP）列出了五个基本学习领域，以强调在学历专业的知识与技能外，还强调了广泛且融合知识的重要性。这显著改变了传统做法对专业知识与广泛知识的区分，转而强调两者之间在理论、方法、实践和应用上的融合。同时，智力技能领域（部分对应于欧洲体系的方法能力与社会能力）也不再被视为一个单独的学习领域，而是融合了专门知识与广泛知识，以促进对这两类知识的学习、融合与应用。

另一方面，学历资格框架（DQP）融合了以能力为本位的教育理念，但不止于此。学历资格框架（DQP）提出了一个新的概念"融会贯通"（Proficiency）——其含义摆脱了单单某一个领域或某一个方面的"能力"（competence）的局限，而强调在某一学历层次横截面上的能力总和以及能力的广泛与融合。学习成果参照点所表达的学业要求就并非针对学生的各项单独能力，而是对于不同学历毕业生的融会贯通要求。由此，学历资格框架（DQP）对高等教育提出了一个新兴改革思路：大学生的某些"能力"不是用一门课来教、来评价，而是通过多门课程的协同培养、综合评价。一些美国高等院校在学历资格框架（DQP）应用实践中，就是以"极点体验"（Culminating Experiences）这类综合性、应用性课程作为试点，取得了良好的成效的。

另外，学生在第一学期就通过"学历专业规范"对其职业能力、培养计划有清晰的理解，同时通过"课程教学大纲"对每门课（包括跨专业课程）在专业规范中的功能定位以及与职业能力的关系有清晰的理解，对其学习进行自我构建，实现扩展学习自由的同时，有效地规划其学业、选择学习课程，其学习动机与兴趣由此得到进一步增强。

（3）学历资格框架（DQP）强调以学习成果来体现对学历资格的要求以及学生对所学知识的掌握，在操作层面为三个学历的递进、五个学习领域的融合以及社会各界（也包括教师与学生）对高等教育质量的理解与评价，构筑了可以沟通与交流的基础平台。

学历资格框架（DQP）采用成效为本的教育模式（Outcome-Based Education，简称 OBE），列出了三个学历层次、五个基本学习领域的具体学习成果参照点（学生取得相应学历时被期望知道些什么、能做些什么），并借助行为动词要求学生通过可分离、可观察、可直接衡量的活动，展示其"所知道与所能做的"。在这一"以学生为中心"的教育模式下，学生可以对学习（包括目前学历与后续学历）进行自我构建，增强学习自主性与积极性；教师也可以与学生建立一个"教与学的契约"，实现教/学过程与质量的自我约束与监控；高等院校可以对"学校使命—专业设置与调整—专业培养方案—课程体系—课程"这一教育链进行匹配调优；其他如政府、用人单位和家长，则可以通过学生所展示的学习成果证据，对学生个体以及高等院校总体进行科学的评价。

第五章　美国职业教育与大学学分制模式的特征与启示

第一节　美国职业教育的发展历程及趋势

第二次世界大战之后，世界经济格局有了翻天覆地的变化，人类生产方式也向前跨进了一大步。那时美国的社会生产方式，已不能适应变更的社会生产关系，因而失业人数剧增。原有工人不能适应需要更高技术要求的新工作，而新的生产领域也因为缺少技术工人而得不到充分发展，这对美国社会产生了巨大影响，但同时也对职业教育的发展起到了推进作用。1958年，美国通过了《国防教育法》，确定了职业教育的地位，肯定了职业教育的重大意义与作用，并明确表示政府将在经济等方面对职业教育提供资助。

20世纪70年代后，美国职业技术学校的数量和专业门类都大大增加了，其中服务业占了相当的比例。职业课程主要以实际操作为主，注重培养把理论运用到实践中去的能力。随着社会生产力的迅猛发展，职业教育的地位也越发显得重要，许多企业也参与了对学生的职业培训，此时期形成了美国职业教育的一个高潮。为了推动职业教育改革，美国政府成立了国家职业教育研究中心，可见其对职业教育的重视程度。

美国职业教育体系真正的成熟期，是20世纪80年代，在新技术革命的强大冲击下，职业教育走向成熟，并进一步向终身教育体系转变。当美国社会进入挑战和机遇并存的信息时代，人们更加深刻地体会到，终身教育必然成为一种世界性的趋势，而职业教育也不只是一种教育形式，它必将成为终身教育体系的一个阶段。进入21世纪以后，伴随着经济发展的巨大变革，以知识和信息技术应用为特征的新经济发展模式改变了工作技能的内涵和水平，要求教育进行相应改变，帮助学生为适应这种新经济特征做准备。

美国职业技术教育加强了生涯咨询与指导，体现了升学预备性教育与就业预备性教育统筹、学术性课程与职业性课程结合、学校里的普通教育与企业内的职业教育交替进行等发展趋势。美国职业教育越来越受青睐的原因：一是传统高等教育学费越来越昂贵，增加了家庭的负担。二是随着科学技术的飞速发展，美国对飞机制造业、计算机技术、电子、全球定位，以及从烹饪艺术到建筑业等领域的技术工人需求不断增长。正如美国全国职业发展联合会主席达瑞尔·卢佐所说："美国职业教育正在被重新界定的原因是美国和世界经济发展的需要正在改变。各级教育者都逐渐认识到全球的企业主越来越需要技能培养，而不是传统的四年制高等教育就能给予的。"三是随着经济和科技的发展，生产岗位技术含量的提高，要求人们必须更新知识才能跟上本领域的发展。美国劳工部推测，平均每个人一生中可能改变职业四到五次，职业技术学校在进行培训和再培训方面有较强的优势。

第二节 美国职业教育的特点

一、职业教育贯通初级教育，与普通教育融合衔接

美国的教育具有很大的灵活性，实行的是普职融合的单轨制教育体系。这首先体现在中等教育上。美国的中等职业教育不仅可以在综合高中和区域CTE学校或中心，私立综合高中与公立综合高中之间实现学分互认，还可以与中等后教育机构学分互认，比如高中—大学双学分课程，学生在中学里修的相关课程，可以得到社区学院甚至四年制大学的认可，这样就避免了重复学习，也有利于学生实现从中等教育向中等后教育的过渡。此外，综合中学是美国实施中等教育的主渠道，担负着升学和就业的双重培养任务。它具有三种职能：一是让所有学生接受普通教育；二是让大多数学生接受职业技术教育，毕业以后直接进入就业市场；三是让一部分具有深造前途的学生做好升入大学的准备。任何一所综合中学必须装备两套教学设施，一套用于学术科教学，另一套用于职业科教学。

其次，美国的高等教育也与职业教育和普通教育联系密切。美国的社区学院提供二年大学一般课程教育，学校会颁发副学士学位。学院提供希望去插读四年制的大学或职业培训课程后直接就业的教育。社区大学有许多加强语文或其他学科计划，帮助你先选一些较简单的课程，打下学习基础，再去念一般课程。如果学生想继续深造，可以转到四年制大学或学院继续念书，许多学分都是四年制大学承认的。而且学生从两年制的社区大学凭学分转学时，并不需要考试。美国教育的灵活性更好地满足学生和社会与经济发展的需要。

二、课程设置灵活多样，应用性强

从课程设置来看。美国职业技术学校课程设置的特点是灵活多样，应用性强。学校根据社会需求设置课程并及时调整专业门类；学生根据劳动力市场需求的变化，选择自己的专业方向。其课程设置主要有以下几种：一是副学士学位课，一般为二年；学生毕业后可转入大学（学院）继续深造；二是职业培训证书课，分为两年制、一年制和不到一年的短期培训课，重在就业的岗位知识和技术技能培训；三是学徒培训课，学徒可在职业技术学校选择适合自己的专业接受培训。美国职业技术学校课程设置与300多个职业有关，专业领域主要包括八大类：农业综合企业、工商业、市场与销售、建筑和工程制图、家庭经济、公共卫生、服务行业和技术培训。

三、教师资格要求高，重视工作经验

从教师资格来看。美国职业技术学校的教师分为专职和兼职两种，其中大部分为兼职。其教师实行资格证书制，即必须持有州教育主管部门颁发的许可证方能任教。由于职业技术教育的特殊性，学校聘用教师时非常重视教师的实际工作经验。如焊接专业要求教师具有二年以上的焊工工作经验，护士专业要求教师具有二年以上的护士工作经验。此外，有些地方还要求应聘者学过教育学课程，如有二年工作经验，但未学过任何教育学课程者，可在聘用期限内，修完规定的教育心理学、教学方法等六门课程。职业教育的教师必须是大学本科毕业生或硕士研究生，并经过教育学院和实践环节的专业培训。教师每两年半还要参加一次教师资格考核，并取得任教合格证书。对教师的管理考核非常严格，教学不负责任或教学质量差，不能胜任教学工作的教师要解除聘约。教师的社会地位和工薪待遇也较高，经济收入仅次于医生。

四、政府主办职业教育，工商界参与

从学校办学的路子来看，美国职教培训普遍都有工商界参与，其形式主要是担任学校咨询委员会成员，这可作为他们获得州财政资助的条件之一。雇主参加了职教培训，确定了合作项目，把职教学生安排在实际工作岗位上，进行半日实践，这种情况相当普遍。工商界参与公立技术教育的另一种形式是直接购买培训，即给予经费补偿或特定培训项目，公司与学校根据合同规定提供培训，并按协议收付费用。因而，我们可以看出美国职业技术学校与企业之间主要是一种互惠互利的供需关系。企业向学校提供人才需求信息和设备资源,学校为企业培训技术人才。各学校聘请工商企业界人士担任学校顾问,帮助学校设计和更新课程、评价检查学校的教学活动、向学校提供信息,学校则经常向企业了解其岗位需求和社会最需要的专业,作为评价职业技术学校教学效果的参考。

五、职业教育实行分级管理,以地方为主

从管理上来看,美国职业教育既有议会、联邦政府的宏观管理,又有各个学校的微观管理,还有私人和一些外部组织的监控。联邦议会政府对职业教育的管理,主要通过立法手段、财政资助等途径来进行。美国职业学校的外部管理,对学校的发展作用也非常大。比如,有一些企业的负责人和技术人员组成顾问委员会,可以参与专业方向、课程设置以及教学改革等方面的决策。一些私人及志愿机构,可以对学校的管理进行监督、提供咨询意见,等等。对美国社区学院来说,外部管理的作用就更为明显。学院的董事会一般就是由社会知名人士组成的,他们共同商讨学院的重大决策,按社区的需求调整学院发展方向。

六、重视产教结合,有效为社会服务

美国的学校和企业之间有着多方面的协作关系。在校企合作的过程中,美国政府发挥了积极的引导和协调作用。强调学校必须通过教育让学生"学会生存",要求学校、家长和企业帮助学生获取在目前和将来的职场上所必需的基本能力。迫使学校要去与企业合作,培养出社会所需要的有生存能力的学生。美国学校至职场机会法案要求各州建立"学校至职场机会"教育体系。该体系包括下列三项核心组成部分,即以企业为基地的学习活动(注重实际工作经历,如现场辅导、掌握技能、工作培训等)、以学校为基地的学习活动(注重学术性和实践性的教学大纲及内容的融合)和连接性活动(把学生和雇主联系起来的各种活动,以及帮助学生获得附加训练的活动)。该项法案的签署及实施,对规范、促进美国的校企合作起到了极大的指导作用。

同时,为了提高企业参与职业教育的积极性,联邦政府及州政府为企业提供税收减免、财政补贴及专项资金支持等政策。企业在种种优惠政策下,又考虑到校企合作能为自己企业提前培养合格的员工,自然乐意参与到与学校合作培养人才的计划中来。而且校企合作的形式也是别具特色的,有些是依托共建实验室项目,发挥学校服务地方经济发展的能力;有些是依托学生培训项目,直接为企业招纳员工。丰富而切实可行的形式是校企合作成功的保障。

第三节　美国大学学分制模式的主要特点

一、选课形式的多样化

美国学分制中的选课形式主要包括以下四种：第一种是全开放选修（也称自由选修）。这是美国在学分制实行初期的一种选课形式，目前只有少数高校仍在实行。这种形式除了一般只规定英语和现代外语为必修课外，其余均为选修。第二种为半开放式选修。这种形式一般在美国工科院校实施，通常规定选修课比例在20%～40%，其比例相对于自由选修学分制要小得多。第三种为主辅修课程并行式学分制。这种形式将学生应选修的课程划分为主修课与辅修课，且主修课所占比例大于辅修课。例如，加州大学规定的主修课比例为70%～75%，辅修课则为25%～30%。第四种是分组选修学分制。这是一种专业课与基础课并举的方法，强调低年级学生要通选不同系、不同专业的基础课程，广泛涉猎，其目的在于拓宽学生视野，使学生接受不同思维的训练。目前，美国大多数高校都实行这种选课方式，反映了其重视基础知识及培养通才的教育理念。

二、学制的弹性化

与学分制配套的是，美国大学入学时间具有弹性，可在1、6、7、9月申请办理入学手续，但不同学校可根据诸如课程设置之类的具体情况有所区别。学校对学生没有严格的年级与班级划分，一般按照所修学分数决定所属年级。24学分为一年级，25～55学分为二年级，56～89学分为三年级，90学分或以上为四年级。此外，美国大学的教学计划也富有弹性，学生可以根据自己的兴趣、能力水平等安排个人的学习计划，即允许学习有困难的学生延长毕业年限，也允许学生提前毕业。只要修满规定的最低毕业学分，就能毕业。通常本科生在校期间必须修满120～180学分，每学分至少要修16周（包括课内与课外作业时间）。学校还规定了学生每学期应修的学分数不得少于12学分。如超过17学分，则需多交费用。通过以上规定，学校可将学生在校年限基本控制为3～5年。

三、学业评价的绩点制

对学生学业状况的评价，美国大学采用学期绩点平均值（GPA）来衡量。学期绩点平均值是根据学生成绩、绩点和总学分数来计算。其中，学生成绩的等级和绩点的对应情况见表 5-1，学期绩点平均值的公式为：GPA = [（4.0×得 A 的学分数）+（3.0×得 B 的学分数）+（2.0×得 C 的学分数）+（1.0×得 D 的学分数）]/总学分数。而且，学校还规定学生的学期绩点平均值不得低于 2.0，否则就降为试读生。若学生试读一年后的学期绩点平均值仍低于 2.0，则予以淘汰。

表 5-1 学生成绩的等级与绩点的对应关系

分级	定义	绩点
A	优秀	4
B	良好	3
C	满意	2
D	及格	1
E（NC）	无学分	0

此外，有些学校规定，学生考试成绩若低于 C 或 D，也需重修该门课程。实施绩点制，对于促进学生努力攻读学校开设的课程，保障大学的教学质量起到了积极的作用。

四、学习过程的指导性

注重学习过程的指导，是美国大学学分制的又一显著特点。美国大学学分制在保证学生选课自由度的同时，以导师制的形式来加强对学生学习的指导。新生入学时，学校给新生安排指导教师，每名指导教师一般负责 12 名新生。进入三年级后，学生的指导教师换成专业指导教师，每名专业指导教师负责 10～40 名学生。指导教师的职责是帮助学生制订教学计划，安排学习进程，指导学生注册选课。此外，学校还规定指导教师每学期必须和学生面谈三次，并允许他们遇到问题时自由约定时间询问。指导教师通常由师生之间双向选择确定，其工作情况与学生反馈意见密切相关，并列入学校对教师的考评之中。例如，在欧柏林大学，教师一年内除了要完成学校规定的教学（通常 5 门课程）、学术和各种社团活动等任务之外，还要担任指导教师，其考评结果决定着教师职称晋升、是否聘用或增加工资等。若学生对教师工作不满意，其意见直接影响教师的考评结果。

五、学分转换的认可性

美国是一个高流动性国家，一些学生经常在一所大学开始学业，然后转至另一所大学。于是，美国大学采取学分转换的方式，大学之间的学分相互认可，这使美国高等教育机构"不同系统"之间的流动成为可能。它提供了评价学术工作的普遍通行的标准。在任何一所大学，学校都为学生保存学生成绩副本（学校对课程及学分等级的记录），如学生转到另一所大学，该大学将会对其成绩副本进行审查，据此评价学业数量，并在某种程度上衡量学生的学业质量，承认其中的有效学分并将之计入学生总学分中。美国大学这种不同学分转换的机制，便于学生对大学进行选择。

六、文、理、工渗透的通才教育

美国高校历来倡导"通才教育"，即培养具有广博和坚实的基础知识，适应社会发展变化的通用型人才。通才教育思想也是美国社会的基本教育理念。美国大学的一二年级通常不分专业，所有学生文、理课程都修。即使三四年级自主选择了主修专业后，依然强调文理教育。这类课程通常占学士学位课程总量的1/2左右。例如，若要获文学学士学位，则一般要求在120总学分中至少必须有10学分诸如数学、物理、计算机和化学之类的自然科学必修课程，以及50学分的自然科学选修课程。同时，学生若修满了两个专业规定的学分总数，还可获双学士学位。美国大学学分制实施中的这种规定，体现了其文、理、工相互渗透的通才教育理念。

以上就是美国大学学分制的主要特征，从中可以看出美国大学教育是以极大的灵活性、实用性服务于美国经济社会的发展的。

第四节 美国大学学分制模式的几点启示

一、确立学习者本位的教育理念

尊重个性是当今世界各国教育改革的主旋律。美国大学学分制模式的如上主要特征，从不同侧面体现了这一时代要求，充分尊重了学习者的个性发展。这是美国大学学分制模式得以成功的重要原因。与美国不同，中国大学的新一轮学分制改革，是在沿用苏联学年制的基础上展开的。这种教学管理模式凸显的是教师在课堂教学中的中心地位，强调的是教学管理的共同性与统一性，忽视的是学习者的个性差异以及教学管理的灵活性。当然，导致这种状况出现的原因十分复杂，但从根本上说与学习者本位的教育理念尚未确立。因此，若要保证中国大学新一轮学分制改革取得成效，就需借鉴美国大学学分制模式的经验，在广大教学人员、教学管理人员、教辅人员和其他服务人员心目中真正树立起学习者本位的教育理念。这是从美国大学学分制模式主要特征中获得的启示之一。

二、增加选修课程资源

没有选修课程就没有学分制，能否开设数量充足的选修课程是学分制得以实施的前提条件。美国大学学分制模式之所以呈现出选课形式的多样性特征，与其学分制实施中大量选修课程的开设密切相关。相比之下，我国目前大多数高校选修课程在总课程中所占比例则明显偏小。相关资料表明，当前我国不少高校学生自由选修课程的比例都徘徊在15%左右；国外许多高校的选修课程不仅基本上都属于自由选修课程，而且一般都占到总课程比例的40%左右，有的甚至更高。由于我国国情和高校本身的资源有限，我们事实上不可能也没有必要完全模仿发达国家的学分制形式，但增加选修课比例，打破必修课一统天下的局面则是学分制的本质要求。笔者认为，要在现有条件下保证选修课程资源，应做到以下三点：一要保证自然科学、社会科学、人文科学课程比例相对均衡；二是除开设一些自然科学、工程技术课程外，还要有一定比例的新兴学科、边缘学科、交叉学科方面的课程；三是要建设好一批综合学科课程，打破专业、系科甚至学校之间的界限，实现教育资源共享，优势互补，增加选修课程资源。尽管仅仅依据选修课程开设数量还难以判断学分制实施的成效，但它却是衡量大学学分制实施的必备要素。这是从美国大学学分制模式主要特征中获得的启示之二。

三、建立科学的学业评价体系

建立科学的学业评价体系是实行学分制的关键环节，对保障大学教学质量有着积极作用。美国大学学分制中的绩点制，可供我国大学新一轮学分制改革借鉴。结合我国国情，笔者认为我国大学若要实施绩点制，应当遵循以下原则。一是量与质相结合的原则。众所周知，学分制是以学分作为衡量学生学习质量的依据。但是，仅用学分并不能完全衡量出学生学习质量的优劣。因此，这就需要结合学分绩点来衡量学生学习情况。二是统一性和灵活性相结合的原则。统一性是指要求学生必须参加课程的正常教学活动，并且考试（考查）合格即可获得该课程的学分。每次考试（考查）不合格者，允许参加一次统一组织的补考，补考合格的给予学分认定。灵活性是指如果学生在校期间获得过省级、国家级各种专业比赛的名次，学校就可相应折算成学分。在省部级以上各种知识技能及文体比赛中获得奖励的，可按选修课内容酌情认定学分。这两个绩点制实施中所应遵循的原则，是从美国大学学分制模式主要特征中获得的启示之三。

四、不断改善导师制

大学学分制实施的出发点之一在于调动学生学习的主动性、积极性，但这并不意味着否定教师指导作用的发挥，相反却意味着将教师指导作用的发挥作为保证学生求知有效性的一个必要条件。美国大学学分制就是以导师制的方式充分发挥出教师对学生学习过程的指导作用的。这一方式不仅对指导教师的工作数量、责任等有着明确具体的规定，而且将其作为教师业绩考核的一个十分重要的指标。相比之下，我国大学新一轮学分制改革中实行的导师制，无论在指导教师工作职责、数量等内容上，还是从其考核指标、结果上，都难以与美国大学学分制中的导师制相比，未能真正发挥教师对于学生学业的指导作用。因此，不断完善我国大学学分制改革中的导师制，增强其实施的力度，这是从美国大学学分制模式主要特征中获得的启示之四。

五、逐步完善与学分制改革配套的教学内部管理体制

学分制改革并非一蹴而就，而是一项复杂的系统工程，需要确立一种相互配套的教学内部管理体制。美国大学学分制模式的主要特征表明，美国大学已经建立了一种与其学分制实施相适应的教学内部管理体制。无论选课形式、学制，还是学业评价、学分转换等，均围绕着有利于学分制实施的基本原则予以设计。相形之下，我国大学新一轮学分制改革还或多或少保留着学年制的痕迹。无论学生学籍管理，还是弹性学制实施等，都与学分制要求的教学内部管理体制不完全配套，这制约着我国大学新一轮学分制改革的全面实施。因此，就目前我国大学新一轮学分制改革而言，亟须加大教学内部管理体制改革的力度，尽快完善学籍管理制度。笔者认为当前应做好以下工作：第一，放宽转学、转专业的限制，可考虑由国家或企业设立高额奖学金，保证特殊专业有足够的人才。此外，可采用经济手段调控转学、转专业的人数。第二，严格考核，把住出口，保持一定的淘汰率。对于一些有特色的课程，难以用一张试卷来衡量学生学习成绩的好坏，就必须改革考核办法，建立新的评价体系，采用口试、社会调查、现场制作、现场操作等方式进行考核。第三，实行弹性学制。允许学生自主选择学习内容和学习方式，让学有余力的学生提前毕业；学习能力较差或经济困难的学生则可根据需要放慢学习进度，延缓毕业。例如，欧柏林大学给每个学生申请一个固定信箱，并配备固定选课卡，学生持卡上机选课。同时允许学生提前毕业、停学创业和保留学籍，在条件许可的情况下，允许申请转换专业等，只要达到毕

业要求的学分值即发给毕业证书,允许毕业。但考虑到我国大学生入学起点较高,供需矛盾较突出等实际情况,不能照搬美国的做法,在原定修业时间内未能完成学业的学生,其延缓毕业的学习时间以不超过三年为宜。逐步完善与学分制改革配套的教学内部管理体制,培育出与学分制改革相配套的教学内部管理制度环境,这是从美国大学学分制模式主要特征中获得的启示之五。

六、改革学分认定制度

学分是学分制实施中的核心要素,反映的是学生修读课程所需的社会必要劳动时间。美国大学学分制在采用学期绩点平均值(GPA)衡量学生学业状况的同时,还实行相互认可的学分转换方式。这不仅便于学生在不同高校之间的流动、选择,而且也在不同高校之间确立了一种值得信赖的评价学术工作的普遍标准。这是美国大学学分制成功的原因之一。有所不同的是,我国大学正在进行的新一轮学分制改革则尚未建立这种学分认定制度。这种情况出现有其客观原因,与我国高校层次、规模、类型的多样性和地区之间高等教育发展水平不平衡等因素密切相关,不利于为学生提供更多的学习机会和更加灵活的学习途径,进而妨碍我国大学学分制改革的深入。因此,笔者认为必须做好以下两方面工作:一是加快学分认定制度的改革,并建立相对统一的学分标准和转换方式,实现不同学校之间学分的认同。二是建立权威机构,负责校际交流过程中各项标准的制定和工作的开展,构建不同类型教育相互沟通、相互衔接的教育体制。改革学分认定制度,建立相对统一的学分标准和转换方式,实现学分在校际之间的相互认可,是从美国大学学分制模式主要特征中获得的启示之六。

第五节 美国职业教育改革的新动向及启示

20世纪90年代以来,在全球经济一体化和国际竞争日益激烈的背景下,社会对人才的需求已由过去单纯的专门型向复合型过渡,这使得美国的职业教育也要适应社会和市场的需求,及时调整培养方案和教学计划。

一、重视学术教育

由于世界经济一体化进程加快,国际合作与竞争与日俱增。人们发现,传统的职业教育方式已不能适应当今社会的需求,主要表现在以下两个方面:一是仅仅具备专业技术的学生很难适应雇主的需要。许多人抱怨从职业学校毕业的学生缺乏数学、英语等基本技能，缺乏良好的工作习惯，不肯安心工作，缺乏沟通能力、适应能力等。二是中等职业学校的入学率近几年开始下滑。美国《职业教育研究》杂志（*JVER*）在2003年初就曾指出，相当数量的学生不愿进入中等职业学校，原因之一就是很多人对职业教育的角色以及目的感到茫然。这样的后果是学生生源数量普遍下滑。出现这种现象的一个主要原因在于，传统的职业教育并没有重视学生的学术教育培养。从短期来看，职业教育对直接参加工作的学生来讲，的确有着积极的影响。但它对学生学术成绩的提高或进入高一层教育领域方面却没有发挥什么作用，满足不了大多数学生和家长的期望。正如职业教育全国评估协会（NAVE）在2002年度报告中指出的一样，"职业教育在20世纪90年代初的时候依然非常传统，并且基本没有看到学术能力的重要性"。

从职业教育的角度讲，只有重视学生职业教育的执行情况和学术教育，提高学生的基础理论素养，职业教育才会有更大的发展。从1997年起，职业教育界开始改变其传统的职业教育模式。在中学阶段，要求普通教育与职业教育相结合，通过基础课程来培养宽泛的基本技能，如阅读、写作、数学、听力和演讲；而且也需要技能思维，如做出决策、解决问题、学会学习等；同时要求具备个人品质，包括责任心、社会交往、自我管理、正直、诚实等。

职业教育改革的目的可以概括为两点：一是使主修职业科的学生结合职业性课程完成相应的学术性课程的学习，使职业教育从狭窄的、针对具体职业岗位的技能本位培训的模式，变为宽泛的、针对岗位的个性本位学习模式。同时应注重基础理论学科中的特别应用学科，如几何、代数在电力上的应用；生物、化学在健康职业上的应用等。二是使主修普通科的学生结合学术性课程完成相应的职业性课程的学习，以使学生为毕业后就业或进入高一级学府打下良好的基础。

二、职业针对性更加明确

据美国劳动统计署（BLS）预测，到2006年，美国的就业结构将会发生重大的变化。主要来说有两点：一是管理、工程技术、市场营销、服务等专业化行业将会在就业份额中占据更大的比重，其中教师、图书情报员、律师、医生等专业化行业所占就业份额比率是最大的；二是在美国，劳动者一生平均要换6—7个工作，频繁的职业转换必然要求其职业的适应能力以及职业敏感性加强。

在培养专业技术人才方面，美国政府制定了专门的培养方案。目的是使职业教育的针对性更明确，使学生未出校门就对就业有较明确的认识，即不光学习到扎实的专业技术，还要掌握将来在工作岗位上遇到棘手的问题时运用已学知识解决问题的能力，同时还要培养学生的合作意识、适应能力等。

（一）职业专业方案

职业专业方案（Career Cluster），或称职业群，是根据广泛的工业基础或职业类型而划分出的职业组合。它通过更加宽泛和持久地关注学生对职业的准备情况，从而为学生未来的工作开辟出一条职业路径。简单地说，学生在学校中学习到职业群知识的同时，心里也会渐渐明确未来的工作道路的走向。而这种学习与职业明显挂钩的方案直接促进了学生更加积极的学习态度和更加严格的学习过程。

在美国，由州主管部门、学校、教育者、雇主、工业组织以及相关资金拥有者共同制定职业专业方案中的课程体系、学术和技术标准、评估体系以及职业发展规划等环节。到目前为止，美国一共划分出16种职业专业方案，这16种方案直接反映了当地劳动力市场的变化，并在高中课程乃至社区学院、大学等高等教育结构中得以体现。这16种职业专业方案分别是：农业及食品、建筑、艺术与交流、经济管理、教育与培训、金融、行政管理、健康科学、旅游、服务业、信息技术、法律、制造业、市场营销、自然科学、运输与物流等。每个州根据自己的实际情况使用不同的职业专业方案来培养学生，而且不同的职业专业方案在不同的州，具体内容又不尽相同。以艺术与交流这个方案为例，在俄勒冈州，这个职业群包含表演艺术、人类学和交流学三部分；而在俄亥俄州，这个职业群则更复杂一些，包括娱乐表演、艺术教育、广告学、媒体与杂志、出版与印刷等。可以看出，俄勒冈州培养的艺术与交流方向的学生大多会从事表演艺术，而俄亥俄州的学生更多的是从事与艺术制作相关的职业。可见，职业群是具体环境中的产物。这种"实际"性恰恰为学生的未来指明了方向。

职业群组织为每一个学生提供职业专业方案，学生自愿进行选择。与此同时，联邦和州一级大力推崇职业专业方案。为此，教育部和各州在国会命令下建立"责任制系统"，要求学生至少在10年级之前选择"职业专业"。

（二）职业准备方案

近十年来，美国在教育改革方面取得的一项重大突破便是推行从学校到工作（School to Work，简称STW）运动。这一改革的主旨在于促进学生对知识、技能的攀升，使他们迅速地适应现代化的信息社会。一方面使学生们能为未来高技术、高薪水的职业做准备，另一方面它也增强了学生们愿意接受继续教育的意识。

密歇根州是最早执行 STW 法案的八个州之一，在 7 年多的时间中，密歇根州利用 5000 千万美元的政府资助将 STW 发展成适应本州特点的职业准备系统（CPS），后者在活动的范围、参与者和培养目标方面又比前者更加宽泛和实用。事实证明，实行 STW/CPS 后，职业教育在自身发展和培养人才方面均有了明显的提高。以贝林县为例，采用 CPS 后，学生在数学与科学以及职业教育的学习人数上有很大的增长（见表 5 - 2）。

表 5 - 2　采用 CPS 后贝林县职业教育的发展

人数	1997 年	2001 年	增长率（%）
职业学校入学人数	895	5 554	621
参加数学辅导	686	2 080	303
参加科学辅导	769	2 389	311
升入大学或社区学院	62	299	482

可以看出，职业准备计划为学生在就业准备以及升入高等学校方面产生了非常积极的影响。

三、注重就业和失业人员的就业培训工作

进入 20 世纪 90 年代以来，美国就业市场面临着新的困难和更严重的挑战。劳动力的特点较以往产生了根本性的变化，导致本国失业人口的增加等诸多问题的出现，使得美国政府不得不重新审视美国的就业培训工作。

就业和再就业培训由州、地方政府、企业和个人配合进行，各个部门分工不同，各有侧重。联邦政府主要为再就业培训工作提供资金，且用于就业培训计划的拨款每年都在增加：劳工部负责为失业工人制定培训计划，如成人就业培训计划、青年活动计划等。

具体培训工作由州、地方政府和私人机构甚至慈善机构共同合作组织。它们根据当地的失业和劳动力市场需求情况进行培训项目的开发和管理。失业工人可在这些计划范围内，根据自己的选择，免费接受课堂和现场培训以及基础教育，以掌握新的技能，从而适应新工作的需要。

实践证明，美国的再就业培训取得了较好的成效。据有关材料显示，在经济情况比较好的前几年，参加就业培训计划的失业者中，约有 70% 的人找到了新的工作。可见，再就业培训工作不仅可以更好地帮助劳动者解决工作

问题，同时也为国家解决失业问题与缓解就业压力开辟了一条行而有效的道路。

进入新世纪以来，美国更加重视就业和再就业的培训。2001年美国劳工部提出了《21世纪劳动力计划》。计划中对市场变化、职业需求趋势和如何适应新的市场特点做了深入的探讨与分析，在布什总统提出的年度预算计划里，政府大大加强了对就业培训的财政支持。从2002年10月1日开始，政府可用于就业和再就业培训方面的款项高达90多亿美元，比2001年度增加了50%左右。

四、启示

（一）重视基础教育，加强普教与职教的联系

20世纪对劳动力的需求已不仅仅局限于单纯工种与单一技术的要求，而是上升到兼具技术、管理、服务与创新设计的水平上来。而培养高素质的劳动力需要扎实的基础知识，在相关专业的培训方案中，要将基础教育作为培养方案的重头戏，更多地涉及与该专业密切相关的基础理论知识，对培训高素质的劳动者有着至关重要的意义，改变传统的职业教育培养观念，把培养学生的模式，由外延型向内涵型方式转变；由随着环境被动改变劳动技术转变为面对未来复杂的工作环境，利用已有基础知识，主动对当前劳动技术进行创新。同时，加强普教与职教的联系，改变以往普教与职教互不相交的"平行线"形式，充分发挥各自资源优势，互通交流，尽可能实现资源共享，使培养的学生能够从中最大限度地受益。

（二）加强同企业的联系，以便早日熟悉企业工作环境

实现学校与企业之间的"零距离"有利于学校培养更多优秀的技术人才，提高学校办学质量，同时也有利于企业吸纳人才、降低成本，这是一种双赢的观念。政府部门、工会、社区、以及民间组织，都应该为缩小学校与企业的距离牵线搭桥，使培养的学生能够直接走出校门，进入厂门，减少人力资源的浪费，为社会创造更多的财富。

第二编
基于DQP成果导向的理论实践与创新

己所不欲,勿施于人。

——《论语·颜渊》

改革，某种程度上就是一个利益调整的过程。在这个过程中，必将遇到很多阻力，我们也不例外。只有绝大多数人达成共识，才能真正推动这样伟大的事业。理论实践的创新是让大家理解和达成共识的基础，也是营造创新的良机。

所以，我们努力从翻译、文字、文句等方面开始基于DQP成果导向的理论实践与创新。

第二编 基于DQP成果导向的理论实践与创新

第六章 现代职业教育课程观的思辨与探索

课程是实现教育改革目的的重要途径，也是教学活动最主要的依据，同时更是集中体现和反映教育思想和教育观念的重要载体。通过社会现状、现象来思考如何将课程改革与社会经济发展和高等教育大众化进程结合起来，在借鉴和吸取发达国家职业教育课程思想的基础上，树立适应我国社会政治经济发展客观需要的课程观，科学指导高等职业教育的课程体系建设，对推动高等职业教育改革创新，推动社会经济和谐发展，培养适应社会经济发展的人才都具有积极的意义。本章以当前社会现状、现象作为问题的思考起点，对当前社会现象与职业教育课程观进行了思辨，并为构建和树立科学的现代职业教育课程观提出了一些有益探索。

第一节 对当前社会现象与职业教育课程观的思考

一、"读书无用论"带来的思考

近年，"读书无用论"的话题甚嚣尘上，理由无外乎"读书贵、就业难、学不到东西、就业低起薪"等客观原因。记得20世纪80年代末90年代初，有一句顺口溜——"搞原子弹的不如卖茶叶蛋的，拿手术刀的不如拿杀猪刀的"，以这个顺口溜为标志也流传过一段时间的"读书无用论"。当时，是由于从事脑力劳动的知识分子的收入低于体力劳动者。如今"读书无用论"的流传却以"学不到东西"的说法为由。过去是精英教育年代，能上大学那是无上光荣的事，上过大学的学生似乎都学过"葵花宝典"。而如今随着社会经济的快速发展和产业创新、升级转型及高等教育大众化的不断深入，人们对当前的大学和大学生的认识开始悄然转变，人们的"人才观"也开始有了一个新的定义：不再把受过高等教育的学生都认为是"人才"，而学生也开始能自主意识到什么该学，什么不该学，什么有用，什么没用。

尽管这些年为适应社会经济的发展，适应产业的创新和转型升级，提出并实施了一系列教育教学改革措施，但当前我们仍有很多毕业生毕业后找不到工作或者在就业质量较低的情况下勉强就业。抛开企业招聘数量与毕业生数量比例是否均衡不说，现实中很多企业确实有着大量的招聘需求，而当前我们很多毕业生无法满足企业的招聘需要。综观无法满足招聘单位需求的原因有两个：一个是所学专业不能适应企业的要求，一个是企业不满意学生的综合素质。有关统计资料显示，当前招聘单位在招聘时最看重的是大学生的基本能力和综合素质，对所学专业的扎实程度放于其后，认为"可以接受学生在专业技术上的差距，也可以理解学生在学校所学的东西滞后于当前快速发展的产业，更看重这个学生的基本功和综合素质"然而就这两点要求，却让招聘单位和毕业生都望而却步。为什么会这样？这显然与我们的学校教育有着直接的关系，而课程又是其中的一个重要影响因子。当然除课程之外的影响因素很多，比如社会、学校、教师、制度导向，等等。在这里，我们仅从课程的角度来分析。

二、对社会现象与评价带来的思考

当前，对高等教育的批判文章随处可见，专家在批判，百姓在批判，用人单位也在批判，几乎都不满意。对于批判是可以理解和接受的。但要明白批判的归结点在哪里。从大多数批判性文章来看，批判的缘由都是"认为我们没有培养出符合社会经济发展所需的人才"。当前，大学生找不到工作，企业找不到人，同时又有很多学生在企业工作一年、半年，甚至更短时间，因为一时的不高兴或者不喜欢或者需要加班等简单理由，与企业主管招呼都不打就离岗离职。还有很多诸如诚信、浪费、不懂得尊重、创新力不足等现实问题，成了当前的普遍现象，从而引起人们的思考。这些问题的出现与我们教育实施过程有着直接的干系。课程作为实现教育目的的重要途径，也是组织教育教学活动最主要的依据，更是集中体现教育思想和教育观念的载体，其承载着育人的重任。纵观当前的高等职业教育改革，仍旧是以培养所谓的技术、技能型人才为导向，为了实现这个"导向"四处奔波，学习德国、日本、澳大利亚等发达国家的做法，但是，这么多年以来我们依旧没有改变这个社会现象和社会评价，归结点是我们在课程设计上过多地强调"技术、技能"的培养，缺少对"人"的培养，当前这个"导向"是否适应当前社会经济发展所需是值得思考的。借鉴和学习发达国家的经验本身没有错误，错误的是我们没有明白到底是在学方法，还是学思想。方法直观可学，而思想却需要深究。我们往往只学方法而没有去思考这个方法是否适合我

们,以及对方使用这个方法的背景。所以,我们要认识到学习思想比学习方法更重要,方法可以在正确思想下创新,而如果方法不当则会事倍功半。同时,还需要认识到,当前我们缺什么,需要学的是什么?不是什么都适合我们,只有适合我们当前社会经济发展所需的才能得以有效应用。所以,如何树立符合我们当前社会经济发展所需的职业教育课程观是值得思考的问题。

第二节 对人才培养与大学责任的思辨

随着高等教育大众化的不断深入,接近或实现全录时代即将成为现实。同时,随着信息技术的快速发展,我们应该越来越认识到,读大学已经不再是什么高大上的事情,读大学将是人生的一个过程,是每个年轻人都会经历的过程,所以,我们没必要将其高尚化。随着终身教育观念的不断深入,不久的将来,或许"任何人,在任何时间,在任何地方,可以学到任何知识"。在这里,任何人不受身份和年龄的限制,只要愿意学习,其学习需求都能得到满足。所以,大学的教育功能是不是需要重新审视?靠以评价学生分数、毕业率、教师与学生的项目、奖项、经费等来评价大学是不是值得思考?对大学应当承担什么责任、应该如何正确定位的思辨由来已久。清末章太炎在《代议然否论》中已提出"学校者,使人知识精明,道行坚厉,不当隶政府,惟小学与海陆军学校属之,其他学校皆独立",到蔡元培、胡适及当代很多教育大家等各有言论。

新时期我国明确提出高等教育的四大功能:人才培养、科学研究、社会服务、文化传承。对四大功能的定位暂不深辩。但,如何将这四大功能有效落实到实处在当下还值得思考。前段时间看到中央民族大学外国语学院教授、院长郭英剑有一篇名为《是大学改变社会,而不是社会改变大学》的文章,文章里面的内容在此不辩不述。但这个题目很有意思,从表述上看似乎很朴素,但意义却很深。我们的教育在当下遭受很多的褒贬非议,而非议里面有一个值得思考的问题。当下,到底是在靠社会改变大学,还是靠大学来改变社会?笔者记得某位法师曾经讲过一段话或可引起思考,他说"大众是可以教育的,大众也是需要教育的"。事实上,经受过教育而且是系统教育的我们,理论上讲是应该可以改变社会的,而且所改变的社会应该是多数人认可的社会,因为大家的经历是相仿的。但,为什么大家用几乎相仿的经历所改变出来的社会,在大家的眼里差距那么大?是不是我们教育的内容与社会所需要的东西不一致或有矛盾?或者说我们在教育过程中共同追求的东西,不是社会共同所需要的东西?那么我们想,社会共同需要的东西是什么？那肯定不是分数。或许是一种精神，然而，那又是一种什么精神？或许是一种敢于担当，敢于创新，敢于坚持的朴实的精神。这是不是我们教育中缺少的呢？

我们经常听到对发达国家教育的评价和议论，有人常说"我们赢在起跑线，输在高等教育"。对此笔者有不同的看法。在笔者看来，如果非要和发达国家相比的话，我们一开始就输了，为什么？因为发达国家注重培养的是一种态度，一种精神。这也让笔者思考，我们的教育、我们的大学应该承担什么责任。教育是一个系统工程，问题的出现和成果的呈现不是某一个环节，而是需要系统的对立统一才能实现。所以说基础教育和高等教育之间是相互依赖、相互促进的。如果说基础教育能在现有基础上把塑造和培养人的一种态度、一种精神作为教育重点的话，那么大学就要将巩固这种态度、这种精神作为教育重点。从发达国家的经验来看非常容易明白这个道理，为什么他们的基础教育可以这么"潇洒"（可以不讲或少讲数理化），大学为什么能这么自如地实现他们的教育目的？很简单，那就是他们在基础教育中所塑造、培养的那种精神、那种态度得到了进一步的巩固。他们大学中那种自主学习的精神，那种相互合作的精神，那种坚持执着的态度，那种敢于创新的精神，等等，不可能是到了大学阶段才产生的，也不是靠大学教授悉心教诲出来的，而是在基础教育过程中塑造出来的。如今在面对现代大学生的时候，我们的老师总是说一代不如一代，其实原因并不在学生，而是在教育。所以，进一步梳理和明确我们教育和大学的责任是有价值的。

2014年7月28日，全球千余位大学校长齐聚巴西，探讨大学教育该怎么做，大家对当前以就业为导向的高等教育有不同的看法。现实中从欧洲到中国，大学毕业找不到工作，或者即使找到工作也有80%或以上非对口就业，这已经成为普遍现象。在教育大众化和教育成为人生一个过程的时代，如果把大学教育的目标仅仅定位于就业，这或许是一个根本的错误！教育的最终目标是提高社会的整体文化程度，凝聚发展动力，推动社会有序发展，而就业只是一个间接的结果。加上知识、技术更新速度之快，就业能力已不再是大学的首要职责了。如果不能正确认识这点，那教育改变社会的结果或将不可期了。所以，笔者认为大学教育一定要把培养人的态度和精神作为重要内容之一，要让学生在面对社会之前就能通过考试、活动、自学懂得诚信、合作、谦让、善为、创新，这或比我们当前阔以成绩、奖项论英雄更有意义。

第三节　对当前课程观与课程改革的思辨与探索

一、从高职教育课程改革历程辨析现代职业教育课程观

我国高等职业教育课程改革历程主要有四个标志性阶段。一是，20世纪90年代提出的"基于实践本位的课程改革思路"。以教高〔2000〕2号文为标志，对高等职业教育教学计划的指导基本原则是："要以适应社会需要为目标，以培养技术应用能力为主线制订专业教学计划"。这一阶段的主要特征是：理论课程以"必需、够用"为原则，增加实践教学学时，尤其是集中实训环节。二是，以2004年教育部、劳动和社会保障部等联合颁发的《职业院校技能型紧缺人才培养培训指导方案》为基础提出"基于工作过程本位课程改革"思路。文件指出，"课程开发要在一定程度上与工作过程相联系"的课程设计理念，要求遵循企业实际工作任务开发"工作过程系统化"的课程模式。这一阶段主要特征是明确课程开发要素为课程内容选择标准与课程内容排序标准，课程内容的序化以工作过程为参照物。三是，以教高〔2006〕16号文为标志，对高等职业教育教学改革提出"要建立职业能力培养的课程标准，规范课程教学的基本要求，提高课程教学质量"。这一阶段的主要特征是开始将课程评价标准转向以"能力本位""任务训练""学生主体"的原则。在人才培养上，对职业能力内涵的理解更侧重于职业适应力。四是，在教职成〔2011〕12号《教育部关于推进高等职业教育改革创新引领职业教育科学发展的若干意见》和2014年8月25日印发教职成〔2014〕9号《教育部关于开展现代学徒制试点工作的意见》基础上开始由教学方法导向教学思想的改革。以2015年7月27日印发的《教育部关于深化职业教育教学改革，全面提高人才培养质量的若干意见》（教职成〔2015〕6号）为标志，开始提出"全面贯彻党的教育方针，按照党中央、国务院决策部署，以立德树人为根本，以服务发展为宗旨，以促进就业为导向，坚持走内涵式发展道路，适应经济发展新常态和技术技能人才成长成才需要，完善产教融合、协同育人机制，创新人才培养模式，构建教学标准体系，健全教学质量管理和保障制度，以增强学生就业创业能力为核心，加强思想道德、人文素养教育和技术技能培养，全面提高人才培养质量"的指导思想。2015年教改指导开始关注人文素质和创业就业能力并举及培养可持续发展的人才观。同时也提出了要坚持立德树人、全面发展。遵循职业教育规

律和学生身心发展规律,把培育和践行社会主义核心价值观融入教育教学全过程,关注学生职业生涯和可持续发展需要,促进学生德、智、体、美全面发展。

从教育主管部门对高等职业教育教学改革的指导性意见来看,这也是随着社会经济发展和高等职业教育发展趋势来制定和调整的。关键是,我们是怎么理解、贯彻落实的。综观当前,不管是国家示范性高等职业院校,还是省级示范性高等职业院校重点建设专业的课程体系(教学标准和课程标准)设置,其所涉及社会广泛且融合的知识、协助学习和人文等课程还不够明确,大多还是以就业为导向的技术技能性课程为主。对当前高等职业院校的综合评估、评价、专业评比也尚没有明确提出涉及人才综合素养和可持续发展的相应办法或指标。所以,树立符合当前和未来社会经济发展所需的现代职业教育课程观还任重道远。

二、树立以人为本的发展性现代职业教育课程观

课程观的形成,在不同的时代,甚至在同一时代的不同时期,都应有着与政治、经济、文化相对应的课程观。近几年我国社会经济发展迅速,产业转型升级很快,但在高等职业教育课程观的研究方面还相对滞后。目前沿用的主要思想也基本以发达国家较前阶段探索沉淀的为基础,如德国"基于工作过程"的课程观对我国职业教育影响甚远。

不论是杜威的经验课程观,还是罗杰斯的人本主义学习观,这些观点的提出本身没有对错,每一个观点的产生都有它的背景和因素,我国在高等教育大众化程度不高的精英教育时代,所需要的教育观和课程观也是不一样的,而如今我国已经步入高等教育大众化的鼎盛时期,人才培养的规模、层次较之前有着很大的不同,在学习和借鉴国际经验的时候可能要对拿来主义加以思考并创新而为之用。仅以方法论的方式拿来或不能得其道,因为我们往往用的是人家的方法,而并未思考这种方法的生存"土壤"(即文化背景和其实施的社会经济条件),所以往往学其法而不得其道。

近几年来,发展性课程观和人本主义教学观得到了教育界的广泛关注,发展性课程观以马克思的人类解放理论为理论依据,核心是教化个体与改良社会,而教化的目的在于促进个体的全面发展与个性化成长,进而促进社会发展。发展性课程观的终极目的是塑造个体真善美的人性。行为主义的操作教条,将课程活动约化为技术化的教学程式,剥夺了学生自主学习的权利与兴趣,同时还阻碍学生健全人格的形成。发展性课程观是在知识与经验基础上形成的,并不排斥知识,而且倚重知识、文化来形塑个体的健全人格。人

本主义教学观是在人本主义学习观的基础上于20世纪70年代在美国形成并发展起来的，而那个时候美国高等教育大众化和社会经济都处在鼎盛时期。资料显示，美国1973年毛入学率已达50%，同时美国的经济得到了快速发展，1977年的GDP为19750亿美元，是1940年（1013亿美元）的19.5倍。

当前，我国社会经济与高等教育大众化进程也已步入快速增长阶段。在这个背景下，当前的高等职业教育人才培养理念与课程观是值得思考与完善的。教育专家姜大源在《高等职业教育的定位》一文中指出，"就业导向这一培养目标是高等职业教育显性的存在"，同时也是"培养高技能人才或技术应用型人才的摇篮"。如果能在这个技术"摇篮"里面装上几个明确的"社会能力和真善美"是不是会显得更加精彩、更加完美？尽管我们的教育导向中也提及职业素养，但事实上，当前的教育评价和教育改革细则里面并没有细则。树立科学的职业教育课程观或能对完善学生人格、提升其社会适应能力起到促进作用。苏格拉底曾提出"德性即知识"的观点，尽管对"知识"与"德性"的统一有很多辩解，但培养一个具有专业技术能力（职业能力）和真、善、美的人是值得我们当前高等职业教育提倡和思考的。因此，无论在课程设计还是课程实施等环节，都应该将知识技能的掌握、生命价值的体悟、幸福生活的追寻相统合，以作为实现个体完满人性的根基。

三、探索构建以职业能力和可持续发展并行的幸福课程体系

根据当前的实际情况，两年来我们不断思考和探索，并在学习和借鉴美国学历资格框架（DQP）教育思想的基础上，构建了符合当前及未来我国社会经济发展的和人才培养与评价维度。同时，在对社会人才需求和毕业生发展趋势的调研基础上，构建了专业与博雅教育相融，就业、创业与智力技能并举，实训、实践与产教相融，社会广泛融合知识与协助学习相加的四位一体课程体系。同时，根据课程的实际情况鼓励以学生学习成果为导向创新课程的教学与评价形式，鼓励、促进学生参与度高的课程改革与创新，鼓励开设丰富多样的人文素养课程以提高学生的幸福感。我们不断重视学习活动中学生的主体作用，培养学生的实践能力和创新能力。在设计整个专业规范及课程体系之前，要将基于职业岗位分析所获得的培养要求，包括知识、技能、态度等职业能力要求，以"专业的预期学习成果"和"课程的预期学习成果"来厘定和明确陈述，使学生知道"学习的期望"，让未来的用人单位得悉毕业生的能力，让教师能从更全面的维度来设计教学内容，为学生提供学习指引，从而达到教与学的统一与互动，提升教师的教学与学生学习的

幸福感。我们两年来的探索和实践得到了社会、教师、学生和家长的认可，在此基础上我们将不断优化创新，力图能成为现代高职教育课程观探索和实践的先驱。

当前我国社会经济和产业转型升级都处在快速发展阶段，同时高等教育大众化也在不断深入。根据2016年1月15日的"全国教育工作会议"信息，2015年，我国高等教育毛入学率已达到40%，提前实现了国家教育规划纲要提出的"到2020年，高等教育毛入学率达到40%"的目标。超过中高收入国家平均水平。而发达国家诸如美国1950年开始进入高等教育大众化起始阶段，1990年完成大众化任务，历经40年才开始进入普及化阶段。西欧在20世纪60年代起步，90年代下半叶陆续进入普及化阶段，其间法国、德国基本用了30年才实现高等教育大众化的任务。台湾在20世纪70年代起步，到1996年达到50%，也用了近30年才完成从精英教育到大众化教育的任务。我国大陆高等教育大众化1999年启动，启动时间比西方晚了40多年，比台湾晚了20多年，但历时15年就完成了40%的目标。基于科学发展观构建和树立现代高等职业教育课程观，如何科学指导高等职业教育的课程体系建设，对推动高等职业教育改革创新，推动社会经济和谐发展，培养适应社会经济发展的人才都具有积极的意义。

第七章 以学习成果为导向的教育理念

体现人才培养质量和培养特色的载体是学校的人才培养标准或人才培养方案及其人才培养模式，而人才培养标准和人才培养模式的具体措施又受制于人才培养理念。因此，从某个角度来讲，人才培养理念的科学性决定了人才培养标准和方案实施的有效性和科学性。随着社会经济的快速发展，如何培养适应社会和经济发展的高素质人才，是当前高等教育的一个重大课题。人才培养模式的改革与创新是确保人才培养质量的关键。而人才培养模式创新与改革的前提是要树立科学的教育教学理念。

当前，世界各国高等教育都在不断改革与创新，其间也涌现出许多特色鲜明的人才培养模式和教育理念，发达国家所取得的改革与创新经验值得我们思考与借鉴。在国家鼓励借鉴国际经验开展人才培养模式改革与创新的背景下，广东岭南职业技术学院在参考美国学历资格框架（DQP）基础上，结合国情和高等职业教育的实际情况，进行了DQP学历资格框架中国化实践的积极探索，树立了以学习成果为导向的教育教学理念，本章谨对以学习成果为导向的教育理念进行论述。

第一节 以教师为中心的教育教学理念的现状

教学结构是指在一定的教育思想、教学理论及学习理论指导下，在特定环境中推进教学活动进程的一种稳定结构形式。

目前我国大多学校采用的教学结构是"以教师为中心"的教学结构和"以学生为中心"的教学结构。

近几年来，广东省的高职教学改革甚至教育评估基本围绕着课程建设，而课程建设基本围绕课程标准，这是典型的以教师为中心，以教师的教法、教学思路为主的教育教学理念。

以教师为中心的教学结构的理论基础是奥苏贝尔的"学与教"理论，他的理论既包括学习过程所涉及的认知因素，又包括学习过程所涉及的情感因素。主要体现在他提出的"有意义接受学习"理论，所谓有意义学习是指希望通过学习获得对知识所反映事物的性质规律及事物之间的关联的认识，关键只是在当前所学的新概念、新知识与学习者原有认知结构中的某个方面之间建立起非任意的实质性的联系，只要能建立起这种联系就是有意义的学习，否则就是机械学习。

以"学生为中心"的教育理念是人本主义教育思想的延伸，其理论基础是人本主义和建构主义，它充分肯定学生是教学中的主体，强调教学中"学"的第一性，特别指出了教育要承认和重视学生个体差异对学习活动和效果的影响。因此，以"学生为中心"的内涵可以表述为：在教育活动中，视学生为主体，关注学生的兴趣和个人特点，充分尊重学生的权利和需求，最大限度地调动学生的积极性和主动性，鼓励学生参与到教育活动的各个环节中，鼓励学生为自己的学习负责。

第二节 两种教学理念与结构特点的比较分析

基于这两种教学理论，自然地也就产生了相应的两种教学结构，即"以教师为中心"的教学模式与"以学生为中心"的教学模式。两种教学结构有其各自的特点，某些特点甚至截然相反。

"以教师为中心"的教学结构特点是：教师是知识的传授者，是主动的施教者，并且监控着整个教学活动的进程；学生是知识传授的对象，是外部刺激的被动接受者；教学媒体是辅助教师教的演示工具；教材是学生唯一的学习内容，是学生知识的主要来源。其重视知识的确定性和普遍性，注重分析和抽象，这在学习的初级阶段是必要并且有其合理性的，但它没能使学生的认识进一步提升，学生获得的往往只是零散的、教条式的书本知识。

"以学生为中心"的教学结构的特点是：学生是信息加工的主体，是知识意义和内涵的主动建构者；教师是课堂教学的组织者、指导者，是学生建构意义的帮助者、促进者；教学媒体是促进学生自主学习的认知工具；教材不是学生的主要学习内容；学生通过互联网途径完全可以实现自主学习。这种教学结构更关注学习中具体的、非结构性的知识层面，并在此领域进行深入研究。总体来说，建构主义的学习理论更适合学习的高级阶段，对于如何使学生的认识由抽象走向"思维中的具体"是很有启发的。它重视学习活动中学生的主体作用、实践能力和创新能力，重视学生面对具体情境进行有意义的建构，这相对于经典学习理论是一种进步。

这两种教学理念与结构各有特点、各有利弊，也各有自己的适应性，不存在孰优孰劣的问题。但在教育国际化的背景下，"以学生为中心"的教育理念正影响着我国高等教育，作为职业教育院校，建立以学生学习成果为导向的教育教学理念更值得积极探讨。目前国内高职院校，如广东岭南职业技术学院等部分教育教学理念不断创新的院校在积极探索。

第三节 以学习成果为导向的教育教学理念

一、具有现实意义的教育教学改革

我国现行教学理念大多关注的焦点是"教师"。我们关注教师应该教什么，怎么教。认为提升教师的教学水平就等于提高了教学质量，而事实上在近30年的教育教学改革中，似乎没有体现出教师水平与学生学习成果的相互匹配以及正比关系。教学水平很高的教师，教出的学生不一定就水平高，这一现象是当下教学改革值得思考的一个问题。

随着社会经济的发展，受教育者开始以消费者的视角审视教育投入和回报的问题；随着法制建设的逐步完善，公共问责制也开始受到关注。教育教学的改革将逐步重视受教育者的学习成果，人们将更加关注教育投入的回报与实际产出的现实需要，因此，树立以学习成果导向的教育理念应该逐步在我们的教师和教学过程中推行。

以学习成果为导向的教育理念（Outcome-based Education，简称OBE）在美国、英国、加拿大等国家成了教育改革的主流理念。OBE是由美国首先提出来的。作为教育强国的美国，对其在科技方面的贡献及表现并不满意，例如人造地球卫星由苏联抢先发射成功等，人们由此开始反思教育的实用性以及教育成果的重要性。在这种背景下，OBE在1981年由Spady率先提出后，以惊人的速度获得了广泛重视和应用。经过此后10年左右的发展，形成了比较完整的理论体系，至今仍被认为是追求卓越教育的正确方向。美国工程教育认证协会全面接受了OBE的理念，并将其贯穿于工程教育认证的始终。2013年6月，我国被接纳为《华盛顿协议》签约成员。用成果导向教育理念引导教育改革，具有现实意义。

二、可以较好地实现从学科导向向目标导向转变

传统的工程教育是学科导向的，它遵循专业设置按学科划分的原则，教育模式倾向于解决确定的、线性的、静止封闭问题的科学模式，知识结构强

调学科知识体系的系统性和完备性，教学设计更加注重学科的需要，而在一定程度上忽视了专业的需求。成果导向的工程教育是目标导向的，它遵循的是反向设计原则，其"反向"是相对于传统工程教育的"正向"而言的。反向设计是从需求（包括内部需求和外部需求）开始，由需求决定培养目标，由培养目标决定毕业要求，再由毕业要求决定课程体系。正向设计是从课程体系开始，逆反向过程到毕业要求，到培养目标，再到需求。然而，这时的需求一般只能满足内部需求，而不一定能满足外部需求，因为它是教育的结果而不是教育的目标。因此，传统工程教育对国家、社会和用人单位等外部需求只能"适应"，而很难做到"满足"。而目标导向下的工程教育则不然，它是反向设计、正向实施，这时"需求"既是起点又是终点，从而最大程度上保证了教育目标与结果的一致性。

目标导向下的工程教育在教学设计与实施中强调如下四个方面：培养目标要以需求为导向，毕业要求要以培养目标为导向，课程体系和课程教学要以毕业要求为导向，资源配置要以支撑毕业要求与培养目标的达成为导向。毕业要求的达成要能支撑培养目标的达成，课程教学要求的达成要能支撑毕业要求的达成。所有参与教学的教师要明确自己所教对达成毕业要求和培养目标的贡献与责任，每位学生要明确自己所学对达成毕业要求和培养目标的作用。培养目标和毕业要求的表述要有利于对目标和要求的达成度进行评价。

三、可以实现从以教师为中心向以学生为中心转变

所谓以教师为中心，是指教学设计主要取决于教什么，教学过程主要取决于怎么教，教学评价主要取决于教得怎么样，这是学科导向教育的必然。所谓以学生为中心，是指教学设计主要取决于学什么，教学过程主要取决于怎么学，教学评价主要取决于学得怎么样，这是成果导向教育使然。也就是说，以学生为中心的教育要求整个教学设计与教学实施都要紧紧围绕促进学生达到学习成果（毕业要求）来进行，要求提供适切的教育环境、了解学生学什么（内容）和如何学（方式与策略）、引导学生进行有效学习，并实施适切的教学评价来适时掌握学生的学习成效。

以学生为中心的教育主要体现在如下几个方面：培养目标与毕业要紧紧围绕学生的发展来确定；教学内容根据对学生的期望而设计；师资与其他支撑条件判断标准是是否有利于学生达成预期目标；评价的焦点是学生的学习效果与表现；是面向全体学生而不是个别优秀学生。以学生为中心的教育强调"教主于学"的教学理念，即教之主体在于学、教之目的在于学、教之效

果在于学。遵循以学论教的教学原则，即教什么取决于学什么，怎么教取决于怎么学，教得怎么样取决于学得怎么样。重教轻学是传统教育的痼疾，至今仍然主导着课堂教学。要改变这种状况，必须解决两个基本问题：教学本质与教学理念。

教学本质回答的是教学是什么。传统的认识是：教学是"教师把知识、技能传授给学生的过程"。这种传统认识有五个局限：教学局限于教书，教书局限于课程，课程局限于课堂，课堂局限于讲授，讲授局限于教材。我们理解的教学就是"教学生学"，教学生"乐学""会学""学会"。其中"会学"是核心，要会自己学、会做中学、会思中学。教学理念回答的是教学为什么。传统的认识是："教"是为了"教会"，"学"是为了"学会"。我们提倡的教学理念是"教为不教，学为学会"。"教为不教"有两层含义："教"的目的是"不教"，"教"的方法是"大教"。"教，是为了不教"是我国当代著名教育家叶圣陶先生的名言。这种"教"是教学生"学"，这种"大教"是"善教"。施教之功，贵在引路，妙在开窍。叶圣陶先生曾讲："教师之为教，不在全盘授予，而在相机诱导。必令学生运其才智，勤其练习，领悟之源广开，纯熟之功弥深，乃为善教者也。"

四、可以实现从质量监控向持续改进转变

我国高校目前的教学质量管理，还停留在对教学环节进行质量监控的初级阶段，初步具备了监督、调控功能，但缺乏改进功能。一个具有完善功能的质量管理体系应该具备"闭环"特征，即通过监督功能发现偏差，通过调控功能纠正这些偏差，再通过改进功能分析产生这些偏差的原因，并对系统进行改进。也就是说，这三个功能是首尾搭接，互为输入和输出的关系。

成果导向的工程教育是一个持续改进的过程。它要求建立一种有效的持续改进机制，从而实现如下功能：能够持续地改进培养目标，以保障其始终与内、外部需求相符合；能够持续地改进毕业要求，以保障其始终与培养目标相符合；能够持续地改进教学活动，以保障其始终与毕业要求相符合。

建立持续改进体系的要点包括"一个目标、两条主线和三个改进"：一个目标是保障质量，两条主线包括培养目标的符合度与达成度和毕业要求的符合度与达成度，三个改进为培养目标的持续改进、毕业要求的持续改进和教学活动的持续改进。这三个改进，通过三个循环来实现，即通过外循环持续改进培养目标、通过内循环持续改进毕业要求、通过成果循环持续改进教学活动。培养目标和毕业要求的符合度与达成度这两条主线，是对其符合度和达成度的评价与改进过程。首先，评价毕业要求（培养目标）是否与培养

目标（内外需要）相符合，如果不符合，就要改进毕业要求（培养目标）；然后，评价毕业要求（培养目标）是否达成，如果没有达成，就要改进教学活动（毕业要求）。教学活动的改进包括课程体系、师资队伍、支持条件、学生的学习机会、教学过程和教学评价等。

第二编 基于DQP成果导向的理论实践与创新

第八章　DQP在我国高等职业教育领域的解读

　　我国高等职业教育在近20年改革进程中，通过学习、引入欧美国家的先进教育理念和方法，取得了较大的进展与成效。但这些教育理念和方法，诸如项目化、任务驱动、基于工作过程、能力为本等，主要侧重于课程设计的技术层面，在人才培养的整体构架方面可供借鉴与参考并不多。学历资格框架（DQP）所含三个学历中的副学士学历在高等教育学历层次上与我国的高职学历比较接近，是否可以作为我国高职人才培养体系优化的参考？本章围绕高等职业教育领域的一些特征对学历资格框架（DQP）进行解读。

　　首先，学历资格框架（DQP）以"以学生为中心"及"学习成果导向"（OBE）教育理念为基础，从这一角度来看，学历资格框架（DQP）与我国高等职业教育当前的改革与发展重点是一致的。目前不少国家示范性高职院校已经在教学改革和课程建设中应用与推行"成果导向教育"（OBE）并取得成效，也有研究论证成果导向教育（OBE）与当代职业教育在教育理念、教育目标及教育重心等方面有较强的适应性。

　　其次，我国高等职业教育的人才培养重点将从"岗位技能"逐步转移到培养"全面发展的人才"。学历资格框架（DQP）所提出的五个学习领域（专门知识、广泛且融合的知识、智力技能、应用与协作学习、公民与全球学习）符合"全面发展"的理念，尤其学历资格框架（DQP）所倡导的"通识教育与专业教育的融合"，更为我国高等职业教育进一步深化改革的方向提供了启发。

　　第三，职业能力的培养是我国高等职业教育所倡导的核心要求。学历资格框架（DQP）是否涵括了毕业生职业能力的要求？

　　最后，应用型人才培养是我国高等职业教育基于社会经济发展现状及趋势所确定的重要发展方向，尤其突出在"应用"与"创新"。在学历资格框架（DQP）中，应用学习是一个重要的学习领域，具体是如何诠释的？

本章将重点以"职业能力"与"应用型学习"为中心，围绕学历资格框架（DQP）五个学习领域的参照点进行解读。

第一节　DQP 参照点与职业能力的对应关系

职业能力的培养是我国高等职业教育倡导的核心要求。尽管理论界对"职业能力"的分类尚未有统一的标准，但对基于德国职业教育而归纳的"专业能力、方法能力与社会能力"的结构，基本上达成了一定的共识。1998 年劳动和社会保障部《国家技能振兴战略》提出的"八大职业核心能力"中包括三项方法能力（自我学习、信息处理、数字应用）和五项社会能力（与人交流、与人合作、解决问题、创新革新、外语应用），并编写了专门的教材供高职院校教学使用。

DQP 以学习成果的方式清晰描述了毕业生取得所修专业学历时需要在五大学习领域所达成的要求——参照点（Reference Points）。虽然 DQP 在体系结构上是学习领域，但其基础是职业能力，由职业能力的培养衍生出需要学习的领域，不是为学习而学习，而是为培养能力而学习。本节尝试将 DQP 中的学习领域参照点要求（副学士学历）与我国职业能力分类进行比对。从表 8-1 可以看出，学历资格框架（DQP）参考点基本涵盖了职业能力的要求，同时更加强调职业能力的融合性学习与应用。

表 8-1　学历资格框架（DQP）参照点（副学士学历）与我国职业能力对应表

学历资格框架（DQP）中的学习领域参照点要求（副学士学历）	对应职业能力
1. 学习领域一：专门知识	
1.1　用专业领域的相关术语来描述专业领域的研究范围、核心理论和实践，并且提供至少一个与专业领域相关的案例	专业能力
1.2　应用相关专业领域的工具、技术和方法去解决专业领域内给定的提问和难题	专业能力 解决问题能力
1.3　基本上无差错地做出相关专业领域的产品、模型、数据、展示或表演	专业能力
2. 学习领域二：广泛且融合的知识	
2.1　描述所学习的每一项核心领域的现有知识或现有实践的研究进展（包括怎样向前推进、怎样验证、怎样更新），如自然科学、社会科学、人文艺术学科的专业和跨专业课程	行业通用能力 创新革新能力

续上表

学历资格框架（DQP）中的学习领域参照点要求（副学士学历）	对应职业能力
2.2 就所学习的每一项核心领域描述一个关键性的争议问题，解释该争议问题的意义，并且应用该领域的概念来阐述自己对该争议问题的见解	批判性思维 解决问题能力
2.3 在实施分析性、实操性或创造性的任务中，使用所学习的多项核心领域的公认方法，包括依据的收集与评估	专业能力 创新革新能力 信息处理能力
2.4 从科学、艺术、社会、人类服务、经济或科技的问题中，采用至少两个领域的知识，描述如何定义、界定与解释选定问题对社会的重要意义，并对此做出评述	批判性思维 解决问题能力
3. 学习领域三：智力技能	
解析探究	
3.1 在选定的学习领域提出并界定一个问题，并能厘清涉及该问题的各种观点、概念、理论及其解决方法	信息处理能力 解决问题能力
利用信息资源	
3.2 在一个专门领域或一个相对普遍的艺术和科学领域内，做一个项目、写一篇文章或方案、进行一个表演时，有效地找到所需要的信息，对收集的信息进行分类，对信息的有用性进行评估，并将有用的信息合适地引用或应用到项目、文章、方案、表演中	信息处理能力
多元化视角	
3.3.1 对有关社会、政治、经济、艺术乃至全球关系等方面的突出性或重大问题，明确地阐述：不同文化视角（或不同文化背景的知识）会怎样影响人们对上述问题的理解	批判性思维 创新革新能力
3.3.2 对有关文化、社会、政治、艺术或国际关系方面的选定问题，提出自己的见解，并与其他人的见解进行理性的比较	批判性思维 创新革新能力
伦理判断	
3.4 找一个当前社会、经济、文化等方面的突出问题，该问题明显涉及伦理道德因素（要能明晰地阐述），还要能够清晰分析并梳理在决策过程中，伦理道德准则或框架是如何产生影响或作用的	伦理道德素养 批判性思维

续上表

学历资格框架（DQP）中的学习领域参照点要求（副学士学历）	对应职业能力
定量分析与表达	
3.5.1 对有关政治、经济、健康或技术方面的问题，对其中使用到的量化信息（即数字）进行准确的诠释；并能够在论述时有效地利用量化信息（数字与符号）	数字应用能力
3.5.2 创建图表或其他视觉效果更好的方式，来诠释趋势（或走势）、关联（相关或因果关系等），或是状态上变化	数字应用能力
沟通技巧	
3.6.1 在与普通大众或某一个特定对象进行书面沟通过程中，基本无笔误、错漏，条理清晰，论证令人信服	与人交流能力
3.6.2 与普通大众或某一个特定对象有效进行正式场合下的言语交流	与人交流能力
3.6.3 就某一具体工作任务的行动计划进行商谈，并对商谈结果进行书面或口头的总结陈述性沟通	与人交流能力 与人合作能力
4. 学习领域四：应用和协作学习	
4.1 书面汇报至少一个案例：说明自己怎样将所学的学术性知识与技术技能应用于"实地挑战（实践）"；并提出证据或案例，用来证明自己在应用过程中学到的新知识或其他的收获	专业能力 自我学习能力 个人反思素养
4.2 分析至少一个自己在课堂外学来的重要概念或方法	自我学习能力 与人合作能力
4.3 对于一个超出课上所学内容的实践问题，对问题准确定位，收集相关线索与信息，进行组织与分析，并提出多种解决方案	自我学习能力 问题解决能力 创新革新能力
5. 学习领域五：公民和全球学习	
5.1 清晰地介绍自己的个人背景与文化背景，包括发源与发展、观念与倾向	自我认知能力
5.2 就某一些民主价值观或行为实践，清晰地介绍其在历史上以及当代的不同地位（变迁），举一个包含这些价值观或行为实践的特殊事件，阐述自己的观点	公民洞察力 批判性思维

续上表

学历资格框架（DQP）中的学习领域参照点要求（副学士学历）	对应职业能力
5.3 参与一个社区（或社团）项目，就其过程做出口头或书面的总结（报告），重点突出这次经历中遇到的公民问题，以及这次经历中个人的感悟	与他人合作能力 个人反思素养 自我学习能力
5.4 识别影响至少世界两个大洲的经济挑战、环境挑战或公共卫生挑战，并且对所谓的"挑战"进行有理有据的分析评述，并表明自己的观点	全球化意识 创新革新能力

第二节 DQP 参照点与应用型学习的对应关系

应用型人才培养是我国高等职业教育基于社会经济发展现状及趋势所确定的重要发展方向。2014 年国务院《关于加快发展现代职业教育的决定》，全面部署加快发展现代职业教育，提出了应用型人才培养的要求。但对于应用型人才应有的知识、能力、素质结构及培养规格要求，目前尚不够明确。有学者认为应用型人才就是既有足够的理论基础和专业素养，又能够理论联系实际，将知识应用于实际的人才，其核心是"用"，本质是学以致用。但目前对于如何"学以致用"，如何让学生学会"学以致用"，以及如何证明学生在毕业时已经能够"学以致用"，相关研究不多。本节以美国 DQP 为基础，根据其教育理念与学生预期学习成果参照点，对高职应用型人才培养及应用型学习进行初步探究。

一、应用能力与应用型学习

（一）应用能力

在《汉语大词典》中，"应用"一词有两种解释，一是"使用"，如使用某种技术、方法；二是"直接用于生活或生产的"，如应用文、应用技术。将两者结合起来，就是"使用技术、工具、方法于生产或生活实践中"。这一解释与高等教育领域对"应用型人才"的定义比较吻合——"应用型人才是应用客观规律为社会谋取直接利益（社会效益）的人才"。对于应用型人才的培养，一个重要的核心就是学生应用能力的锻炼与培养。应用是实践技能，应用能力是实践活动中的应用能力。实践的复杂性决定了应用能力不是单一技能。应用能力是一般通用能力和专业关键能力的共同运用的一种综合能力。一般通用能力包含认知能力和情感能力，专业关键能力包含专业技能、专业应变能力和专业创新能力。在国家事业单位招聘考试中也常有"综合应用能力"科目，侧重考查应考人员在工作中运用法律、法规和正确的工作方法分析与解决实际问题的能力，具体包括提出问题、分析问题、解决问题的能力以及文字表达能力。这一要求与英国资格与学分框架（QCF）中"应用与实践"指标要求也基本一致：解决解释明确但复杂的问题；决定采用适当的方法和技巧；运用相关的研究解释行动方案；评价行动、方法和结果（QCF5级水平）。

（二）应用型学习

在布鲁姆认知教育目标体系中，"应用"包括执行与使用，前者是指学生把一个程序应用于一个熟悉的任务（表现动作），后者是指学生把一个或更多个程序应用于一个陌生的任务（解决问题）。对于高校学生而言，其应用能力的培养主要侧重于将所学知识综合应用于陌生任务。应用能力是在完成"学习任务"的过程中展现出来的。这一过程既包括知识的获取、知识的消化、知识的应用转化、实际技能的培养，也包括必要的自主学习、创新意识以及与他人有效的沟通与合作。因此高等职业教育的重心要从学生的灌输式学习向应用型学习转变。应用型学习包括两层含义：首先应用型学习是以学以致用为中心的学习，学生学习不只是为了掌握专业知识或技能，更重要的是知识或技能在实践（或仿真环境）的应用；其次，学生在学习专业知识或技能的基础上，还要学习有关应用的技能，即如何将所学专业知识有效地应用。在美国"应用学习能力表现标准"（Applied Learning Performance Standards）中，有关应用的技能具体分为五类：解决问题、交流工具与技巧、信息工具与技巧、学习和自我管理的工具与技巧、与他人共同工作的工具与技巧。

高校学生的"应用"学习不只是简单的技能型操作，也不只是某一项知识或技能的实践，更侧重于"应用"过程中的思维能力、方法能力（如信息利用等）和社会能力（如与人合作等）。同时，对于这些方法能力、社会能力的学习，也不应只是通过一些孤立的实践活动来学习如何应用，而应该与学生已学的其他知识或技能相融合，侧重于已学知识或技能的应用。

与灌输式学习相比，应用型学习不但解决了学生"为什么学"的问题，而且解决了学生"如何学以致用"的问题，后者又在一定程度上解答了学生"学了真的有用吗"的疑惑（见表8-2）。因此，应用型学习体现了"以学生为中心"的教育理念。

表8-2 灌输式学习与应用型学习的比较

	灌输式学习	应用型学习
教育理念	以教师为中心	以学生为中心
学习目的	掌握知识或技能	知识或技能的应用
学习内容	知识或技能	知识或技能 如何应用知识或技能（应用技能） 知识或技能的实践应用
知识特点	知识或技能是孤立的，各自指向自身	知识或技能是相互关联的，协同指向应用实践
教学方式	讲授为主	以问题导向、任务导向、情境模拟等为主的多种教学方式融合
评价重点	学生的学习结果（成绩分数）	学生的学习成果，以及在完成学习成果过程中的经历与体验

二、基于 DQP 的应用型学习

（一）DQP 在学生应用学习领域的要求

应用能力既包括将理论知识用于实践，也包括自主学习与创新能力，还涉及应对非常规问题的能力、权衡竞争态势的能力、在模糊环境下进行决策的能力，以培养学生能够更好地预测并应对他们在越来越复杂的工作和生活中将会遇到的挑战。在学历资格框架（DQP）中，应用学习是一个重要的学习领域，"应用"也被视为最关键的一项学习成果，要求学生能"用其所知而有所能做"，并强调学生在应用过程中致力于分析调查（解析探究）、主动学习、实际问题解决、创新。学历资格框架（DQP）对毕业生（副学士学历）在应用学习领域的要求为：（1）书面汇报至少一个案例——自己是怎样将所学的学术性知识与技术技能应用于实地挑战（实践）的；并提出证据或案例，用来证明自己在应用过程中学到的新知识或其他的收获；（2）分析至少一个自己在课堂外学来的重要概念或方法；（3）对于一个超出课上所学内容的实践难题，对难题准确定位，收集相关线索与信息，进行组织与分析，并提出多种解决方案。另外，学历资格框架（DQP）强调，学生展示其应用能力，不仅只是通过传统的作业，也可通过其他一些灵活的方式提供其是否掌握所学的证据，如在工作环境中、人际交往中，以及日常遇到的经济、社会、文化事务中的（行为）表现。

（二）基于DQP的应用型学习的层次结构

在DQP中，上述"应用学习"的要求并非孤立的，应用学习必须融贯于其他学习领域，应用学习为不同学习领域的学习提供了一个链接的途径。学生的学习不但涉及"应用"所需的专业知识及跨专业领域的知识，也涉及"有效应用"所需的方法与技巧；不但要求"应用性"地解决问题，也要求"应用性"地完成任务；不但要求课堂内的模拟应用，也要求在"实地"的实践应用。

本研究将DQP中副学士学历的五个学习领域的能力参照点按照以"应用"为主线进行了重新编排（见表8-3），并根据学习规律进行归纳与分类，构建了应用型学习要求的六层次结构模型（图8-1）。这六个层次遵循培养学生应用能力的发展路径，并按照学生学习成果要求表述，依次为阐述知识、问题分析、问题解决、任务实践、构建问题、完成任务。最终引导学生综合性地运用所学知识与技能以完成一件"应用型作品"。

表8-3 DQP参照点（副学士学历）与应用型学习的对应关系

序号	层次	说明
1	阐述知识（术语、理论、概念、方法、边界、发展前沿）	已经沉淀的知识（专业与跨专业） 知识的发展与前沿（专业与跨专业） 关于自己的知识（自我认知）
2	应用知识对问题、事件等进行分析、评价，表达自己的观点，与他人比较	能说清楚一个问题（事件），基于知识表达自己的见解 不同领域对问题（事件）的解释不同，基于知识的评述 不同文化对问题（事件）的解释不同，文化影响机制 伦理道德对问题（事件）决策的影响 价值观对问题（事件）的影响；自己见解 全球化对问题（事件）的影响；自己见解 基于知识的自己的见解，与他人理性比较 评述问题及提出见解时的书面表达 评述问题及提出见解时的口头表达 评述问题及提出见解时的数字解读与利用 评述问题及提出见解时的图表利用

续上表

序号	层次	说明
3	应用知识、技能解决专业问题	解决专业问题
4	应用知识、技能于实践任务	在实践任务中会使用方法、技能 在实践任务中进行商务洽谈 参与社区实践任务 在实践任务中使用知识技能，并在使用反思经验与收获，同时学到新的知识或技能
5	能够自主学习，自己提出问题并分析解决	在学习中自己界定一个问题，理清思路 自己学习一个知识 在实践中能主动发现问题，想办法解决问题
6	应用知识、技能做出"产品"	综合性地运用所学知识与技能 在上述过程中，对信息的有效利用

图 8-1 应用型学习的六个层次

（三）基于 DQP 的应用型学习示例

以人力资源管理专业为例，该专业人才培养计划中根据岗位用人需求与工作过程分析，设置了"招聘与甄选"课程模块。在传统的灌输式学习模式下，课程教学以知识点或技能点的理论（如招聘渠道、招聘信息、面试技术等）为主，学习评价也基本采用书面测验的形式（如选择题、简答题或案例分析题），以"阐述知识"为主，基本没有涉及应用或者说只是"纸上谈兵"型的应用。在应用型学习模式下，课程设置了一个核心预期学习成果，学生能够在学校社团招新过程中有效实施招聘与面试（采用照片、视频及书面报告的形式作为展现学习成果的载体），这属于典型的应用所学知识完成真实任务。但是学生如果只是学习理论性知识点与技能点，并不一定能够有效地完成真实任务。学生在完成真实任务的过程中，更多的是应用以往社会学习积累的经验，而非课程中所学的知识与技能。因此，教师在课程预期学习成果设计中，还要考虑在"完成任务"之前，设置一些阶段性预期学习成果，通过不同层次、不同情境、不同能力导向的应用型学习任务，让学生逐步学习如何应用所学知识与技能（见图 8-2）。

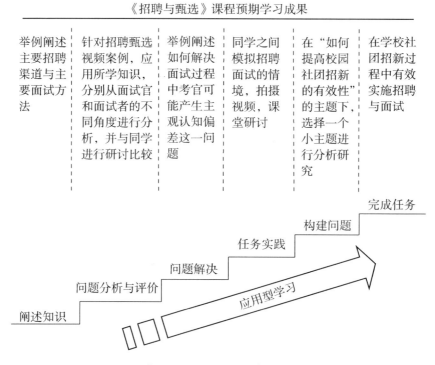

图 8-2 《招聘与甄选》课程中应用型学习示例

第九章 美国 DQP 中国化的探索与实践

第一节 广东岭南职业技术学院对 DQP 的实践

一、美国 DQP 中国化的缘起

广东岭南职业技术学院位于中国广州市科学城,设有医药健康、电子信息工程、现代制造、经济管理、艺术与传媒等 17 个二级学院,目前常年招生专业 43 个;学院现有专任教师 695 人,在校学生约 15000 人,实施三年制高等职业教育,毕业生持有大专学历(相当于美国的副学士)。学院目前正筹划升级至(应用型)本科教育。

2014 年,广东岭南职业技术学院校长到美国高校考察访问,接触到 DQP。经过对 DQP 的深入研究与讨论,学校认为 DQP 可以作为推动教学改革的一个参考基础,并作为学校进行学分制改革的配套体系。2014 年 6 月,学校提出了《基于 DQP 学分制改革实施方案》,明确了全面参照 DQP 体系中五个学习领域及其熟练能力的参照点,实施教学改革。学校成立了 DQP 改革领导小组,由校长担任组长,并由教务长担任执行组长,从各二级学院抽调教师组织一个跨专业的实施团队。同时,提出的具体目标如下:

(1)全校所有专业参照 DQP 体系进行教学改革;

(2)全校所有专业采用基于成果的教育(OBE)的理念与模式,从观念与实践两方面完成从"以教师为中心"向"以学生为中心"的转变;

(3)优化各专业的课程体系设计,实现从"就业人"的职业教育向"社会人"的职业教育转变;

(4)尝试博雅教育与专业教育之间的融合;

(5)探索从中职—高职—应用型本科这三级学历的资格框架体系。

二、美国 DQP 中国化的实践过程

将美国 DQP 中国化的实践性改革部署成三个阶段:

第一阶段（2014年7月—2015年7月）主题：认同与参照。

这一阶段的主要工作任务：一是全校管理人员与教师对改革达成共识（包括对DQP体系的理解、对DQP改革的认同）；二是参照DQP五大学习领域修订专业规范、课程规范等教学文件。

第二阶段（2015年7月—2017年1月）主题：实践与提升。

这一阶段的主要工作任务：一是对DQP版课程规范的教学实践（其中一个重点是学生对DQP的理解、认同与配合）；二是检讨教学文件—教学实施—教学评价这一教学管理过程，并加以改善、提升。

第三阶段（2017年2月—2017年12月）主题：效果与探索。

这一阶段的主要工作任务：一是从多个维度评估DQP改革的效果；二是构建DQP+学分制的融合教学运营与管理的信息化系统；三是探索DQP体系在中国职业教育体系中的应用。

本节重点介绍第一阶段的实践过程。

1. 管理层达成共识

2014年7月，校长与教务长牵头组织各二级学院院长的DQP培训，培训主要包括三个方面内容：一是对DQP体系的认知与理解，二是讲解实施DQP改革的必要性与重要性，三是达成共识。尽管经过多次正式会议与非正式沟通，所有管理层依然未完全达成共识。当中的难点在于少部分管理者认为DQP体系可能对学校现行的教学模式（尤其是职业教育模式）带来较大冲击，乃至推翻以前的工作成果；还有少部分管理者没有理解校方此次DQP改革的决心和彻底性，从而重视程度不够。

2. 4个二级学院试点

2014—2015学年伊始，学校决定从4个二级学院开始试点：药学院、管理学院、商学院和博雅学院（主要是与其他三个专业学院配合实施）。

（1）成立项目先锋营

成立项目先锋营的目的是"先行一步"，一方面对DQP体系的中国化理解，另一方面是站在学校当前教学模式与特点的现实基础上思考改革的具体方案与步伐。考虑到DQP体系是以OBE为基础的，而学校之前尚未全面推行OBE模式，因此，学校特别聘请香港理工大学郑继昌教授作为研究顾问。聘请郑教授的另外一个优势在于DQP体系从英文环境进到中文环境里，能够使大家较好地理解一些术语在美国高等教育中的特有含义。先锋营的另几名成员是教务长、督导室主任以及一位专任教师。

（2）教师培训

由先锋营对四个试点的二级学院的全体教师进行DQP培训（同时进行

OBE 的培训）。培训分为两种形式，首先是大规模宣讲式培训，接着针对培训后疑难点，进行针对性的释疑式培训。

（3）专业规范与课程规范模板的设计

这项工作主要由先锋营完成。在该模版中，直接套用 DQP 五大学习领域（专门知识、广泛且融合的知识、智力技能、应用与协作学习、公民与全球学习），以及各学习领域的熟练能力参照点，并以真实的专业与课程作为模版范例，建立以"预期学习成果"衡量"学分"的新概念，将每个专业的人才培养目标、规格，按照 DQP 的五个维度的具体指标，用"专业预期学习成果"（POC）、"课程预期学习成果"（SOC）来表达、细化培养目标和规格，以此来赋予每门课程、每个专业以学分。

在专业规范中，对 DQP 五个学习领域及参照点的应用提出了以下几个要求：

①每个专业的课程体系中涉及的预期学习成果应覆盖 DQP 五个学习领域的每个参照点（我校将之定义为专业学习成果，简称 POC），不得有空缺；

②对每个参照点，参考 DQP 原文，结合本专业的核心领域、专业特点重新描述，力求让学生阅读后对本专业的框架和毕业要求有清晰的理解。以学校人力资源管理专业为例，展示融于专业属性的参照点表述。

POC1.1 用人力资源管理专业领域的相关术语来描述人力资源管理领域的核心理论和实践，如人力资源规划、岗位设计、人员招聘、培训与开发、绩效管理、薪酬管理、员工关系管理等理论和实践，并且能为专业各核心领域提供至少一个相关的案例解说。

POC1.2 应用人力资源管理专业相关领域的工具、技术和方法，如岗位分析技术、人员素质测评技术、绩效评价技术等，去解决各类型组织人力资源管理领域内特定的疑问和难题，如选人、用人、留人、激励人等问题。

POC1.3 基本上无差错地做出人力资源管理专业领域的产品、模型、数据、展示或表演。如编制人力资源管理文件、建立人力资源管理分析数据模型，并能够进行演说展示等。

在课程规范中，对 DQP 五个学习领域及参照点的应用提出了以下两点要求：

①每门课程必须预期学习成果（我校将之定义为课程学习成果，SOC）展开教和学的设计、实施与评核；

②每门课程的各个 SOC 必须与专业规范中的相关 POC 有所对应。

（4）套用 DQP 模板编写课程规范

试点的各专业套用 DQP 体系模版，编写本专业的专业规范与课程规范。每位任课教师至少编写一门课程规范。

①先锋营编写了模版使用说明，并对参与试点的教师进行一次培训。

②对于先行完成的专业规范与课程规范，先锋营与参与编写的教师进行一对一的沟通，以加强他们的理解。

③大部分专业规范和课程规范完成后，先锋营逐一评价，从中提炼出易错的注意点，通过培训反馈给教师们修改。

（5）试点工作总结

2015 年 2 月，改革领导小组召开了改革试点工作总结会议。本学年第一学期顺利完成所有试点专业（共 13 个）的专业规范，以及部分配套的课程规范（共 56 个）。参与试点的专业主任与任课教师代表介绍了试点工作的经验与启发：

①管理者认识到 DQP 体系的应用使得各个不同专业的教学文件采用相同的框架，具备了一定的可比性。

②部分教师认为 DQP 体系对他们在课程整体设计中起到较好的导向作用。有一位资深教师说：每门课程的每个学分，都是基于输出学习成果的，都是有依据的，而不是凭个人主观来确定的。各门课程都依据对学分的贡献，形成成果明确、关系清晰、有共同框架的系统，课程的开设或调整优化都有科学的证据。这样，也让教师、学生和用人单位都明白需要怎样的学习成果，才能衡量需达到的培养目标。从而有效地促进教与学的互动和互相监督，增强了学生自主学习和教师关注学习成效的意识。

③也有一些教师（主要是博雅课程的教师）由于对 OBE 模式还不太熟悉，在课程预期成果的描述中行为动词的使用有些犹豫。有位教师提出：以前大多采用"学生应熟悉、掌握、理解"，现在明白应该使用更具有可衡量性的行为动词，即"学生如何展现其已熟悉、掌握、理解，以及达到什么程度"，但具体采用哪些行为动词，还是不太清晰。

（6）所有专业全面铺开

改革领导小组要求：在 2014—2015 学年第二学期，全校所有专业按照新版 DQP 体系编写专业规范与课程规范，于下一学年使用。

①2015 年 1 月，召开了全校教师 DQP 改革动员与培训会议，其中有两个关键环节：一是由参与试点的专业主任与教师代表谈一谈他们各自在试点编写专业规范或课程规范过程中的体会与收获，二是重点介绍布鲁姆的"教育目标分类法"及行为动词的使用。

②2015年3月，先锋营走进各个二级学院，与教师们进行沟通、答疑。

③2015年4月，根据专业教师们的建议，由博雅学院先行对专业规范中的博雅部分进行描述与配分（各门博雅课程配置相应学分至DQP五大学习领域的相关涉及参照点）。这样，各专业对于博雅课程已经涉及的参照点，可以选择不再涉及，也可以选择从专业角度再次涉及。

④2015年6月，所有专业（共36个专业）完成了专业规范（用于2015级的学生），并通过专业委员会的答辩。下面列举几个专业的五大学习领域必修课程学分值分布图。

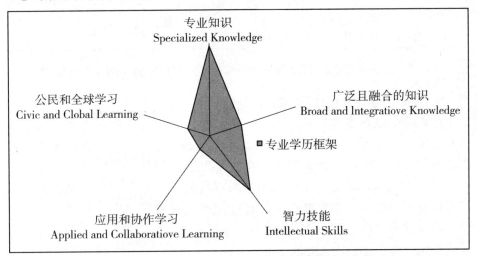

图9-1 会计电算化专业五大学习领域必修课程学分值分布图

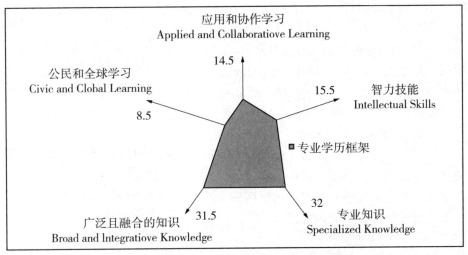

图9-2 医学营养专业必修课程五个领域分布图

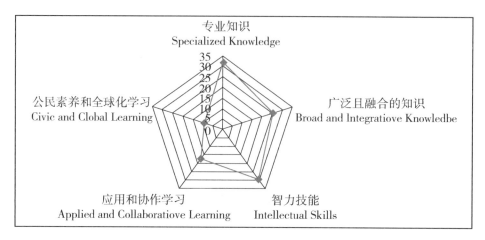

图 9-3　工业设计专业产品创意设计方向五大学习领域必修课程学分值分布图

3. 第一阶段工作总结及待解决的问题

广东岭南职业技术学院的 DQP 实践，是全面参照 DQP 体系进行的一次改革，这在所有实践 DQP 的高校中是不多见的。学校大多数管理人员与专任教师能够统一思想、达成共识。在改革先锋营的推动下，各专业完成了 DQP 体系下主要教学文件（专业规范与课程规范）的编写。但是，由于本校在原有教育观与教学管理模式方面与 DQP 以及 OBE 有较大的差异，这种全面参照的模式在第一阶段工作实践中也暴露出一些问题，并且预计在第二阶段工作中将会遇到较大的困难。

（1）职业教育和 DQP 体系的融合

本校属于高职院校，历来将职业能力作为教育重点，且部分专业在制定人才培养方案时，也融合了德国的职业能力体系（专业能力、方法能力和社会能力）。如何理解这种职业能力与 DQP 体系中的熟练能力之间的关系，职业教育中的"职业人"和 DQP 体系中的"社会人"如何有机融合又有所侧重？在 DQP 改革的第一阶段，面对教师们提出的这些疑问，尚未进行正式的理论或实证研究以给出令人信服的解答，有待在第二阶段的实践中进行深入研讨。

（2）学分在五个领域的分布是否合理

尽管每个专业参照 DQP 体系的五个学习领域规划课程体系并分配了相应学分。很明显，每个专业的五大学习领域学分蛛网图各不相同。由此，专业主任们产生了疑惑：本专业的蛛网图学分分配是否合理？他们指出，缺乏一个可以进行参照比对的标准。

（3）对实施的担心

担心主要来源于对课程规范的实施。任课教师在编写 DQP 版课程规范时，套用了先锋营设计的模版。部分教师认为他们的思路更多地偏向于模版，而非偏向于自己的教学设计。他们也知道模板自身尚未得到实践检验，因此当编写完成时，他们对下学期的实施产生了担心（尤其是在"以学生为中心"中的学生的配合，因为目前学生对 DQP 体系以及 OBE 模式还一无所知）。

（4）对学习成果证据的获取

学校对学生以往的考核还是以期末考试为主体（占课程成绩的40%），也有少部分课程采用过程性考核——以学生的平时作业为主。此次改革中涉及的 OBE 模式对大多数教师仍是一个重大的挑战：首先，教师们需要仔细考虑采用哪些行为动词与任务情境来描述学生们的预期学习成果；接着，教师们还要提前构思学生们应如何展示自己达到了预期学习成果的要求，以及这些展示如何作为证据被获取。一些教师坦言，他们在编写新版课程规范时并没有对后一部分的工作进行深入的思考。

（5）博雅教育与专业教育之间的融合

在没有实施 DQP 改革之前，学习的博雅教育与专业教育之间是相对独立的，只有极少数博雅课程（如计算机 4 + X）是尽量针对不同专业的特点进行设计的。在编写 DQP 版专业课程规范时，博雅学院先行填写了其所对应的熟练能力参照点（POC），各专业接着再编写本专业教育所对应的熟练能力参照点（POC），由此尽管在专业规范中同时体现了博雅教育与专业教育，结果却是相对割裂的。

第二节 美国 DQP 参照点的中国化调优

一、关于"外语学习"领域的中国化调优

由于美国是英语国家，对大学生的要求基本没有涉及"外语"的学习范围。但在中国高等院校，外语（主要是英语）还是一门必修的公共基础课程，并且以英语水平考试作为学生毕业的资格条件之一。因此，在中国化的大学生学历资格框架中，有必要增加"外语学习"领域的参照点。经过研讨，并结合高等院校公共英语教学大纲的要求，这一参照点设计为"毕业生应该能够使用一门外语进行日常基本的交流，翻译所学专业领域的一篇简单的文章"。这门外语可以是英语，也可以是俄语或其他语种，具体由各个高等院校各专业根据自己的特点确定。对于外语专业的学生而言，该参照点描述中的"一门外语"并非本专业语种，而是特指"第二门外语语种"。另

外，学生学习外语的主要用途还是为了工作或生活中的沟通与交流，因此，该参照点设置于"智力技能之沟通表达"学习领域。

二、关于"协作学习"领域的中国化调优

DQP强调学生的"协作"能力，但在五大学习领域的参照点中，较难明显地看出对毕业生"协作能力"的资格要求。这主要是因为DQP将毕业生的协作能力以及合作学习过程融于其他相关的参照点中，即学生要完成学习成果要求，有时需要与同学或其他伙伴进行合作。但这种"暗含"式的要求，在中国现行教育环境下，可能相对难以理解、在实施上难以把握尺度。因此，经过研讨，对DQP"应用与协作"学习领域的两个参照点进行调优修订，将"协作"的要求予以相对明确地提出。

表9-1 DQP"应用与协作"领域的中国化调优

序号	DQP参照点	中国化调优修订
1	分析至少一个自己在课堂外学来的重要概念或方法。	分享或教会同学们至少一个自己在课堂外学来的重要概念或方法。
2	对一个超出课上所学内容的实践难题进行准确定位，收集相关线索与信息，进行组织与分析，并提出多种解决方案。	对于一个超出课上所学内容的实践难题，独立或与他人协作，对难题准确定位，收集相关线索与信息，进行组织与分析，并提出多种解决方案。

对于表中第一个参照点，采用"分享或教会"来替代"分析"，一方面并没有抹去"分析"的要求，因为学生能够"分享或教会他人"的前提之一就是自己通过分析以掌握相关的知识；另一方面"分享或教会"更加明确地强调了学生的协作意识以及在协作中"如何分享"这一重要环节的体验。

对于表中的第二个参照点，在预期学习成果中增加了"独立或与他人协作"这一定语，一方面强调了与他人协作的要求，另一方面也希望学生通过与他人合作共同"工作"，从而可以更好地完成预期学习成果的任务要求。

三、关于"公民学习"领域的中国化调优

美国DQP强调学生培养"公民意识"的重要性，这在我国高等院校人才培养中也是非常受重视的。但由于中国与美国的历史、社会文化等国情有较大的差异，不能完全照搬美国的参照点条款，有必要结合我国高等教育的实际情况与特点进行调优修订。

表9-2 DQP"公民学习"领域的中国化调优

序号	DQP 参照点	中国化调优修订
1	清晰地介绍自己的个人背景与文化背景,包括发源与发展、信仰与价值观。	清晰地介绍自己的个人背景、文化背景及职业发展规划。
2	就某些价值观或行为实践,清晰地介绍其在历史上以及当代的不同地位(变迁),举一个包含这些价值观或行为实践的特殊事件,阐述自己的观点。	阐述对优良传统精神及社会主义核心价值观的理解,并列举自己的践行实例及感悟。
3	NA	运用至少三项方法或技能,锻炼与改善身体及心理素质。
4	参与一个社区项目,就其过程做口头或书面的总结(报告),重点突出这次经历中遇到的公民问题,以及这次经历中的个人感悟。	参与一个社区(或社团)项目,就其过程做口头或书面的总结(报告),重点突出这次经历中自己的主动性和责任心的体现,以及这次经历中的个人感悟。

对于表中第一个参照点,由于中国的民族多元化的影响相对美国而言较弱,因此,对该参照点的调优修订侧重于毕业生的自我认知以及在此基础上的个人职业发展规划,后者同时也是我国当前高等教育人才培养的一个重要环节。

对于表中第二个参照点,中国化调优侧重于两个方面,一个是将"价值观"突显为我国优良传统精神与社会主义核心价值观,这既符合当前社会道德的宣扬,也符合学生个人综合素质的培养;另一个是在 DQP 参照点基础上对认知学习要求的提升——学生不但要对某些价值观或行为实践表达自己的观点,更重要的是身体力行,并在此体验中有所感悟。

对于表中第三个参照点,在 DQP 原文中是没有的,而按照我国高等教育实际情况新增的一个参照点:有关大学"体育类"课程及其对应的人才培养目标。该参照点的设计是依照我国高等教育体育课程大纲,并强调大学生心理素质的培养要求。

对于表中的第四个参照点,考虑到中国高等院校参与社区项目的总体水平不高,以及高等院校内学生社团的活跃性,将学生参与社区项目的要求调整为社区(或社团)项目。另外,由于我国社会中的公民问题相对并不尖锐,因此对学生的要求调整为"突出项目经历中自己的主动性和责任心的体现"，这一调整既是参考用人单位对毕业生的普遍素质要求，也参考了英国QCF（资格学分框架）中对人才进行衡量、评价的特征维度。

综合上述参照点的修订，该学习领域的界定在中国国情下采用"公民素养"相比于"公民"更易于理解。

四、关于"创新学习"领域的中国化调优

美国DQP提出的五个学习领域设置中，尽管没有明确强调"创新能力"这一学习领域，但在五大学习领域参照点（尤其是在智力技能学习领域）中，有不少蕴含了学生的批判性思维与创新能力要求。在我国高等院校，学生创新能力的培养被提到一个新的高度，并被列为含有学分的必修课程。因此，在对DQP的中国化调优中，将"创新学习"突显列出，主要体现在两个方面（见表9-3），第一个方面是在"智力技能"学习领域增加一个子领域"创新思维"，下设两个参照点，其中一个参照点突出学生对创新创业理论与实践的学习要求；另一个参照点突出学生在创新意识与创新思维的学习要求。第二个方面是在"应用与协作"学习领域新增一个参照点，突出学生在创新创业实践经历的学习要求。

表9-3 DQP"创新学习"领域的中国化调优

学习领域	子领域	参照点条款
智力技能	创新思维	就一个创新创业的实践案例，分析或阐述该案例中涉及的创新、创业特征及关键要素，并给出自己的评判。
智力技能	创新思维	运用一个或多个领域的知识与技能，就社会、经济、技术、文化等领域的某一方面的实践活动，或提出疑问，或指出其存在的问题，或提出新思路、新方法。
应用与协作	NA	参与一个创新创业性活动或项目，展示或讲解其实践成果，并就其过程做书面总结（至少能重点突出这次经历中个人对创新创业精神与创新创业管理的感悟，进而能阐明其应用前景或价值）。

第十章 学分矩阵结构在完全学分制改革中的探索与应用

——基于 DQP 的高职学分制教学实践

DQP是美国新兴发展的高等教育改革工具,构建了基于五大学习领域学习成果的学历资格框架,在美国高等院校得到较为广泛的应用实践。广东岭南职业技术学院自2014年起推动基于DQP(副学士学历)体系的高职学分制教学改革实践,提出了学分矩阵结构并在专业规范与课程规范中应用,在高职课程体系的学分设置与评价方面产生了较大的成效,对进一步深化高职教育改革具有一定的借鉴作用。

一、我国高职学分制改革现状及问题

随着高职教育改革的深入发展,以及一部分本科高校转型为应用技术教育的大趋势,学分制作为一种立足于学习自由并有利于终身学习的教学管理制度,越来越受到重视。一些原来已经建立学年学分制教学管理的高职学院,开始考虑或尝试进一步推行完全学分制,并取得了一些成效。但是目前尚未形成一套可以在区域范围内进行示范推广的成熟体系。很多学者对高职院校推行完全学分制中出现的问题进行了研究,大都集中在以下几个方面:教育教学理念相对滞后,课程体系设置欠合理,选修课设置缺乏优化(包括选修课的数量、质量以及学生自选课程的能力),教学资源及配套相对不足。其中,课程体系如何重新进行优化设置是所有问题的核心。

伴随学分制的改革,高职教育的课程改革也取得了很大的发展与成效,很多新的方法得到推广与应用,包括工学结合、任务导向、基于工作过程、成果为本等,由此高职教育的课程也更加贴近职业化与实践应用,并出现了很多精品课程。但是,相对每个课程而言,在人才培养方案及与之配套的课程体系设计方面所做的研究、改革与成效都要弱一些。虽然部分高职院校已

经实施基于岗位与能力的人才培养规划思路，即通过实地调研得出本专业所对应的企业岗位、岗位群的工作任务与要求，并由此推导出完成这些工作任务与要求所应具备的职业能力，并受到用人单位的欢迎，但这一良好的开端并没有得到进一步的应用，在职业能力与课程体系设计之间出现了脱节。很多包含职业能力分析的人才培养方案中，不能清晰地说明职业能力与课程体系设计的关系，即本专业学生应具备的职业能力是怎样导出课程体系的，或者说课程体系中的各门课程是如何有机地支撑起这些职业能力，以实现人才培养目标的。

学分制不是单单地把专业的每一个课程套上若干学分，然后把若干个学分凑成一个学历。有效的学分既包括学生为达成预期学习成果所投入的学习量与学习时间，也包括学生的学习效果，其核心是预期学习成果。因此，深化高职院校学分制改革的一项重要任务就是在专业人才培养的课程体系中赋予学分更多的含义，将学分与预期学习成果共同架构在人才培养的课程体系之中。

二、基于美国 DQP 的学分矩阵结构

DQP 基于"成果导向教育理论"，核心是围绕"大学生获取不同层次学历（副学士、学士、硕士）时被期望应知道些什么以及能够做些什么"——即大学生在毕业取得某一层次学历时，应具备的学业资格（应具备的知识、技能及其融合应用）——规划了五个独立且相融的基本学习领域（专门知识、广泛且融合的知识、智力技能、应用与协作学习、公民与全球学习）作为资格框架的主体结构。同时，对每个学习领域设置了学业要求的多个参照点（Reference Points），这些参考点作为学历资格所要求的学习成果，也体现了对学生获得相应知识、能力及应用的要求。

在 DQP 体系下，学分可以视为学生为达成预期学习成果所需要的学习负荷量（可以用学生的课内外学习时间来衡量，学生也可以以相当的学习效果或学术/实践活动作为学习时间的替代）。每项预期学习成果所需要的学习负荷量不同（具体可以由教学团队进行研讨确定并结合学生的学习反馈进行修正）。学生获得学历所需的总学分将根据各学习成果所需要的学习负荷量进行分配。这样，一个学历（如副学士学历）的课程体系学分配置，不再只是简单地分配到各个课程当中，而是要同时甚至优先考虑学分总额在五个学习领域的分配，并在每个学习领域的参照点上（可以视为预期学习成果）进行学分的二次分配（DQP 在副学士学历层次上的五大学习领域中共有 24 个参照点）。由此形成了学分在课程体系与五大学习领域的矩阵式配置结构

（见表 10-1）。在此矩阵结构中，一门课程的学分值，其内涵不但是指该门课程所要求的学习负荷量，也显示了该门课程对五大学习领域部分学习成果的支撑。在学分分配中还要求专业教学团队通过学分矩阵结构，对各门课程在专业人才培养学习领域中的定位与功能进行清晰的思考，这对后续各门课程的整体设计具有重要的指导作用。

表 10-1 课程体系与五大学习领域的学分矩阵结构示意图

学分值 课程体系	DQP 五大学习领域					学分小计
	专门知识	广泛且融合的知识	智力技能	应用与协作学习	公民素养与全球化学习	
课程 1	2.5					2.5
课程 2		1			1	2
课程 3	1		0.6	1.4		3
……						……
课程 n	0.6	0.4	0.8	1.2		3
学分小计	35	18	28	25	14	120

三、基于 DQP 学分矩阵结构的课程体系学分设置

在高等职业教育领域，通过 DQP 五个学习领域的成体系的学习成果，可以将职业能力与课程体系有效地联结在一起。广东岭南职业技术学院在推进基于 DQP（副学士学历）体系的高职学分制教学改革实践中，采用并细化了学分矩阵结构。首先，各专业依照 DQP（副学士学历）五个学习领域框架及 24 项参照点要求，结合本专业的知识、能力与人才培养特点，编制各专业的学习成果（Programme Outcome，简称 POC），用以指导本专业人才培养的课程体系设计。对于本专业各门课程，也相应编制课程学习成果（Subject Outcome，简称 SOC），各 SOC 是对相关 POC 的细化，也是对学生达成 POC 的支撑。POC 与 SOC 的关联主要包括四点：（1）一门课程的多项 SOC 可以共同支撑一个或多个学习领域的要求；（2）一项 SOC 可以支撑一项或多项 POC；（3）一项 POC 可以由一门课程或多门课程的一个或多项 SOC 共同支撑；（4）每一项 POC 都应有至少一项 SOC 来支撑，每一项 SOC 至少支撑一项 POC（见图 10-1）。

上述关联中的联结要素有两个，第一个是学习成果（内化了对学生知识、能力与素养的要求），联结了 SOC 对 POC 的在"质"上的支撑。以高职

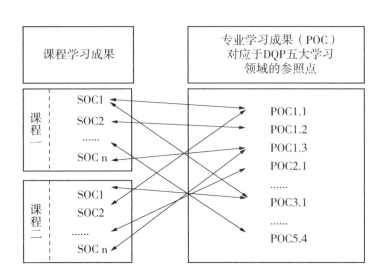

图 10-1 专业学习成果与课程学习成果的关系示意图

人力资源管理专业为例，该专业的专业基础课《统计学实务》有一项 SOC 为"实施统计调查与分析"，专业核心课《员工关系管理》有一项 SOC 为"实施员工关系（如员工满意度）调查"，如果将这两门课程在同一个学期开设，并将这两项 SOC 融入一个实践项目来实施，就可以更好地支撑该专业的 POC1.3（学生能够基本无差错地做出人力资源管理专业领域的方案、展示、业务操作、项目等）。若在这两项 SOC 中再融入该专业的博雅课程《计算机应用》中的一项 SOC（使用计算机软件操作电子表格进行数据录入与分析），就可以协同支撑"智力技能"学习领域的 POC3.5.2（学生能够创建图表或其他视觉效果更好的方式，来诠释趋势、关联，或状态上变化）。

第二个要素是学分值，联结了 SOC 对 POC 的在"量"上的支撑。首先，专业课程体系中每门课程的各项 SOC 均根据其所需的学习负荷量分配一定的学分，课程的学分就是课程所有 SOC 学分的总和。其次，对每项 SOC，根据其所支撑的相关 POC 的作用大小，将该 SOC 的学分分解到其所支撑的一项或多项 POC 中。第三，共同支撑同一项 POC 的所有 SOC 所贡献的学分总和，就是该 POC 所对应的学分。第四，五大学习领域中每一学习领域内所有 POC 对应的学分总和，就是该学习领域所对应的学分。最后，所有课程的学分总和等于五大学习领域所对应的学分总和，也就是该专业学生获得学历所需修学的总学分。

以高职人力资源管理专业为例，该专业的总学分是 120 学分，分配在 38 个课程或项目中（一般采用课程性质进行分类，含必修课程与选修课程），同时也分布在 DQP 五大学习领域中（见图 10-2）。

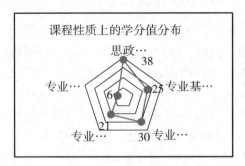
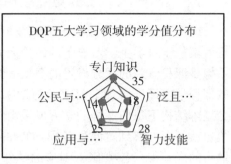

图 10-2　高职人力资源专业学分分布示意图

具体到各学习领域，以该专业"专门知识"学习领域为例，该领域依照 DQP 的参照点设置了 3 项专业学习成果（POC1.1—POC1.3）共 35 个学分，其中 POC1.2（要求学生能够应用人力资源管理专业相关模块的工具、技术和方法去解决中小企业人力资源管理职能中特定的问题和难题）共 12 个学分，由 15 个课程或项目中的 22 项 SOC 共同支撑，其中包括《企业行政管理》课程中的 SOC6 的 0.7 个学分。再以该专业《企业行政管理》课程为例，课程共 2.5 个学分，含 11 项 SOC，支撑了 3 项 POC，其中 SOC1—SOC5 支撑 POC1.1 共 0.8 个学分；SOC6 支撑 POC1.2 共 0.7 个学分，SOC7—SOC11 支撑 POC1.3 共 1 个学分（见表 10-2）。

表 10-2　高职《企业行政管理》课程 POC 与 SOC 对应关系示例

本课程所支撑的 POC	本课程的 SOC 及对 POC 的支撑
POC1.1 学生能够描述企业行政管理领域涉及的事务职能及辨别其业务与管理特点并提供至少一个实例（0.8 学分）	SOC1—SOC5 示例：SOC4—能够举例阐述办公用品采购及报销流程（0.2 学分）
POC1.2 学生能够应用人力资源管理及企业行政管理领域的工具、技术和方法去解决企业日常行政事务管理工作中涉及的典型问题（0.7 学分）	SOC6 能够分析企业行政管理工作中的一些关键问题并提出解决方案，如差旅费用管理问题、车辆管理问题、前台不善处理来访问题等（0.7 学分）
POC1.3 学生能够基本无差错地做出企业日常行政事务工作中涉及的公文、制度、方案、演示等（1.0 学分）	SOC7—SOC11 示例：SOC9—能够正确填制企业出差费用报销单（0.1 学分）

四、基于 DQP 学分矩阵结构的课程教学评价

DQP 是以 OBE（成果导向教学）为基本理念而建构的。对课程的评价也就聚焦于对学生学习成果的评价上面。因此，DQP 体系下的学分矩阵结构不但是课程体系的学分设置的框架，同时也是课程教学评价的框架。与传统的课程学习评价（如平时成绩与期末成绩的加权平均）不同，由于 DQP 学分矩阵结构下每门课程的学习成果由各项 SOC 所组成，对该门课程的教学评价也就可以分解到对课程各项 SOC 的教学评价上。学生在课程各项 SOC 上取得的成绩乘以各项 SOC 对应的学分后得到的总成绩再除以该门课程的学分值，就是该学生的课程总成绩，即课程各项 SOC 成绩与学分的加权平均值。因此，每门课程的教学效果不再只是由该门课程所有学生的课程总成绩分布来体现，也可以通过该门课程各项 SOC 的成绩分布来体现，再进一步还可以通过该门课程是否实现了对 POC 的支撑来体现。以高职人力资源管理专业 2013 级《企业行政管理》课程为例，该课程 2.5 个学分，含 11 项 SOC，支撑了 3 项 POC（其中 SOC1—SOC5 支撑 POC1.1，SOC6 支撑 POC1.2，SOC7—SOC11 支撑 POC1.3），表 10-3 显示了基于 DQP 学分矩阵结构的课程教学评价分析结果。

表 10-3 基于 DQP 学分矩阵结构的课程教学评价分析示例

人数（百分比）\类别 成绩分布	60 分以下	60—69 分	70—79 分	80—89 分	90—100 分
课程总体	2%	2%	24%	59%	12%
SOC1（0.2 学分）	17%	20%	24%	22%	17%
SOC2（0.1 学分）	2%	12%	20%	22%	44%
SOC3（0.1 学分）	2%	12%	10%	41%	34%
SOC4（0.2 学分）	2%	0%	2%	20%	76%
SOC5（0.2 学分）	2%	5%	2%	2%	88%
SOC6（0.7 学分）	10%	15%	20%	29%	27%
SOC7（0.2 学分）	0%	7%	12%	34%	46%
SOC8（0.2 学分）	24%	12%	20%	34%	10%
SOC9（0.1 学分）	0%	7%	32%	56%	5%

续上表

成绩分布 人数（百分比） 类别	60 分以下	60-69 分	70-79 分	80-89 分	90-100 分
SOC10（0.2 学分）	0%	0%	51%	37%	12%
SOC11（0.3 学分）	2%	2%	5%	41%	49%
POC1.1（0.8 学分）	5%	0%	17%	51%	27%
POC1.2（0.7 学分）	10%	15%	20%	29%	27%
POC1.3（1.0 学分）	0%	10%	71%	20%	0%

从表 10-3 中不但可以看到课程总体的学生成绩分布，还能进一步细化到该课程 11 项课程学习成果（SOC）各自的学生成绩分布以及该课程所支撑的三项专业学习成果（POC）上的学生成绩分布。这样教师在教学总结时就可以有的放矢地对课程设计与课程教学实施进行诊断与改善（如表 10-3 所示课程中的 SOC1 与 SOC8 学生不合格的比例较高，SOC5 学生 90 分以上的比例相对偏高）。

当学生修习完学历要求的全部课程后，在大多数学分制体系下的学生总学业成绩一般是采用所有课程成绩（如采用学分绩点表示）与课程学分的加权平均值来计算。但在 DQP 学分矩阵结构下，可以同时计算与评价学生在本专业各项 POC 的成绩与分布，以及学生在本专业各大学习领域的成绩与分布。学生的学业总成绩也等于各大学习领域成绩与对应学分的加权平均值。图 10-3 显示了 DQP 学分矩阵结构的学习领域维度的学生的学业总成绩的计算。图 10-3 中第一个蛛网图表示该专业在 DQP 五大学习领域的不同的学习要求（用学分值代表），第二个蛛网图表示该专业某学生在修习完学历要求

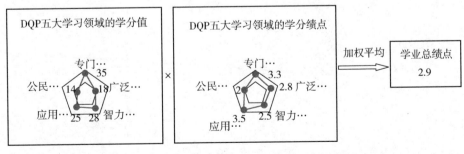

图 10-3　DQP 五大学习领域的学生学业总绩点计算示意图

的全部课程后,折算在五大学习领域的平均学分绩点分布(折射出该学生在五大学习领域的学习效果优劣,可以作为学生毕业后继续学习的参考),两个蛛网图进行加权平均,就可以得到该学生的学业总绩点。

五、结语

学分矩阵结构是一种基于美国 DQP 的课程体系学分配置结构,学院各专业的总学分在课程与学习领域这两个维度同时进行分配,同时以预期学习成果与学分值作为联结这两个维度的联结点。学分矩阵结构改变了传统的单纯以课程模块或课程修学方式为主的学分制课程观,将人才培养的重心转移到对学生预期学习成果的"专业—课程"的二级管理体制。课程不再是孤立的,而是以其所要求预期学习成果及所对应学分值与其他课程一起融合,协同支撑本专业的学习成果及所对应学分值,由此丰富了学分的内涵。同时,在对课程教学效果及专业人才培养效果进行评价时,也可以按照学分矩阵结构对学习评价结果进行更为细致与深入的分析,有助于开展教学反思、诊断与改进。因此,学分矩阵结构及其应用对于进一步深化高职教育改革具有一定的借鉴意义。

第三编
基于DQP成果导向的实务与运用

人能弘道,非道弘人。

——《论语·卫灵公》

在继承中创新，在创新中发展。"开弓没有回头箭"，我们只有不断创新理念、创新思路、创新方法，为改革带来真实的成效，为发展奠定基础。

第十一章 基于DQP的专业规范与课程体系设计

第一节 专业规范的含义

一、人才培养方案、专业教学标准

人才培养方案是指在一定的现代教育理论、教育思想指导下,按照特定的培养目标和人才规格,以相对稳定的教学内容和课程体系、管理制度和评估方式,实施人才教育过程的总和。

高职专业教学标准作为高职院校开展专业教学的基本文件,是明确培养目标和规格、组织实施教学、规范教学管理等的基本依据,是进行专业建设的基本标准。2012年12月26日,教育部发布了18个大类的410个高等职业学校专业的首批教学标准。专业教学标准侧重于普适性的标准;人才培养方案需以此为基础结合地域及本校特色做出更加具体的描述。

通常来看,人才培养方案是具体化了的专业教学标准。在人才培养的过程中,每个院校均需要结合本校的定位和特色来制定相应的具体化的专业教学标准。无论是专业教学标准还是人才培养方案,本质上体现的是一所院校以"为谁培养?培养什么样的人?怎么培养?"为主线所制定的人才培养方案。

二、专业规范

美国DQP五大维度的分析工具以及成果导向理念为我们培养人才提供了参考,同时美国DQP副学士学位、香港OBE也为我们提供了参考;按照DQP的要求,需要有一个指导性的文件来清晰地说明学生毕业的资格条件;以DQP为工具,在专业知识、广泛且融合的知识、智力技能、应用和协作学习、公民素养和全球化学习五大领域提出学生毕业所达到的预期成果。专业规范具有以下特点:

（1）学校每个专业共用一套体系，学校所有的专业均采用同样的体系制定每个专业的专业规范；

（2）需要各专业结合本专业制定并实施，每个专业都有专业特性，在制定每个专业规范的时候需要结合本专业的特性来实施每个条款；

（3）属于学校、专业、学生之间的协议，专业规范体现"以学生为中心"理念，学生进校在开展新生入学教育的时候先进行专业规范的教育，与学生签订协议，学生认可，体现学生与学校、教师的平等主体关系。

综上，所谓的专业规范是基于DQP框架下，学校、教师、学生三个平等主体之间达成的用于人才培养与专业教学的指导性文件。每个专业均应结合本专业的特点来制定相应的专业规范作为人才培养与专业教学的指导性文件。

三、专业规范与人才培养方案的关系

专业规范与以往人才培养方案既有联系也有区别，两者的共同点体现在：专业规范本质上也是一种人才培养方案，两者的不同点主要体现在以下几个方面：

（1）理念上：专业规范更多强调的是成果导向的反向设计；高职院校人才培养方案更多地强调工学结合。侧重点有所不同，专业规范侧重设计理念；人才培养方案侧重实施理念。

（2）教师的地位不同：专业规范中专任教师会主动关注本专业的人才培养方案，清楚地理解所授课程在整个人才培养过程中的贡献度；而以往的人才培养方案则对人才培养方案漠不关心，只负责教授好所安排的课程教学即可，至于为什么开设该课程，该课程在人才培养中的贡献度，则基本不考虑，处于被动状态。

（3）学生的地位不同：专业规范处处体现以学生为中心，从入校开始到课程学习，均体现学生的中心地位；而以往的人才培养过程中，学生则是被动地接受教师所安排的学习任务。

（4）性质不同：专业规范从专业层面到课程教学层面，均通过非正式协议的关系确定课程整体设计情况；而以往的人才培养方案则属于教学管理文件，是教务部门和专业负责人所使用的，普通教师很少去了解本专业的人才培养方案的内容。

第三编 基于DQP成果导向的实务与运用

第二节 专业规范的结构及内容

一、专业规范的基本结构

专业规范一般包括前言、专业一般信息、专业预期学习成果、课程体系、课程教学进程表、教学基本条件、教学实施建议、制定人信息等。

二、专业规范各项内容解析

前言部分主要介绍产业、行业发展现状及对人才的需求情况、本专业简介。本部分主要突出人才需求情况。

专业一般信息主要包括专业名称和专业代码、所属学院、颁授证书名称、入学要求、培养目标、基本学制、毕业标准、基本和最长学习年限、就业方向等信息。本部分主要作用在于根据产业、行业、企业人才需求，提出人才培养目标。

专业预期学习成果主要利用美国DQP的五大维度作为工具，分析某个专业的专业知识、广泛且融合的知识、智力技能、应用和协作学习、公民素养和全球学习五个领域中的预期成果。本部分的难点在于如何用DQP工具来分析和提炼该专业的预期成果。

课程体系部分主要包括课程类型以及课程的学分矩阵分布情况。课程类型主要包括思想政治与博雅板块和专业教育板块，思想政治与博雅教育板块主要含公共基础课、公共任选、公共限选三个类型，专业教育板块主要包括专业通用课、专业核心课、专业综合训练、专业选修四个类型。每个院校可以根据本校的特色将课程分为不同的板块来构建课程体系。

课程的学分矩阵分布内容主要体现专业课程中每个课程对专业的贡献度，每门课开设的必要性和重要性，具体的课程矩阵图如表11-1所示：

表11-1 课程的学分矩阵分布

学分值 课程体系	DQP五大学习领域					学分小计
	专门知识	广泛且融合的知识	智力技能	应用与协作学习	公民与全球化学习	
课程1	2.5					2.5
课程2		1			1	2
课程3	1		0.6	1.4		3

续上表

课程体系\学分值	DQP 五大学习领域					学分小计
	专门知识	广泛且融合的知识	智力技能	应用与协作学习	公民素养与全球化学习	
……						……
课程 n	0.6	0.4	0.8	1.2		3
学分小计	35	18	28	25	14	120

课程教学进程表主要体现课程的开设逻辑顺序，课时分配情况、周课时情况、课程性质等内容。

教学基本条件及实施的建议，主要体现教学实施过程中的师资条件、实训条件、信息化教学条件等。根据课程性质的不同，提出课程实施的建议。

第三节 专业规范的制定

一、基于 DQP 成果导向专业规范制定路径

基于 DQP 的成果导向的人才培养方案制定，以来自社会、产业、行业、企业、学校、学生的需求为起点，以 DQP 为工具制定人才培养目标，根据目标从五个维度提出学生的毕业标准，毕业标准的达成通过对学生的专业预期学习成果的评价进行衡量，以专业预期学习成果为依据构建专业课程体系。课程以课程规范作为指导性文件实施，通过对教学实施的评价以及专业建设评价，结合各方评价的反馈结果，找出专业人才培养过程中存在的问题或短板，持续对专业人才培养方案进行调优，以实现人才培养的目标，满足社会各方面的需求。整个过程体现反向设计和持续改进的原则。具体路径如图 11-1 所示。

二、对专业规范制定过程中几个关键点关系的认知

需求主要包括社会需求、产业行业和企业的需求以及学校、学生、家长的需求，需求是确定培养目标的依据；培养目标主要由毕业生、企业、学校管理者、教师、在校学生依据需求来制定培养目标，培养目标需要满足人才需求；培养目标为毕业生能力提供了依据，毕业生所具备的能力反过来支撑培养目标的实现；课程体系以毕业生能力为依据进行构建，课程体系又支撑毕业生能力的实现。同时毕业生能力又为教学提供了依据，教学的实施支撑

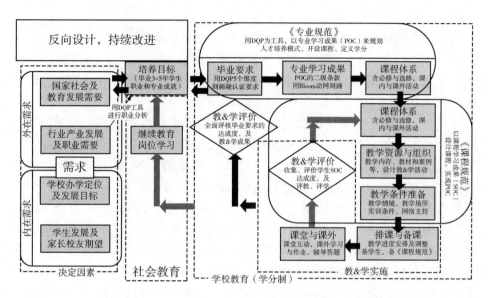

图 11-1 基于 DQP 成果导向的专业规范制定路径

毕业生能力的实现。

三、专业规范的制定过程

(一) 人才需求分析

人才需求是制定培养目标的依据,人才需求有内部需求和外部需求两个方面:内部需求分为家长和学生的需求以及学校办学理念和定位的需求,这类需求从学生和家长的角度来看侧重于当前的需求;从学校的角度主要考虑到学校当前及长远的定位和规划。外部需求主要包括宏观需求和微观需求两个方面,宏观需求主要是国家社会层面比如产业转型升级、职业教育政策、智能制造等方面;微观需求主要是行业、企业岗位方面,侧重于职业能力(专业知识、方法能力、社会能力)方面的诉求,而这也是确定培养目标的重要依据。

以物流管理专业为例,该专业的毕业生就业群主要涉及业务员、助理人员、客服、外贸专员、操作员、货代岗位、运输类岗位、仓储类岗位、采购类岗位、报关报检、文员等。这些岗位要求学生有采购、仓储、运输、货代、报关、单证等知识;市场营销、会计、质量认证、统计、商务平台等;信息搜集、分析、沟通、道德标准、创新等能力;应用能力、协作、协调、团队合作能力;职业规划、认真、细心、责任心、态度、外语、吃苦耐劳等。

从毕业生的反馈来看，学生认为物流专业的专业知识最为重要；其次是认真、细心、责任心、态度和职业规划等；再次是应用能力和团队合作能力，信息收集分析能力、多角度分析问题能力、道德准则和沟通能力；最后是跨专业知识。

从企业岗位职业能力的角度看，比较注重人才的专业核心知识、工作态度、责任心、吃苦耐劳、应用协作能力、信息搜集、沟通、分析，等等，即专业能力、方法能力和社会能力三个方面。以美国DQP为工具，人才的需求主要体现在专业知识、广泛且融合的知识、智力技能、应用和协作学习、公民和全球学习五大领域。制定专业规范时关键点在于将企业职业能力的需求利用DQP工具转换为五个领域的要求，即将专业能力、方法能力和社会能力转换为五个维度的要求，通过调研对比可以得出两个角度并不矛盾，内容上有一致性。以物流管理专业为例，可见企业所要求的职业规划、认真、细心、责任心态度、外语等内涵正好对应于DQP中的公民素养和全球学习；应用、协作、协调、团队合作对应于DQP中的应用和协作学习维度；信息搜集、分析、沟通、道德标准、创新等对应DQP中的智力技能维度；市场营销、会计、质量认证、统计、商务平台等跨专业知识对应于DQP中的广泛且融合的知识；仓储、运输、采购、货代等专业知识对应于DQP中的专业知识维度。

（二）培养目标

培养目标是以需求分析为依据提出的，适应需求而定，是人才培养的总纲领；对毕业生就业能力及在毕业后3—5年能够达到的职业能力和成就的总体描述；DQP学历框架下，大学生在毕业取得本专业的"副学士"学历时及未来适应工作、生活和公民参与时"能做什么"。培养目标既要满足学校当前和未来的定位，又要满足学生当前的需求以及符合社会、产业、行业发展的需求。DQP学历框架下确定该目标时主要体现毕业能力和未来的适应能力。以物流管理专业为例，应届毕业生的主要岗位是行业企业中的员级岗位，比如仓管员、理货员、订单员、采购员、报关员、拣货员、电子商务员、叉车工等，学校制定毕业标准时，主要参考该岗位的要求来确定；在3—5年内学生能够具备物流主管层级的岗位能力，在这些岗位能做什么、做到什么程度，主要取决于其在专业知识、广泛且融合的知识、智力技能、应用和协作能力、公民和全球学习能力五大维度的沉淀情况。物流管理专业的培养目标确定为立足区域经济的发展，满足生产制造业、商贸业、现代物流

服务业的需要，培养德、智、体、美全面发展，具有物流管理专业知识及广泛且融合的知识，具有分析沟通等智力技能，具有应用和协作学习能力、公民素养和全球学习能力，从事物流管理、业务操作、市场推广、办公室工作，具有创新、创业思维的高素质技术技能型人才。

（三）毕业要求

毕业要求以培养目标为依据，支撑培养目标的实现；是学生完成学业时取得的学习成果，是学生在专业知识、广泛且融合的知识、智力技能、应用和协作学习、公民素养和全球化学习方面的具体描述；参考布鲁姆分类的教学目标分类认知领域、情感领域、动作技能领域三个领域不同层次的动词来设计。毕业要求的提出主要以DQP五大参照点为参考，结合专业特点进行具体的描述。本部分内容的关键在于对五个参照点的理解及用本专业的语言具体化，要求专业规范制定人深刻的理解五个参照点的内涵、熟悉专业、熟悉布鲁姆分类教学目标的应用。

1. 对DQP参照点的理解

本部分由各专业结合本专业的情况，用本专业的语言来解析每个参照点，以物流管理专业为例，具体如下：

（1）学习领域一：专业知识（Specialized Knowledge）

在专业知识方面，本专业的毕业生应该能够：

POC1.1 用专业领域的相关术语来描述专业领域的核心理论和实践，并且提供至少一个与专业领域相关的案例；

解析：相关术语要具体到本专业的哪些关键术语，所提供的案例是什么样的案例，可以进行界定或直接列明。本条款对应于布鲁姆教学目标中的领会和应用层次，适应使用这两个层次的动词来制定本专业在该条款中的要求。

例如：POC1.1 用物流管理专业领域的相关术语来描述本专业领域（如采购、仓储、运输、国际物流）的核心理论和实践，并且提供至少一个与专业领域（物流管理）相关的案例。

POC1.2 应用相关专业领域的工具、技术和方法去解决专业领域内给定的提问和难题；

解析：列出本专业典型的工具、技术和方法，给定的问题可以列明。本条款对应于布鲁姆教学目标中的分析层次，适应分析、比较、解决这类动词来制定本专业在该条款中的要求。

例如：POC1.2 应用专业领域的相关工具、技术和方法（比如物流运筹学方法、计量统计方法、CAPE – PACK 工具）去解决本专业如采购、仓储、运输、国际货运代理领域内给定的提问和难题。

POC1.3 基本上无差错地做出相关专业领域的产品、模型、数据、展示或表演；

解析：该条款需根据本专业的特点来制定，理工科的适宜做出产品、模型、数据，文科类适宜做出数据、表演或者某个方案、整套业务单证等。本条款对应于布鲁姆教学目标中的综合层次，适应建立、组成这类动词来制定本专业在该条款中的要求。

例如：POC1.3 基本上无差错地做出专业采购、仓储、运输、国际物流领域的方案、展示或整套单证。

（2）学习领域二：广泛且融合的知识（Broad and Integrative Knowledge）
在广泛且融合的知识方面，本专业的毕业生应该能够：
POC2.1 描述所学的每一项核心领域的现有知识或实践是如何向前推进、验证和修正的。例如自然科学、社会科学、人文艺术学科的专业和跨专业课程；

解析：该条款需结合专业和跨专业领域，指定核心领域进行制定。

例如：POC2.1 描述所学习的每一项核心领域（如企业运营管理、经济、采购、运输、仓储、国际货运代理、思想政治与博雅教育领域）的现有知识或现有实践的研究进展（包括怎样向前推进、怎样验证和怎样更新），如描述所学习的管理领域或物流领域中现有的知识或现有实践的研究进展。

POC2.2 就所学的每一项核心领域描述一个关键性的争议问题，解释该争议问题的意义，并且应用该领域的概念来阐述自己对该争议问题的见解；

解析：本条款强调的是核心领域的关键性的争议问题，不仅能解释，还要能阐述自己的见解，涵盖了布鲁姆教学目标中的领会、应用和评价层次。

例如：POC2.2 就所学习的每一项核心领域描述一个关键性的争议问题

(比如物流效益背反、现代社会的科技发展与环境污染问题、现代社会的诚信缺失、见利忘义以及孝道、仁爱等问题)，解释该争议问题的意义，并且应用该领域的概念来阐述自己对该争议问题的见解。

POC2.3 在实施分析性、实操性或创造性的任务中，使用所学的多项核心领域的公认方法，包括依据的收集与评估；

解析：每个专业可列明这样的任务有哪些，公认的方法有哪些，涵盖了布鲁姆教学目标中的应用、分析和综合层次。

例如：POC2.3 在实施分析性、实操性或创造性的任务（比如物流专业三创项目方案）中，使用所学习的多项核心领域的公认方法，包括依据的收集与评估。

POC2.4 从科学、艺术、社会、人类服务、经济或科技的问题中，同时采用至少两个领域的知识，描述如何定义、界定与解释选定问题对社会的重要意义，并对此做出评述。

解析：核心领域首先包括本专业领域，也包括跨专业领域，其中以跨专业领域为主；其次，所谓"核心"，包括必修课与限选课的领域，但不包括其他任选课；第三，必修课与限选课程，其对应的 POC 时的 SOC 应同时覆盖 POC2.1、POC2.2；第四，POC2.3 中的"多项核心领域"，是指对应于必修课与限选课领域中的公认方法；第五，POC 2.4 中的"两个领域"，是指对应于学生所有任何课程中的两个领域，可以是两个专业领域，可以是专业领域与跨专业领域，也可以是两个非专业领域。

例如：POC2.4 从科学、艺术、社会、人类服务、经济或科技的问题（如经济领域的可持续发展问题）中，同时采用至少两个领域的知识，描述如何定义、界定与解释选定问题对社会的重要意义，并对此做出评述。

(3) 学习领域三：智力技能（Intellectual Skills）

智力技能有 6 个方面：解析探究（Analytic Inquiry）、利用信息资源（Use of Information Resources）、多元化视角（Engaging Diverse Perspectives）、道德思考（Ethical Reasoning）、定量分析（Quantitative Fluency）、沟通技巧（Communicative Fluency）。

在解析探究（Analytic Inquiry）方面，本专业的毕业生应该能够：

POC3.1 在选定的学习领域提出并界定一个问题,并能厘清涉及该问题的各种观点、概念、理论及其解决方法;

解析:此处的学习领域应由本专业具体化。

例如:POC3.1 界定一个知识主题(如物流效益背反),并能明确地讲出该主题中涉及的一些观点、概念、理论以及实践方法。

在利用信息资源(Use of Information Resources)方面,本专业的毕业生应该能够:

POC3.2 对于多种资源进行辨识、分类、评估和引用,来做出在某一个领域或在文理科一般性课题上的项目、论文或表演;

解析:本款参照点可以在专业领域或跨专业领域内对应。

例如:POC3.2 有效地搜集多种资源,并进行辨识、分类、评估和引用,做出经济管理领域内一个项目方案或写出一篇论文。

在了解多种观点(Engaging Diverse Perspectives)方面,本专业的毕业生应该能够:

POC3.3.1 描述来自不同文化观点的知识是如何影响对于政治、社会、艺术和国际关系中突出问题的理解;

例如:POC3.3.1 对于社会、政治、经济、艺术乃至全球关系等方面的突出性或重大问题(如物流产业的转型升级方向、公共生活、职业生活、家庭生活中的道德与法律规范、社会主义核心价值观、中国精神、共同理想等),明确地阐述:不同文化视角(或不同文化背景的知识)会怎样影响人们对上述问题的理解。

POC3.3.2 对于自己在文化、社会、政治、艺术或国际关系方面问题上的观点的根源,做出描述、解释和评估,并与其他观点做比较;

解析:凡是涉及类似"选定"说法的,由各专业把握选定在哪个学习领域来对应本款参照点。

例如:POC3.3.2 对有关文化、社会、政治、艺术或国际关系上的选定问题(如伪劣假冒商品问题、体育运动及艺术欣赏),提出自己的见解,并与其他人的见解进行理性的比较。

在道德考量（Ethical Reasoning）方面，本专业的毕业生应该能够：

POC3.4 描述政治、经济、医疗、技术或艺术方面突出问题中的伦理道德问题，并说明这些伦理道德原则是如何影响对于这些问题的决策；

解析：结合本专业的具体情况选定一个突出问题。

例如：描述当前社会经济方面的突出问题（如食品安全、网络诈骗、爆炸包裹等），并说明这些道德原则是如何影响对这些问题的决策的。

在定量表达（Quantitative Fluency）方面，本专业的毕业生应该能够：

POC3.5.1 对有关政治、经济、健康或技术上的问题，对其中使用到的量化信息（即数字）进行准确的诠释；并能够介绍如何在论述时有效地利用量化信息（数字与符号）。

解析：结合本专业的具体情况选定问题。

例如：POC3.5.1 对有关政治、经济、健康或技术上的问题（如物流产业发展速度和成本降低），对其中使用到的量化信息（即数字）进行准确的诠释；并能够介绍如何在论述时有效地利用量化信息（数字与符号）。将数学知识与专业有机结合，对经济、技术上相关问题中使用到的量化信息（数字），进行准确的分析、诠释和表达。

POC3.5.2 创建并解释关于趋势、关联或状态变化的图表与其他视像表述；

解析：结合本专业的具体情况，列举一些适宜图表表述的一些问题或一些衡量指标。

例如：POC3.5.2 创建图表或其他视觉效果更好的方式，来诠释物流产业发展趋势（或走势）、关联（相关或因果关系等），或最新发展状态。

在沟通技巧（Communicative Fluency）方面，本专业的毕业生应该能够：

POC3.6.1 在与一般和特定对象沟通后，写出令人信服的、流畅的、基本无笔误的文章；

例如：POC3.6.1 在职场中进行书面沟通及表达（如策划方案的写作、国际商务函电的撰写）时，基本无笔误、错漏，条理清晰，论证令人信服。

POC3.6.2 与普通大众或某一个特定对象在正式场合进行有效的言语交流；

例如：POC3.6.2 与普通大众或某一个特定对象在正式场合进行有效的（如专业竞赛答辩或项目汇报活动）言语交流。

POC3.6.3 就某一具体工作任务的行动计划进行商谈，并对商谈结果进行书面或口头的总结性陈述；

例如：POC3.6.3 就某一具体工作任务的行动计划进行谈判（比如国际采购专员），并对谈判结果进行书面或口头的总结性陈述。

POC3.6.4 使用英语进行日常基本的交流，翻译所学专业领域的一篇简单的文章；

例如：POC3.6.4 使用英语进行日常基本的交流，翻译所学专业领域（如国际物流、国际贸易、报关实务等）的一篇简单的文章。

（4）学习领域四：应用和协作学习（Applied and Collaborative Learning）
在应用和协作学习方面，本专业的毕业生应该能够：
POC4.1 书面汇报至少一个案例：说明自己是怎样将所学的学术性知识与技术技能，应用于实地挑战（实践）；并提出证据或案例，用来证明自己在应用过程中学到的新知识或有其他的收获；

解析：本条款主要体现布鲁姆教学目标中的领会和应用层次，结合本专业的实际情况，提出本专业内的挑战。

例如：POC4.1 书面汇报至少一个案例（如物流管理方面）：说明自己是怎样将所学的学术性知识与技术技能，应用于实地挑战（实践）；并提出证据或案例，用来证明自己在应用过程中学到的新知识或其他的收获。

POC4.2 分享或教会同学们至少一个自己在课堂外学来的重要概念或方法；

解析：本条款主要体现布鲁姆教学目标中的识记和领会层次，分享或教会的是本专业课外的重要概念或方法。

例如：POC4.2 分享或教会同学们至少一个自己在课堂外（如仓库选址）学来的重要概念或方法。

POC4.3 对于一个超出课上所学内容的实践问题，对问题准确定位，收集相关线索与信息，进行组织与分析，并提出多种解决方案；

解析：本条款主要体现布鲁姆教学目标中的综合层次，由各专业提出超出课上所学内容的实践问题有哪些，具体列明。

例如：POC4.3 对于一个超出课上所学内容的实践问题（如物流系统规划），对问题准确定位，收集相关线索与信息，进行组织与分析，并提出多种解决方案。

POC4.4 参与一个创新创业性活动或项目，展示或讲解其实践成果，并就其过程做出书面的总结（至少能重点突出这次经历中个人对创新创业精神与创新创业管理的感悟，进而能阐明其应用前景或价值）。

解析：本条款主要体现布鲁姆教学目标中的综合层次，主要体现本专业的创新创业项目成果以及对育人的作用。

（5）学习领域五：公民素养和全球化学习（Civic and Global Learning）
在公民素养和全球化学习方面，本专业的毕业生应该能够：
POC5.1 清晰地介绍自己的个人背景与文化背景，包括起源与发展、观念与倾向；

例如：POC5.1 清晰地介绍自己的个人背景与文化背景，包括发源与发展、信仰与价值观、人生观，并能结合自身专业学习情况，进行职业生涯规划。

POC5.2 就某一些社会主义的核心价值观或行为实践，清晰地介绍其在历史上以及当代的不同地位（变迁），举一个包含这些价值观或行为实践的特殊事件，阐述自己的观点；

例如：POC5.2 阐述对优良传统精神及社会主义核心价值观的理解，并列举自己的践行实例及个人感悟。

POC5.3 参与一个社区（或社团）项目，就其过程做出口头或书面的总结（报告），重点突出这次经历中遇到的公民问题，以及这次经历中个人的感悟。

解析：本条款可以突出专业协会项目或校内其他社团，本专业学生参与该项目的感悟。

例如：POC5.3 参与一个社区（或社团如物流协会、义工或社会服务、参观爱国主义基地）项目，就其过程做出口头或书面的总结（报告），重点突出这次经历中自己的主动性和责任心的体现，以及这次经历中的个人感悟。

POC5.4 指出一个跨国、跨洲或跨文化的经济的、环境的或公共卫生的挑战，提供挑战的证据，并表明对此挑战的立场。

例如：POC5.4 指出一个跨国、跨洲或跨文化的经济挑战（如低碳经济）、环境挑战（如全球变暖）或公共卫生挑战（如癌症、埃博拉等），提供挑战的证据，并表明对此挑战的立场。

2. 毕业要求的提出

根据DQP五个参照点的理解，结合本专业的特点，从五个方面提出本专业的毕业要求，在毕业要求详细毕业预期成果的基础上，用简洁的语言进行总结概括。以物流管理专业为例，毕业要求有：

专业知识POC1方面能结合实际案例用物流管理专业领域的相关术语来描述本专业领域的核心理论和实践；应用物流专业领域的工具、技术和方法，解决本专业所涉及的员级岗位如采购、仓储、运输、国际货运代理及报关所遇到的问题和难题并基本上无差错地做出物流领域（国际）的计划方案并展示或做出整套单证。

广泛且融合的知识POC2方面能够利用所学的不同领域的方法和基础知识去学习新理念、新技术、新方法，以解决物流企业里具有争议的问题。

智力技能POC3方面能够按照职业或社会道德标准，利用多种沟通方式，收集并利用信息资源，多角度分析物流产业行业企业的问题，并进行定量分析，撰写分析报告，为职业发展奠定基础。

应用和协作学习POC4方面能够和团队成员协作，应用所学的专业知识和技术技能分析企业案例或者收集信息，提出解决企业实践问题的方案，并能够分享自己所学到的重要概念或方法。

公民素养和全球化学习 POC5 方面具有积极的价值观、人生观，结合社会事件对社会主义核心价值观或行为，阐述自己的观点；能参与社会项目并总结自己的行为过程；对世界挑战问题进行有理有据的分析，并表明自己的观点。

（四）课程体系构建

课程体系以毕业要求为依据，支撑毕业要求的实现；毕业生能力必须通过由不同板块（类）课程及每门课所构成的课程体系来实现，即毕业学习成果需要落实到每一门课程中，这种对应关系用课程矩阵来实现。

1. 课程体系的构建思路

以工作领域中的职业需求、发展需求以及毕业生的期望为起点，以 DQP 为工具将工作领域中的专业、方法、社会能力转换位学习领域的预期成果，以课程矩阵为工具，构建课程体系，课程成果支撑专业成果的实现。

2. 课程体系构建过程

专业预期学习成果根据本专业的特点可进行二级、二级维度的细分，细分后的维度可以直接转换为课程；不宜直接转换的，可以通过不同维度的组合转换为课程；不宜组合的，可以通过对成果进行提炼的方式转换为课程，课程之间是以互补或深化的关系共同支撑专业预期成果的实现。不同类型的课程根据内容，可归入不同的板块，如专业教育课、博雅教育课，专业教育又分为通用课程、专业核心课、综合训练课、限选课。不同板块的课程根据性质分为必修课和选修课，教学形式不同分为课内教学和课外教学。不同板块、不同性质、不同形式的课程根据课内外学生的负荷确定，对专业预期成果的贡献度不同，体现了课程开设的必要性和重要性，对今后专业课程体系的调优提供了依据，课程对专业预期成果的支撑度主要用课程矩阵的形式来体现，见表 11-2。

表 11-2　课程矩阵体现出的专业预期成果

专业学习成果			课程贡献度					形式
			课程1	课程2	课程3	……	课程n	
POC1	POC1.1	POC1.1.1						
		POC1.1.2	1			1.4		
	POC1.2	POC1.2.1			2.5		0.5	
		POC1.2.2	1		0.4	0.6		
	POC1.3	POC1.3.1		2			1.5	

续上表

专业学习成果			课程贡献度				形式
POC2	POC2.1	POC2.1.1	0.5		0.1		
	…	…		1		1	
POC3	POC3.1	POC3.1.1		0.5		1	1
POC4	…	…	1.5		0.5		
POC5	POC5.5	POC5.5.1		0.5		1	

课程与专业预期成果之间主要通过课程成果体现，每门课程设计课程成果（SOC），不同SOC支撑专业预期成果的达成，课程与专业预期成果是一种支撑与被支撑的关系，具体见图11-2。

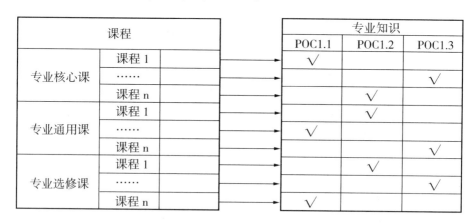

图11-2 课程与专业预期成果的支撑与被支撑的关系

以DQP为工具，通过对本专业五大维度的分析，最终所构成的课程体系表体现了每门课程五个维度的贡献度，进一步体现了课程开设的依据，课程对专业预期成果的支撑，见表11-3。

表11-3 以DQP为工具构成的课程体系表

课程名称	学分	五大学习领域学分分布					五大学习领域条款分布
		POC1 专业知识	POC2 广泛且融合的知识	POC3 智力技能	POC4 应用和协作学习	POC5 公民素养和全球学习	POC1.2 POC1.3 / POC2.1 POC2.2 POC2.3 / POC3.2 POC3.3 POC3.4 POC3.5 POC3.6 POC3.7 / POC4.1 POC4.2 POC4.3 POC4.4 / POC5.1 POC5.2 POC5.3 POC5.4
课程1	3			2.5		0.5	√(POC2), √√(POC3), √(POC5)
课程2	4		1	1.5	1.5		√(POC3), √(POC4)
……							
……							

表11-4 专业教学进程表

课程模块	课程类型	课程编码	课程或活动名称	主要教学方式	总学分	总学时	课内总学时	学时分配			考核方式	考核学期	一		二		三		四		五		六	
								课内学时		课外学时			上课周进	实习周数	上课周进	实习周数	上课周进	实习周数	上课周进	实习周数	上课周进	实习周数	上课周进	实习周数
								理论学时	实践学时															
											教学周数													

（五）课程进程表

课程进程表主要体现各类性质不同、学分不同的课程，按照开设顺序以及教学形式，在课内还是课外实施来安排；学习成果的实现依赖于课程的实施，课程进程表为课程的实施提供依据，为学习成果的有效实现提供保障；编排要考虑到本专业工作流程及教育教学规律。课程进程表是教学实施的最重要的指导，课程的学分、周课时、开设学期、理论实践比等内容体现出实施性、操作性强的特点，另外课程的先后顺序应以本专业的工作流程为主线，结合布鲁姆的教学认知规律，适宜采用由浅入深、由具体到抽象的思路来开设，以更好地符合学生的认知特点以及更好地达成学习成果。

（六）教学基本条件

本部分主要是基于 DQP 成果导向下的教学实施，需要具备师资队伍、教学设施、校内外的学习资源等条件。该部分可结合专业特点，提出在师资队伍、教学设施及各类型学习资源方面的要求。

（七）教学实施建议

基于 DQP 成果导向的教学以学生为中心，为达到预期成果，需要实现句号课堂到问号课堂，知识课堂到能力课堂，重教课堂到重学课堂，封闭课堂到开放课堂的转变。每个课程在考核方面适应过程考核，过程考核的主要对象是课程成果，因此在课程成果的收集、批阅、反馈等方面建议通过信息化手段来实现，在教学的实施过程中搭建与成果导向相匹配的信息管理系统尤为重要。

第十二章 基于 DQP 的课程规范设计

第一节 课程规范的概念及特点

一、课程规范与其他概念的联系与区别

课程规范是在 DQP 研究基础上引申出来的新概念，是用来作为课程设计及实施的指导性文件，想要了解课程规范的含义、结构及意义，必须先明确其他一些教学指导文件的含义，包括教学大纲、课程标准等，并在理解含义的基础上了解课程规范与它们之间的联系与区别。

（一）教学大纲

教学大纲是指每门学科的教学纲要，包括教学目的、教学要求、教学内容以及讲授和实习、实验、作业的时数分配等。根据教学计划，以纲要形式规定一门课程教学内容的文件。包括这门课程的教学目的、任务，教学内容的范围、深度和结构，教学进度以及教学法上的基本要求等。列入教学大纲的教材的广度和深度，一般应是学生必须达到的最低标准。教学大纲是编写教科书和教师进行教学的主要依据，也是检查和评定学生学业成绩和衡量教师教学质量的重要标准。

（二）课程标准

课程标准是规定某一学科的课程性质、课程目标、内容目标、实施建议的教学指导性文件。课程标准与教学大纲相比，在课程的基本理念、课程目标、课程实施建议等几部分阐述得详细、明确，特别是提出了面向全体学生的学习基本要求。

如上所述，教学大纲对学生学习必须达到的最低标准做出了规定；课程标准对课程性质、目标及内容都做了相对详细的解释和说明，体现出对学习

目标、学习内容、学生达到能力的基本要求。而作为 DQP 研究过程中引申出来的课程规范，则对课程学习目标、学习内容及学习成果有了更为详细具体、更高层次的要求，从课程总体目标的设计到课程预期学习成果的形成、考核方式的确定等都更加明确，能让教师与学生对课程学习要素及过程一目了然。

二、课程规范的概念

课程规范是在 DQP 下，学校、教师、学生三个平等主体之间达成的用于课程教学的指导性文件。

根据此概念可以明确几点：

（1）课程规范是指导性文件，用于指导专业各科课程教学设计及教学实施，具有一定的规范性；

（2）课程规范必须在 DQP 指引下来进行设计及应用，不可以脱离 DQP 下的五大学习领域而单独存在；

（3）课程规范体现学校、教师、学生三个平等主体之间的关系，并具有一定的约束力。学校对专业人才培养的目标设定及培养过程、教师对课程内容的设计、实施与目标考核、学生对课程预期学习成果 SOC 的理解与形成等都可以通过指导课程教学的课程规范来实现。

三、课程规范的特点

（一）制定模式统一，不分专业

课程规范具有统一的形式与结构，各个专业根据专业规范及每门课程的内容、特点、成果要求等制定课程规范。

（二）教师与学生之间关于课程学习的契约关系

课程规范是用于指导课程教学的规范性文件，教师需在新学期课程开始前向学生明确解释课程规范的每一项内容与条款、每一个预期学习成果的对应知识点、完成形式及时间、考核要求等。学生需在教师解释的基础上对课程规范有清晰的认知和理解，知道自己要学什么、要怎么学、要形成什么学习成果、学习成果将会被如何评价等。师生双方必须达成一致，方可进行课程实施。因此，课程规范对于教师和学生来说是一种关于课程学习的契约，课堂上的师生关系变为契约关系，课程规范对师生教与学的行为有一定的约束力。

（三）可根据预期学习成果 SOC 实现情况进行动态调整

课程规范虽有统一的形式与结构，其内容在一段时间内也需要保持相对的稳定性。但随着课程实施过程中教学内容的调整、学习成果的提炼、考核方式的变化等，需要对课程规范进行相应的动态诊断与调整以求更加科学、合理。

第二节　课程规范的结构

课程规范包括课程基本信息、课程总体目标设计、课程预期学习成果、教学内容、教学方式与手段、考核方式、教学资源等七个部分。每个部分的作用都不同，详细说明见下表 12 - 1：

表 12 - 1　课程规范的结构及其作用

序号	结　　构	作　　用
（一）	课程基本信息	让学生了解本课程的基础信息，包括学分、学期以及课程定位与作用等。
（二）	课程总体目标（POC）	用来支撑专业规范中的 POC，主要反映学习本课程后学生能够掌握哪些专业技术技能。
（三）	课程预期学习成果（SOC）	用来支撑课程规范中的 POC，主要反映学生在学习课程后需要形成哪些显性的学习成果。
（四）	教学内容	根据课程规范中的 POC 及 SOC 设计哪些教学内容。
（五）	教学方式与手段	采用何种教学方式。
（六）	考核方式	对学生学习过程的考核与评价，包括考核方式与评价标准。
（七）	教学资源	学习课程所借助的各种教学资源。

第三节　课程规范的内容设计

课程规范设计内容主要包括课程基本信息、课程总体目标、课程预期学习成果、教学内容、教学方法与手段、考核方式、教学资源等。

一、课程基本信息

这部分内容包括以下几点：

（1）课程名称与课程类别（课程属于专业基础课、核心课、限选课、综合实践课的哪一类）

（2）课程学分值及学习阶段（属于第几学期课程）

（3）该课程的先修、同修及不可同修课程（用以明确课程地位及与其他课程之间关系）

（4）课程的定位与作用

课程的定位与作用是课程基本信息中最为重要的一部分，需要从专业人才培养的角度来分析为什么要开设这门课程，课程在学生将来的专业和个性发展中过程中会产生什么影响或作用？

以《品类管理实务》为例。

表12-2 《品类管理实务》课程规范中的基本信息

课程名称	品类管理实务
课程类型	专业核心课
学分值	4
所属学期	第3学期
先修的课程	市场营销学、消费者行为学、连锁经营与管理、统计实务等
共修的课程	企业采购管理实务、仓储与配送管理、企业流程管理等
不可共修课程	无
课程定位及作用	该课程以连锁企业实施品类管理的八大步骤为主线，通过对品类管理相关概念、理论、流程和案例的教学，让学生树立品类管理理念、培养学生品类定义能力、品类角色定位能力、品类评估能力、制定品类目标和选址品类策略的能力，为科学实施品类管理做好知识和能力储备。

二、课程总体目标（POC）

课程总体目标（POC）是课程的主旨，需要基于专业学情分析而制定，应体现目标对人才培养能力的支撑。课程总体目标（POC）的设计会影响后续学生预期学习目标（SOC）的选择与制定、教学内容的选择、考核方式的确定等，在指导课程教学中具有十分重要的意义。

在设计课程总体目标的过程中需要注意以下几个方面：

1. 课程总体目标（POC）的设计主要应体现为学生通过课程的学习，能够掌握哪些基本的专业技术技能。通过 POC 的描述可以让教师、学生对本课程人才培养的具体能力有非常清晰的认知。

以《企业行政管理实务》课程为例，其课程总体目标（POC）在专业学情分析过程中发现，学生毕业后基本不想（实际上也很少）去工厂就业，绝大部分是在中小企业（公司）从事办公性事务工作。因此，在课程目标设计方面会侧重办公行政事务，较少涉及后勤行政类事务（如宿舍、食堂、户外清洁、安全保卫等）。接下来，在课程总体目标的设计上就会侧重办公行政事务处理能力的培养，具体表现为：

（1）描述企业行政管理领域涉及的事务职能及辨别其业务与管理特点，提供至少一个实例。（POC1.1；学分数：0.8）

（2）应用人力资源管理及企业行政管理领域的工具、技术和方法去解决企业日常行政事务管理工作中涉及的关键问题（POC1.2；学分数：0.5）

（3）基本上无差错地做出企业日常行政事务管理工作中涉及的公文、制度、方案、演示等。（POC1.3；学分数：1.2）

2. 在设计课程总体目标（POC）时，注意 POC 描述应该与专业规范中的 POC 描述相对应。

专业规范与课程规范是属于"父与子"的关系，专业规范是指导各门课程规范制定的纲领性文件，专业规范中的 POC 是用来支撑整个专业人才培养能力的，但其 POC 的达成必须通过各门课程规范中详细具体的 POC 来实现。以工商企业管理专业规范中的 POC1.3 为例，其面向该专业学生能力培养的描述是"基本上无差错地做出市场调查、市场定位、商品采购、仓储配送、企业流程管理、商品管理、电子商务运营以及涉及企业人、财、物管理等领域的方案或计划，如制定商品采购计划、门店拓展计划等，并能够进行演说展示"。此 POC 明确说明工商企业管理专业学生能够准确、客观地做出本专业学习领域内的各类方案、计划并可以演说、展示，但具体要做什么，怎么做还是需要课程目标来配合完成。工商企业管理专业课程《品类管理实务》就有相应的 POC 与之相对应。在该课程的POC1.3 中，规定了学生学习课程后，能"基本上准确设计商品组织结构图和品类评估表等"。一方面，课程规范中的 POC 与专业规范中的 POC 有了明确的对应关系；另一方面，通过课程目标（POC）的设计，使学生更加明白自己应该具体做什么。

表 12-3 专业规范与课程规范中的 POC 对应关系（举例）

专业规范的 POC1.3	基本上无差错地做出市场调查、市场定位、商品采购、仓储配送、企业流程管理、商品管理、电子商务运营以及涉及企业人、财、物管理等领域的方案或计划，如制定商品采购计划、门店拓展计划等，并能够进行演说展示。
《品类管理实务》课程规范的 POC1.3	基本上准确设计商品组织结构图和品类评估表等。

3. 在设计课程总体目标（POC）时，学分值的分配应明确。

学分值的大小意味着为某一个学习知识点所付出的努力程度。在某一知识点上付出的努力程度越高，这个知识点上所赋予的学分值就相对越高。在分配各个 POC 学分值时应该考虑两个方面：

（1）是否 DQP 的每一个学习领域、每一个专业规范 POC 都应该有学分分布？

这个答案是否定的，各门课程需要根据课程内容与目标来确定在哪些学习领域内分配学分，在哪些专业规范 POC 中分配学分。比如有些专业综合实训课，学分主要分布在专业知识领域、广泛且融合的知识领域、智力技能领域，而在公民与全球学习领域就没有学分体现。同样，在专业知识领域内，对应每一个 POC 的学分也不会平均分配，在 POC1.1、POC1.2 中就有分布，而在 POC1.3 中就没有学分等。

（2）每个课程总体目标（POC）能分配的学分值是多少？

通常，根据 POC 的要求与后期完成预期学习成果（SOC）所付出的努力来确定具体的学分值。按照 18 课时折算为 1 个学分来分配，根据每个 SOC 的教学时间来计算相应的学分值。

三、课程预期学习成果（SOC）

课程预期学习成果（SOC）是学生在学完课程后形成的具体的、可视化的学习成果。这些学习成果的形式可以多种多样，例如设计方案、演示视频、实物或其他等。SOC 直接反映学生对知识点的理解、掌握及应用程度。

对课程预期学习成果（SOC）的设计，需要考虑以下几个方面：

（1）必须根据课程规范中的 POC 来设计 SOC

SOC 是具体的、可视化的学习成果，是对课程规范中 POC 强有力的支撑，每一项 SOC 都是学习能力与学习效果的体现，同时 POC 学习能力的达成需要通过 SOC 这样的载体或形式来展示。

但也需要明确，POC 与 SOC 之间并不是一对一的关系，意味着同一个 POC 可能会对应不同的 SOC，同一个 SOC 也可能会对应不同的 POC，具体关系举例可见图 12-1。

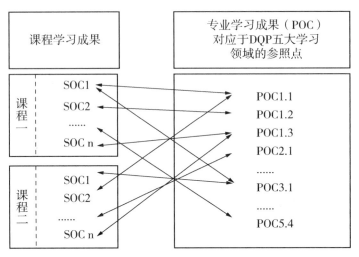

图 12-1　SOC 与 POC 对应关系

（2）SOC 的展示载体与形成方式可多元化

SOC 作为学生修习课程后的学习成果，可依托的学习、展示载体可多样化，例如通过项目、任务、学习情境、分组讨论、案例分析等方式来进行；其最终完成形式亦可通过各类计划、方案、视频、PPT、情境演绎、实物作品等来表现，相对比传统课程成果形式更能激发学生学习主动性与积极性。

（3）描述 SOC 时需要注意动词的选择

根据美国当代著名教育家、心理学家布鲁姆提出的教育目标体系构成理论，教育目标被划分为认知领域、情感领域和操作领域三个领域，并把每个领域的教学目标由低到高分成几个层次，为进一步研究教学目标分类奠定了基础。在分析、借鉴的基础上，结合我国教学实际的目标分类，确定了学习水平与行为动词的基本要求，按照结果性目标与体验性目标来陈述，并确定相应的学习水平，规定了适当的行为动词。

表 12-4　动词的教学目标

1. 编写认知目标可使用的动词	
知道	列举、复述、排列、背诵、辨认、回忆、选择、描述、标明、指明……
领会	分类、叙述、解释、鉴别、选择、转换、区别、估计、引申、归纳、猜测……

续上表

应用	运用、计算、示范、改变、阐述、解释、说明、修改、制定……
分析	分析、分类、比较、对照、图示、区别、检查、指出、评析……
综合	编写、写作、创造、设计、组织、计划、归纳、总结……
评价	鉴别、比较、评定、判断、总结、证明、归纳……
2. 编写技能学习目标可使用的动词	
感知能力	旋转、屈身、保持平衡、接住、踢、移动……
体力	提高耐力、迅速反应、举重
技能动作	演奏、实用、装配、操作、调节
有意交流	用动作、手势、眼神或脸色等表达感情
3. 编写情感学习目标可使用的动词	
接受	听讲、知道、看出、注意、选择、接受、赞同、容忍
反应	陈述、回答、完成、决定、影响、支持、辩论、论证、判别、解释、评价
组织	谈论、组织、判断、确定、建立、选择、比较、定义、系统阐述、决定
价值与价值体系的性格化	修正、改变、接受、判断、拒绝、相信、继续、解决、贯彻、要求、抵制、认为……

表12-5 《企业行政管理实务》课程部分SOC

编号	内容	学分	对应的POC
SOC1	举例阐述企业行政管理中通常涉及的事务职能及自己对该级职能事务特点的认知评价。	0.2	POC1.1
SOC2	举例阐述企业行政管理中的固定资产及其分类。	0.1	POC1.1
SOC3	辨识企业办公室内外常用的绿植并举例描述各自的摆放特点。	0.1	POC1.1
SOC4	举例阐述办公用品采购及报销流程。	0.2	POC1.1
SOC5	阐述企业eHR系统的常用功能。	0.2	POC1.1
SOC6	分析企业行政管理工作中的一些关键问题并提出解决方案（差旅费用管理问题、前台接待来访问题）。	0.5	POC1.2

四、教学内容

教学内容作为课程的核心部分，是用以支撑课程预期学习成果（SOC）的具体学习内容，包括知识点、技能点及其他的组成模块或者单元。在 DQP 研究下的教学内容与以往传统的课程教学内容会有很大区别，这种区别不是来自教材的不同，而是在内容的选择上会充分考虑到课程学习目标与课程预期成果（SOC）的关系，既要充分实现 POC 与 SOC 的设计，又要在整个专业课程体系中与其他课程保持关联，存在学习逻辑关系。

首先，应该根据 POC 与 SOC 的内容来整合课程内容。从以往很多专业教学内容来看，有很多课程的内容具有一定的相似性或重复性，这在教学过程中很容易使学生产生迷惑，到底每门课程的核心知识点是什么？这就需要考虑课程规范中对这门课程的具体 POC 与 SOC 设计的问题，根据 POC 与 SOC 目标来进行教学内容的筛选，专业教师团队可以根据 POC 与 SOC 的归类来实现教学模块或单元的确定。这样既可以避免对学生教授重复的知识点，有可以突出每门课程的学习重点及学习目标。

其次，教学内容应该与 SOC 直接对应。SOC 是预期学习成果，学生所学习的一切都是为了在学习过程中形成课程规范中所设计的各个 SOC 成果，换言之，SOC 成果是整个学习过程的重点和原点。因此，所有的教学内容都应该从 SOC 学习目标出发来进行选择，与 SOC 无关的内容就需进行删减处理。

第三，教学内容所匹配的课时数应当根据 SOC 学习成果的完成水平来确定。在每个学期每门课程的总课时数一定的前提下，每个模块或单元的教学内容到底应该匹配多少学时，并不是随意安排的。而是要根据此教学知识点所支撑的 SOC 学习成果的完成水平来确定的，包括 SOC 学习成果的完成时间长短、完成的难易程度、完成的具体形式等。以《企业行政管理实务》课程为例，具体的教学内容、课时分配及对应 SOC 见表 12-6：

表 12-6 《企业行政管理实务》课程教学内容安排

编号	内容	课时	对应的 SOC
单元一	企业行政管理概述 ——企业行政管理的概念 ——企业行政管理的具体职能 ——企业行政管理涉及岗位的通用职责	4	SOC1

续上表

编号	内容	课时	对应的SOC
单元二	办公行政实务 ——公司前台接待的事务处理 ——办公设备使用及维修 ——办公室文书处理 ——证照与档案管理 ——办公费用控制 ——办公室绿化清洁 ——办公用品采购	24	SOC3 SOC SOC6 SOC7 SOC9 SOC10
单元三	5S ——5S的概念与内涵 ——5S管理操作示范	4	SOC8
单元四	固定资产分类与盘点 ——固定资产定义及分类 ——固定资产实物管理要素 ——固定资产实物盘点	8	SOC2 SOC11
单元五	企业eHR系统 ——企业eHR软件介绍 ——企业eHR软件简单操作	8	SOC5 SOC12

五、教学方法与手段

科学、合理的教学方法与手段是学生有效达成课程预期学习成果的重要组成部分。在教学过程中采用何种教学方式及手段应根据课程规范中设定的SOC学习目标的内容和要求来进行选择，同时并不拘泥于单一的教学方法。例如，对于体现理论知识理解或掌握的SOC，主要采用讲授的方式，同时建议辅助案例作为支撑；对于体现知识点应用、解决实际问题的SOC，主要采用问题导向的讲授方法，并可配以情境模拟、角色扮演、现场实训等方式来增强学生的工作认知和应用能力；对于动手能力训练的SOC，建议采用任务导向教学方法，并在学生完成任务过程中进行指导，在学生完成任务后进行点评。

表 12-7 教学方法举例

预期学习成果	讲授	案例分析	任务导向	现场实训	分组讨论
SOC1	Y	Y	Y	Y	Y
SOC2	Y	Y	Y	Y	Y
SOC3	Y	Y	Y		Y
SOC4	Y	Y			Y
SOC5	Y	Y	Y		Y
SOC6	Y	Y	Y		Y

六、考核方式

基于 DQP 框架研究的课程内容、教学方式与手段确定后，就必须要考虑制定对课程学习成果及效果的评价方式及标准。考核内容应涉及两个方面，一是常规的课堂管理，主要包括课堂出勤情况、课堂参与表现、纪律表现等；二是课程管理，主要指预期学习成果（SOC）的评价，对 SOC 的评价应该先确定每个 SOC 的完成形式，并列明对 SOC 的具体评价标准。同时，每门课程因为对 SOC 的内容及完成水平不同，建议采用不同的评价方式及标准。

以《品类管理实务》SOC1 的评价方式及标准为例：

SOC1 的内容：合理设计商品组织结构表

SOC1 的完成形式：纸质版的商品组织结构图或结构列表（需结合校内产教融合基地真实项目训练才能完成）

评价标准：（1）能准确确定商品层级划分；（30%）

（2）能分析门店商品结构的宽度和深度；（40%）

（3）分析过程合理；（20%）

（4）提出创新性的商品结构建议。（10%）

表 12-8 预期学习成果（SOC）评价表

预期学习成果	书面作业	实训结果	讨论	总结报告	考试
SOC1	√	√	√		√

七、教学资源

这部分主要包括自行建设或选用的教材、软件、硬件等方面的教学资源，比如教材、参考资料、教学设备与仪器、各种教学工具及软件、信息化网络课程等。

第十三章 基于成果导向的教学设计与实施

第一节 基于成果导向的教学设计

教学设计是根据教学对象和教学目标,确定合适的教学起点与终点,将教学诸要素有序、优化地安排,形成教学方案的过程。教学设计通常要考虑三个问题,一是学生为什么学,即确定学生的学习需要和教学目标;二是学生学什么,即通过哪些具体的教学内容才能达到教学目标;三是学生如何学,即采用何种教学方法与教学辅助资源。理论上,教学设计的核心是教学目标。但在实践中,教学目标往往侧重于知识点或技能点本身,而且比较抽象化,容易造成教师心里明白教学目标,但学生却不太理解甚至没有兴趣理解的"困境"。

一、对预期学习成果的解读

基于成果导向教学模式的一个主要特征是:在课程整体设计时就会依托教学目标编制好课程的预期学习成果。任课教师在进行具体的教学设计或单元设计时,要对预期学习成果进行解读。尤其是当任课教师之前未曾参与课程整体设计时,该项工作就更为重要,且必要时应该与课程整体设计的编制者进行沟通,深入了解编制课程预期学习成果的出发点以及课程各预期学习成果之间的关联。

由于任课教师对课程知识点和技能点已经非常熟悉,因此对预期学习成果的解读不是对知识点和技能点的解读,而是对行为动词、应用要求、思路这三个要素的解读。下文以高职人力资源管理专业《社会心理研究》课程中的一个预期学习成果为例来具体说明。该预期学习成果描述为"应用态度及其形成、说服等相关理论尝试改变他人的态度",提交学习成果与考核的方式为"书面报告"。

(一)　对预期学习成果中行为动词的解读

预期学习成果的编写应该使用相对规范的行为动词来标明学生如何具体地展示其"真的知道与真的能做"(如布鲁姆教育目标分类学中的行为动词)。同时,行为动词应描述成可分离的活动,可直接观察与直接评核的活动或行为。任课教师应该要理解预期学习成果描述中的行为动词的具体含义,并明晰该行为动词所处的教育目标层次(在认知/情感/运动技能三个领域)及相应的要求。在示例预期学习成果描述中,行为动词为"应用",属于认知目标中的"应用"层次下的使用,其要求为把一个或更多个理论或程序应用于一个陌生任务(解决问题)。

(二)　对预期学习成果中知识(和/或技能)应用要求及对应能力的解读

高等职业教育培养应用型人才,倡导应用型学习,在课程预期学习成果设计中要求体现出学生对所学知识和(或)技能的不同层次的应用。预期学习成果一般是采用"行为动词+概述性任务"来描述的。任课教师需要对该描述中所蕴含的应用要求进行解读,明晰其中所涉及的知识、能力与素质要求。在示例预期学习成果"应用态度及其形成、说服等相关理论尝试改变他人的态度"的描述中,应用要求是"应用相关理论来完成一项任务",涉及的理论包括态度的概念、态度的形成、概念改变、说服模型、说服影响因素等;学生需要完成的任务是改变他人的态度,这就需要学生站在他人的立场思考;学生完成任务主要是通过口头表达的方式,涉及学生的表达沟通能力;学生需要用书面报告对其任务完成情况进行汇报总结,涉及学生自我反思能力与书面表达能力。

(三)　对完成学习成果思路(方法)的解读

在高等职业教育应用型学习模式中,还有一个重要的学习领域就是如何应用知识的学习。这主要涉及学生如何完成预期学习成果,即从教材上的知识点(技能点)到完成预期学习成果这一过程如何实现,通过什么样的思路或者哪些方法可以有效地将这两者进行联结。授课教师还要考虑如何教会学生掌握与应用这些思路或方法。在示例预期学习成果"应用态度及其形成、说服等相关理论尝试改变他人的态度",上述联结主要体现在"制定具体的说服策略"上,因为说服策略是实施说服的依据,同时,说服策略的制定过程又体现了学生对理论的应用。

二、预期学习成果的情境化

情境是指问题（任务）的物理和概念的结构，以及与问题（任务）相关的活动目的和社会环境。情境一方面构建学习任务与学习者的经验之间的有意义的联系，另一方面促进知识、技能和经验之间产生联结。任课教师对课程预期学习成果深入解读后，需要将预期学习成果的要求转化为具体的学习任务，其中的关键就是构建具体的学习情境，包括学习成果的任务情境、教学情境、教学辅助材料；以及在任务情境基础上进一步将考核评价标准明细化。学习情境是与学生所学知识与技能相关的、包含问题的生活事件或者现实（或虚拟或案例）的职场与工作事件。教师构建学习情境的一个有效的方法就是自问自答：每一个预期学习成果，如果"我"来完成会怎样？"我"曾经完成过类似的预期学习成果，有过类似的经历与体验吗？现在"我"会怎么做，怎么完成这一预期学习成果？"我"做出来的成果会是什么样子？由此可以有助于教师构建具体的学习情境。但这些回答还停留在以教师为中心的理念阶段。在此基础上，教师需要再将自己代入学生的角色，从学生的知识能力结构与认知模式进行分析，围绕"学生适合度"对学习情境进行优化。

对于示例预期学习成果"应用态度及其形成、说服等相关理论尝试改变他人的态度"，任课教师先回顾自己是否曾经有效地应用相关理论真实地去说服他人改变态度，教师也可以回顾自己亲身说服经历（无论作为说服者还是被说服者）或者他人的替代性说服案例（无论是成功说服或说服失败），分析其中的过程与细节，找出与理论相配的环节。以此为基础，构建围绕该学习成果的学习情境。在此基础上，教师构建任务情境。预期学习成果要求"尝试改变他人的态度"，这意味着说服他人改变态度是一项实施性任务，要求"真实"地说服他人。"应用理论""尝试"这两个词则表示学习成果的重点不在于是否说服成果，而在于如何在真实的说服中应用理论，设计说服策略依计实施。由此，设计具体的任务情境，并通过评分权重突显考核学生"应知应会"的侧重点。另外，该学习成果要求采用书面报告的形式提交，故学习成果任务中又增加了说服后的反思与总结这一要求。该预期学习成果所对应的学习任务书示例如下：

学习任务书

寻找一个对某事或某人有着某一态度（或偏见）的同学或亲朋，分析其态度（或偏见）的表现（应用态度 ABC 理论描述）以及产生的原因，制定说服策略，对他（她）进行说服。如果找不到说服对象，就来找老师，老师有态度需要被说服。

要求：

1. 每人撰写一份书面报告，内容包括：

（1）说服对象的态度（或偏见）的表现（基于态度ABC理论）及原因分析；（20分）

（2）进行说服的策略及策略的社会心理学理论依据；（40分）

（3）具体的说服沟通过程；（20分）

（4）说服成功与失败的经验总结（哪些策略成功，哪些失败，各是为什么）。（20分）

2. 不要虚拟，要真实。否则在成绩中扣减50分。

3. 所制定的说服策略，必须在具体的说服沟通过程中有一一对应的体现。

4. 字数不限，但要求结构清晰，排版规范。

5. 提交时间：第十周周一前交word版与纸质版。

三、对教材结构的重新编排

教材结构是指教材各部分之间的组织架构及内在关系，即教材框架结构、体系。教材结构反映了编写者的思想与思路。传统教材一般是从知识学科体系进行知识点的编排，具有较强的认知逻辑体系，这有利于学生阅读教材时的认知理解，也在一定程度上培养了学生的逻辑思维。但在成果导向教学模式下，强调应用型学习，需要在授课过程中以预期学习成果为导向、以应用为主线展开。建构主义也强调教学要尽可能地按照知识应用的方式来教学生学习。很多教材尽管在章节末尾会安排一些复习题，但这与学习成果的要求相差较大。因此授课教师在教学设计中，需在教材原有结构的基础上进行修订性编排。

仍以高职人力资源管理专业《社会心理研究》课程中的"应用态度及其形成、说服等相关理论尝试改变他人的态度"这一预期学习成果为例。该预期学习成果对应教材中的"社会态度"这一章节（单元）。教材编排结构为：态度概述、态度的形成、态度改变、说服模型、偏见。授课教师按这一结构讲授知识点后，若直接向学生提出"尝试改变他人的态度"的任务要求，则部分学生可能有点茫然。因为学生刚刚接触有关知识点，还没有很好地消化与吸收，较难按照教师本人的知识体系与思维模式进行思考，较难将知识点与完成学习任务进行有机的联结。因此，授课教师就需要对教学顺序进行重新编排。首先以预期学习成果为导向。教师在开始讲授"社会态度"这一章节（单元）之初，就告知学生该章节所涉及的预期学习成果及相关任务要求，并以此为导向展开教与学，其次以应用为主线。在教学过程中，教师以"如何才能完成学习成果"的思路为主线，围绕这一主线的各个环节联结相应的知识点。这样有助于学生在学习每个知识点时就明晰该知识点如何应用。图13-1显示了对教材结构重新编排的示例。

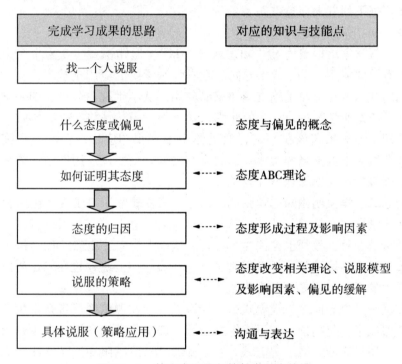

图 13-1 基于成果导向的教学顺序编排

第二节 基于成果导向的教学实施理念

传统教学实施主要是以书本为中心，以教师为主导，教师给学生讲授的主要是理论知识，学生主要通过记忆的方式掌握知识。在教学形式上，一般是教师讲，学生听，在一节课45分钟时间里，教师讲授的时间约占90%左右。在教学目标上，传统教学实施偏向注重认知目标的实现，强调学生的记忆学习，而学生并没有具体明确的学习目标，只是单纯跟着教师的讲课、复习、考试。在交流方式上，传统教学实施主要是教师讲课，学生听课，学生完成作业或考试后就基本上扔在一边。信息传递过程往往是单向的，虽然有些互动,那也是被动的。

基于成果导向教学认为教学设计和实施的目标是学生通过教育过程所取得的学习成果。它的理念是打破传统的以教师为中心的教学模式,强调学生的主体地位,指出课程教学的目标是让学生具备相应的能力,教师所从事的一切教学活动都是为达到教学目标而采取的手段。

高等职业教育领域以培养应用型人才为主,基于成果导向的教学实施过程主要依据下列五大理念:

理念一:学知识是为了用。

英国哲学家培根曾说过"知识就是力量",但知识要转变为生产力就必须得到有效的运用。基于成果导向的教学强调学生的应用型学习,教学重心不再偏向知识本身,而是侧重于知识的应用。从学生视角分析,如果学生在学习时不清楚所学知识对其有何作用,学生的学习热情将会受到影响。因此课程预期学习成果应该在一定层次上体现了知识的应用。在教学实施过程中,授课教师不但要强调所学知识的应用之处,更要以应用性学习成果为出发点,围绕如何应用知识展开教学。

理念二:学生明确知道学完这门课,要提交哪些学习成果(包括考试)。

在传统课程实施中,教师往往在考试复习阶段给学生"划重点"。为避免泄露考试题目,教师也往往要在考题的基础上扩大"重点"的范围。这既可能造成从侧面培养部分学生"押题"的不良投机心理,也在一定程度上限制了学生的思维(只要背熟考点就行了)。

在基于成果导向的教学模式下,任课教师会在课前明确告知学生课程的预期学习成果,包括预期学习成果的内容、提交成果的方式(无论是书面作业,还是通过表演、展示等方式,甚至采用考试的方式),以及评核成果的指标,并且这一"告知"被视为教师与学生之间的非正式协定,不能随意变更。这样,学生的学习目标更加明确,学习路径更加清晰。同时,校方也无须担心教师告知学生课程预期学习成果后的"泄题"影响,因为尽管学生已经知道预期学习成果(即所谓的题目),但完成这些预期学习成果并没有简单、机械的答案,学生往往需要自己总结提炼所学知识、自行思考解决问题,或者自己亲手操作,才能完成预期学习成果。

理念三:教师关注学生完成学习成果,而非抽查学生学习结果。

在传统课程实施中,教师通常是通过期末考试检测学生的学习情况。该模式一般带有四个特征:一是试卷出题带有抽查的性质,通过一些具有代表性的题目来检测学生是否掌握了课程的全部知识点;二是学生往往在课后不及时复习,而是在期末考试前突击复习,难以形成长期记忆;三是学生考完试后开始放假,意味着学生基本看不到(甚至根本不关心)答题的正确性以及错误的纠正;四是教师(甚至包括校方)与学生都聚焦于考试成绩这一综合性学习结果,甚至一部分学生只关注60分及格线。

在基于成果导向的教学模式下,学生被要求完成课程的所有预期学习成果,学习评价不再带有抽查性质。同时,各个预期学习成果并非在期末统一提交,而是随着每个预期学习成果所对应的教学内容,在学期中分阶段地完成与提交。这样,一方面学生可以通过对所学知识的及时复习与应用尝试来巩固与加深对知识的理解与掌握,另一方面学生有机会看到授课教师对其所提交学习成果的评阅情况,进而可以修正、完善学习成果。对教师(及校方)而言,其关注核心在于学生如何不断提高所完成学习成果的质量,而非只是学生的最终成绩。

理念四:学生完成学习成果的过程,不仅仅是巩固和验证的过程,更是学习的过程。

笔者曾经访谈过学生"作业与考试是为了什么",大多数学生的回答是"为了得到一个成绩分数",也有少部分学生回答是"为了评价学习掌握程度"或者"为了巩固所学知识"。这些回答在一定程度上体现了"灌输式"的教学理念,也催生了部分学生"为评价/成绩而学"的功利性思想。

在基于成果导向的教学模式下,学生完成学习成果的过程,不仅仅是巩固和验证的过程,更是学习的过程。这主要是源于预期学习成果没有现成的答案,学生很难通过简单的记忆或机械的模仿来很好地完成学习成果。在完成学习成果的过程中,学生需要自己总结、提炼所学知识,自行思考解决问题,或者自己动手操作,这些过程往往包含着对知识的应用(在应用型学习理念下,应用知识的能力也是学生的学习重点),以及多次的修正(学生在完成学习成果过程中的每一次修正,都是一次有效的学习体验)。

理念五:教师关注学生是否学会,而非关注给学生多少分。

目前,很多学校要求教师在编制试卷时提供题目的参考答案,并要求教师在评阅学生试卷时尽量依照得分点给出"小分",再累加成题目的总分。这一做法虽然能避免教师评阅试卷的主观随意性以及增强评分的公平性,但其不足之处在于还是将关注点停留在学生的分数上。究其原因,主要还是停留在"以教师为中心"的教学理念上,即"教师已经认真授课后,学(考)得好或者学(考)不好是学生自己的事"。

在基于成果导向的教学模式下,教师不仅要关注自己如何教,更重要的是,教师要关注学生是否学会其"应知应会应做"以及学生如何才能更好地完成其"应知应会应做"。教师在评阅学生试卷及作业时,不但要给予学生客观、公正的成绩，更重要的是指出学生的错误，并给予进一步修正与完善的建议。

上述五大基于成果导向的教学实施理念之间并非独立存在，而是相互关联，其核心是对"以学生为中心"理念的具体贯彻（见图13-2）。首先，通过成果导向，以学习成果衡量学生在完成学习后的"应知应会应做"。每个预期学习成果都明确告知学生，但每个学习成果的完成都蕴含在对所学知识的应用，且均没有直接给出答案，学生必须通过自己的努力完成所有预期学习成果。这一过程中教师应积极关注、指导不断修正、完善学生的学习成果。

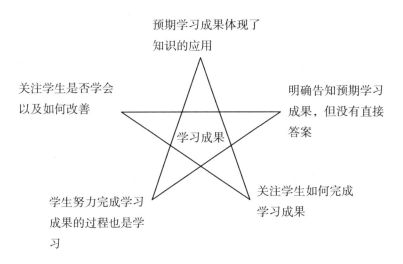

图 13-2 基于成果导向的教学实施理念

第三节 基于成果导向的教学实施步骤

在基于成果导向的教学实施理念下，在整个课程教学过程中可以按照下列八个步骤（5A3R模式）开展。

一、达成协议（Coming to an Agreement）

课程第一节课，任课教师向学生讲解《课程规范》，并发电子版给学生，要求学生打印出来夹在教材里。

以往在课程第一节课上只是单纯介绍课程主旨和内容，学生都不太在意，一方面是由于学生认为不太重要，另一方面可能是由于学生较难清晰地理解。《课程规范》是基于 DQP 成果导向而编制的,不但明确了该课程在整个专业人才培养课程体系中的性质与定位,也明确了课程的主要教学目的与内容,更重要的是明确了课程的预期学习成果以及考核方式。这是学生更为关注的内容。同时,任课教师在介绍预期学习成果时,对于其中涉及的一些课程术语可以进行简单的介绍,以激发学生的学习兴趣。

因此,在课程的第一节课,任课教师和学生围绕《课程规范》就课程预期学习成果进行沟通,对这门课要求学生应知应会些什么、如何教、如何学、如何考核评价等达成共识。《课程规范》则相当于任课教师与学生之间关于该课程教与学的非正式协议文件。学生将《课程规范》打印出来夹在教材里,既可以作为日常学习的参考,也可以用来检查教师是否按照《课程规范》进行教学,同时也可在一定程度上培养学生的"契约精神"。

二、围绕学习成果的教学(Revolve Around Learning Outcome)

任课教师讲授每个单元前,再次强调本单元涉及的预期学习成果,以及学生达成预期学习成果的情境、教学的方式以及考核的形式(可以提醒学生从教材中将《课程规范》打开来对照阅读)。

在讲授过程中,知识点与技能点围绕预期学习成果及其如何完成来展开。基于成果导向的教学模式与教材的知识体系有较大的差异。前者要求以学习成果为中心,以应用为目标展开教与学的过程,后者则多以研究型学科体系的认知逻辑顺序进行编排。因此,任课教师在进行课程单元设计时,要在对教材内容理解透彻的基础上,围绕"学生如何完成学习成果"这一主题重新编排,并在课程讲义中呈现出来。同时,任课教师有必要向学生解释课程讲义编排与教材内容的异同与联系,以便于学生能更好地参考教材进行自学。

三、发布正式的学习成果要求(Layout Assignment)

每个单元授课结束时,任课教师发布正式的预期学习成果要求(此时预期学习成果已经融于具体的学习任务情境中),并进行答疑,示例如下,并见图 13-3。

1. 阐述企业在制定及实施"员工奖惩制度"时的注意点(至少 8 个);(40 分)【SOC5】

2. 举例阐述企业员工满意度、员工工作士气、员工归属感的概念;(30 分)【SOC6】

3. 概念解释（5分），每个概念举例（员工的什么态度或行为显示了员工具有较高或较低的满意度/工作士气/归属感）至少1个，每个5分。

图13-3 以书面作业为考核方式的学习成果要求

发布，不是简单的告知。任课教师应给予必要的讲解，以让学生明确并理解具体的要求。因为教师与学生的知识基础、认知模式及思维结构有较大的差异。教师一看就懂的，学生不一定懂，或者不一定理解正确，尤其是教师基于自己的知识体系所编制的要求。

四、答疑与辅导（Answering Questions and Tutoring）

在学生完成学习成果期间，任课教师应给予学生必要的指导。教师可以与学生约定见面答疑的时间、地点，也可以通过微信、QQ等工具进行在线答疑。当教师发现某个学生提出的疑问，可能是全班大多数同学的疑问时，可以在班级微信群发出提示或者在课堂集中讲解。教师在答疑时，应注意重点在于引导学生思考，而不直接告知答案。

在基于成果导向的教学模式下，教师还可以利用导生对学生进行辅导。如美国导生引导式团队学习教学模式（Peer-Led Team Learning，简称PLTL）就是由同一教师在同一课程教材下教出来的高年级优秀学生作为导生，通过团队学习的方式，担任学生在学习上的引导者和指导者。团队学习研讨的主题恰好就是学生如何更好地完成各项学习成果。该教学模式在广东岭南职业技术学院人力资源管理专业《劳动法与员工关系管理》课程试点应用实践中已经顺利实施并取得了较好的效果。大多数学生通过一学期的"导生引导式团队学习"，在激发学习热情、帮助学习过程与学习内容理解、帮助思维与表达能力、提高课程成绩等方面，产生了积极的效果。

五、学习成果评价与改善（Assess and Improvement Suggestion）

任课教师依据《课程规范》或具体学习任务书上的评价标准对学生提交的学习成果（书面作业、实操、测试等）进行批改，指出错误并给出原因以及需要改正的意见或建议，然后发回给学生阅读。若发现有共性问题则可以在课堂上统一讲解。

学生可以根据教师批阅的建议或者参考（不是抄袭）其他学生的学习成果，对学习成果进行修正与完善，再次提交教师批改。为激发学生的修改积极性，可以以修改稿成绩为准。

六、及时的过程反馈（Response in Process）

每次学习成果的评改成绩，会及时录入《课程过程成绩统计表》（示例见表13-1）中，并向全班同学公布，以利于学生及时了解学习效果并掌控学习的努力程度。

表13-1 课程过程成绩统计表（示例）

序号	学号	姓名	评核系列二（占总90%）						
			书面作业36%			课堂汇报占33%		课堂测验占24%	
			SOC2社会认知偏差12%	SOC5社会态度12%	SOC7人际交往12%	SOC6用社会行为与社会影响分析职场员工关系（18%）	SOC8心理保健项目及课堂汇报（15%）	SOC1定义与理论9%	SOC3，SOC4社会印象管理与三维归因理论（12%）
1	15635040101	林**	64	55			89	90	85
2	15635040102	杨**	77	50			90	66	70
3	15635040103	林**	91	80			94	88	99

七、总结性回顾（Summative Review）

学生完成课程的各项学习成果，是随着学期过程中课程教学进度而逐步完成的，这有点类似于形成性评价。为了避免学生"过后就忘"，增强学生对所学的长期记忆，在课程结束时有必要要求学生对已经完成的各项课程学习成果进行一个总结性的回顾。针对每项预期学习成果，学生要思考并回答下列几个问题：你完成该学习成果后的主要收获？描述你是如何在该学习任务中让自己做得更好的？通过该学习任务，你学会"如何学习和做事"了吗？通过学习该任务，你认为对今后职场或生活有哪些作用？这次学习经历是否使你产生一些新的兴趣点或观念，为什么？对于该学习成果，你认为还有哪些更好的考核方式，为什么？表13-2是高职社会工作管理专业《社会心理学》课程中学生提交的一份总结性回顾的示例。

表13-2　学生完成课程学习成果后的总结性回顾（示例）

预期学习成果内容	应用三维归因理论分析日常事件	应用社会态度相关理论改变他人的态度
考核方式	课堂测检	书面作业
你完成该学习成果的主要收获。	对三维归因有了新的认识，比如：行动者、刺激物、环境因素等归因角度。	学习了说服的模型以及很多不同的说服因素。
描述你是如何在该学习任务中让自己做得更好的。	在学习之后，喜欢跟同学们一起归因一件事物的缘由，比如：在宿舍里，和舍友一起聊事情时会从各个角度找事物的原因，很有趣。	通过课堂上老师的讲解，对理论的温习，再加上运用自身真实的例子加以分析，提高了学习的效率。
通过该学习任务，你学会"如何学习与做事"了吗？	学习了三维归因理论，学会了怎样从不同的角度去看问题、找原因。	了解了说服一个人应该从哪些方面入手，而且知道不同的人会因为不同的性格影响说服结果，懂得在说服之前先对对方做人格分析。
通过该学习任务，你认为对今后职场或生活有哪些作用？	对于之后的职场，可以很好地应用三维归因理论分析作为我们社会工作者对求助者或是我们的案主的问题归因。	在今后的个案辅导或是小组活动中，知道要如何先对案主做分析，要从哪几方面对案主进行说服的成功率更大。

续上表

预期学习成果内容	应用三维归因理论分析日常事件	应用社会态度相关理论改变他人的态度
考核方式	课堂测检	书面作业
这次学习经历是否使你产生了一些新的兴趣点或观念？为什么？	兴趣点就是喜欢开始问为什么，找事物的原因，从不同的角度，从环境因素多方面进行探讨，感觉就像是侦探，发现越多的角度就有越多有趣的东西出现。	兴趣点在说服的过程，以及对人的分析，因为让自己全面地了解了说服一个人要从说服者的因素以及被说服者的因素，还有说服的环境入手，整个过程都很有意思。
对于该学习成果，你认为还有哪些更好的考核方式？为什么？	我觉得考核方式还可以换成课堂的交流形式，因为该阶段涉及的理论需要灵活的运用，比测验更好的一点是可以了解他人角度和自己角度的不同，同时加上老师的点评会比试卷更加深刻。	我个人认为要考核学生对说服理论的掌握程度，不单是从书面作业可以了解得到的，还可以通过拍视频的方式，直观地了解说服与被说服以及环境因素等整个过程。

从表13-2中可以看出，学生对之前课程学习成果完成情况进行总结性回顾，既可以巩固所学知识点与技能点，促进学生所学与所用之间的联结，还可以培养学生的自我反思习惯。另外，该总结性回顾还从学生的视角对课程预期学习成果设计进行了评价与建议，为任课教师对该课程诊断与改进提供了有效的参考。

八、记录（Record）

对所有学习成果的展示，任课教师要求学生提供纸质版和（或）电子版（如电子文档、照片、视频、程序等），以备存档。存档的作业一方面是便于学校管理层或第三方做鉴定及评价；另一方面也可以作为教师进行课程调优的参考，如邀请用人单位对学生学习成果进行评价，了解用人单位对学习成果质量的评价标准及评价尺度，同时听取用人单位对学习成果设计的意见与建议。因此，在基于成果导向教学实施中，所记录的不只是学习成果本身，也不只是成绩，更重要的是教师对学生学习成果的言语性评价。

第三节 基于成果导向的教学效果比较

为了更好地研究教学方法与教学质量和教学效果之间的关系，本次研究针对同批学生的不同课程采用两种不同教学方法进行授课，即包括成果导向教学（OBE）法及传统教学方法。分析两种不同的教学方法对课堂学习行为、学习效果之间的影响以及存在的差异。

为了更清晰地分析"成果导向教学"（OBE）在高职课程的实践及效果，本研究提出以下假设：

假设 H1：成果导向教学法（OBE）下的课程教学效果与传统方法教学课程相比具有显著的差异。

假设 H2：成果导向教学法（OBE）相比传统教学方法对学生课堂行为及学习效果的影响更大。

一、研究设计

（一）参与者

本研究以广州一家知名民办高职院校的人力资源管理专业课程为研究对象，被试课程分为两类共四门，第一类是成果导向教学（OBE）下的课程（企业行政管理、基于 Excel 的 HRM），第二类是传统方法教学下的课程（基础会计、市场营销），两类课程采用相同的调查问卷。共发出问卷 130 份，回收问卷 125 份，回收率 96%，其中有效问卷 125 份，有效率 100%。

（二）设计过程

对于传统教学方法，在研究过程中基本未加干涉，教师仍旧沿用原先的教学方式方法。对于采用成果导向教学（OBE）的课程，其教学基本设计是：（1）预设该门课程涉及的学习成果及其要求，包括学生达成学习成果的情境、学习方式、考核形式与评分标准，在课前与学生沟通并达成共识；（2）教学内容及过程围绕预期学习成果展开，激发学生朝着完成预期学习成果而思考与努力；（3）及时修改及反馈学生学习成果，对学生提交的学习成果（如电子作业、实操、测试等）进行批改，提出需要改正的意见或建议，对部分有共性问题在课堂上讲解，同时将每次预期学习成果的评改成绩及时向全班同学公布，以利于学生及时了解学习效果及进展。

本研究参考广东省 2014 年深化教育领域综合改革试点项目"基于 DQP

体系的高职学分制教学",并与一些教师进行沟通、访谈,做出本研究的调查问卷。调查问卷由四个维度即课前兴趣、教学方法、课堂学习行为以及学习效果组成,将课前兴趣作为控制变量,研究教学方法、课堂学习兴趣以及学习效果之间的关系,共9个题项组成(见表13-3),每个题项采用四级量表形式,其中1-非常不同意;2-较不同意;3-比较同意;4-非常同意,"1—4"分别表示被试者对此项认同的程度。因为问卷内容主要针对被试者对自身利益的个人主观评价,具有较高的敏感性,因此被试者采用匿名回答,使被试者放开回答,问卷回答采用被试者主观认知评价的形式。

表13-3 问卷的各个维度及测量构面

维度名称	测量构面(1—4,非常不认同—非常认同)
1. 课前兴趣	在上这门课之前我对这门课是有兴趣的
2. 教学方法	我清楚知道该课程的学习目标(应知应会)
	我清楚知道该课程学习所需要付出的努力与时间
	我清楚知道该课程如何才能及格或获得高分
3. 课堂学习行为	我在该门课堂上认真听讲,积极参与互动
	我能够认真完成该课程的作业或考试复习
4. 学习效果	该课程的教学方法有助于我对知识和技能的理解和掌握
	该课程结束时,我认为自己的确学到了知识和技能
	该课程学到的知识和技能能够有助于我今后解决实际问题

(三)测量工具

本研究采用SPSS17.0进行统计分析,采用Cronbach Alpha系数来检验问卷分量表的内部一致性。检验结果:学生对成果导向教学(OBE)信息源量表的Cronbach Alpha系数为0.945,学生对传统教学信息源量表的Cronbach Alpha系数为0.933,均具有可接受的内部一致性水平。

二、数据分析

（一）主要测量的描述性统计分析

表13-4 主要测量的描述性统计分析

		N值	最小值	最大值	平均值	标准差
成果导向教学（OBE）	1. 课前兴趣	125	1.00	4.00	3.3160	0.61084
	2. 教学方法	125	1.00	4.00	3.3413	0.56830
	3. 课堂学习行为	125	1.00	4.00	3.3460	0.55972
	4. 学习效果	125	1.00	4.00	3.3600	0.55455
传统方法教学	1. 课前兴趣	125	1.00	4.00	3.0400	0.66174
	2. 教学方法	125	1.17	4.00	3.0533	0.60486
	3. 课堂学习行为	125	1.00	4.00	3.1280	0.57292
	4. 学习效果	125	1.00	4.00	3.0187	0.63859

表13-4呈现了本研究中主要测量的描述性统计结果。两种教学方法中，成果导向教学（OBE）课程所有维度的平均值均高于传统方法教学的课程。

表13-5 两类课程不同维度绝对平均值的比较

维度	成果导向教学（OBE）（绝对平均值）	传统方法教学课程（绝对平均值）	绝对平均值差
1. 课前兴趣	3.32	3.04	0.28
2. 教学方法	3.34	3.05	0.29
3. 课堂学习行为	3.35	3.13	0.22
4. 学习效果	3.36	3.01	0.35

其中课前兴趣（3.32 VS 3.04），教学方法（3.34 VS 3.05），课堂学习行为（3.35 VS 3.13），学习效果（3.36 VS 3.02），就表13-5数据分析发现四个维度中教学效果差距最大。

(二)成果导向教学(OBE)与传统教学方法下学习效果的差异性分析

本研究针对两类课程的课前兴趣、教学方法、课堂学习行为以及学习效果进行配对样本 T 检验,通过表 13-6 数据表明课前兴趣、教学方法和课堂学习行为、学习效果的 Sig.(双侧)均为 0.000(<0.05),所以不同的教学模式下教学方法、课堂学习行为、学习效果均存在显著差异,说明成果导向教学(OBE)下的课程与传统方法教学课程的教学效果相比具有显著差异,研究假设 H1 得到验证。

表 13-6 两类课程不同维度的差异显著性检验(配对样本 T 检验)

	t	df	Sig.(双侧)
1. 课前兴趣	4.732	124	0.000
2. 教学方法	6.870	124	0.000
3. 课堂学习行为	6.069	124	0.000
4. 学习效果	7.209	124	0.000

(三)成果导向教学(OBE)相比传统教学方法对课堂学习行为、学习效果的影响

1. 主要测量之间的相关性分析

表 13-7 主要测量之间的相关性

		1	2	3	4
成果导向教学(OBE)	1. 课前兴趣	1	0.692**	0.645**	0.687**
	2. 教学方法		1	0.817**	0.828**
	3. 课堂学习行为			1	0.795**
	4. 学习效果				1
传统方法教学	1. 课前兴趣	1	0.754**	0.545**	0.648**
	2. 教学方法		1	0.754**	0.741**
	3. 课堂学习行为			1	0.774**
	4. 学习效果				1

注:**. 在 0.01 水平(双侧)上显著相关。

从统计结果来看，课前兴趣与课堂学习行为具有相关性（r=0.645 VS r=0.545，p<0.01）、课前兴趣与教学效果具有相关性（r=0.687 VS r=0.648，p<0.01）、教学方法与课堂学习行为具有相关性（r=0.817 VS r=0.754，p<0.01）教学方法与教学效果具有相关性（r=0.828 VS r=0.741，p<0.01）。

表13-7数据呈现了两种不同教学方法下的课程在不同维度即课前兴趣、教学方法、课堂学习行为以及学习效果之间均存在正相关。

2. 为进一步分析成果导向教学（OBE）相比传统教学方法对课堂学习行为和学习效果的影响

数据采用同一样本下两种不同方法在控制课前兴趣变量的情况下（多元逐步回归分析）研究其影响（见表13-8）。

表13-8 两类课程的不同维度变量间的预测力检验（多元逐步回归）
（自变量X；因变量Y）

教学方法	X：课前兴趣 Y：课堂学习行为		X：课前兴趣 Y：学习效果		X1：课前兴趣 X2：教学方法 Y：课堂学习行为		X1：课前兴趣 X2：教学方法 Y：学习效果	
	X对Y的回归		X对Y的回归		控制X1，分析X2对Y的回归		控制X1，分析X2对Y的回归	
	β13	Sig	β14	Sig	β23	Sig	β24	Sig
学习成果导向课程	0.591	0.000	0.624	0.000	0.701	0.000	0.441	0.000
传统方法课程	0.472	0.00	0.609	0.000	0.753	0.000	184	0.706

注：**p<0.01。

从数据显示来看，成果导向教学（OBE）、传统方法教学的两类课程的课前兴趣对课堂学习行为和学习效果均有显著影响（Sig<0.05）。

同时，对于成果导向教学（OBE），在控制学习兴趣的条件下，教学方法分别对课堂学习行为（Sig<0.05，β23=0.701）和学习效果（Sig<0.05，β24=0.441）具有显著影响。而对于传统方法教学课程，教学方法能对课堂学习行为产生影响（Sig<0.05，β23=0.753），但教学方法对学习效果没有显著影响（Sig=0.076.>0.05，β24=0.184），

因此在控制学习兴趣的条件下，两种教学方法对课堂学习行为都有影响，但传统教学方法对学习效果没有显著影响，也就是说成果导向教学（OBE）对学生课堂学习行为及学习效果的影响更大，研究假设H2得到了验证。

三、结论与建议

本研究的研究结果显示，两类不同教学方法下的课程在课前兴趣、教学方法、课堂学习行为、学习效果之间存在正相关。成果导向教学（OBE）方法下的课程对传统方法教学课程具有显著差异性。成果导向教学（OBE）方法相比传统教学方法对学生课堂行为及学习效果的影响更大。

为了进一步做好成果导向教学（OBE）模式的开展，将成果导向教学（OBE）模式更好地渗透到高职课程教学之中，我们应该对高职课程教学进行改革，以成果为导向，以项目为主体，以任务为驱动，让成果导向教学（OBE）模式得到更好的发展。具体的改革方案如下：

第一，在成果导向教学（OBE）模式下合理设计教学内容。

对高职类课程教学进行改革，在以成果导向教学（OBE）模式的指导下，教师必须为学生树立一个明确的学习目标，并要求学生对所要达到的学习成果及其社会价值有所认知，而通过这个过程，学生就会产生强烈的求知欲望，从而更好地掌握相应的知识和技能。因此，以成果为导向的教学模式，其教学改革的第一步则是制定相应的学习成果，而所制定的学习成果尽量能紧密地围绕工作实践，进而使学生能熟练地掌握实际工作中的应用能力。

第二，在成果导向教学（OBE）模式下选择合适的教学方法。

在成果导向教学（OBE）模式中，我们通常采用体验式教学法与任务驱动教学法两种模式。让学生能够在真实或模拟项目中体验工作业务流程，处理不同的工作业务。并且利用在实践过程中的各种感知，提高其自身对相关业务知识的掌握与应用。这两种模式能够很好地将学生置于教学的主体地位，并能够实现以成果为导向的教学设计。

第三，设计全面、标准的评价系统和反馈机制。

成果导向教学（OBE）模式主要是以学习成果为核心，让学生用已经掌握的知识去完成一个项目或任务，通过完成项目或任务来展示自己的知识、技能以及运用知识和技能的能力。所以在课程设计中必须创建基于学习成果的课程考核评价标准，强化过程化考核，以任务为核心，考核和评价项目必须从项目或任务出发，以项目或任务为基础，评定学生完成项目或任务的表现。同时建立相应的反馈机制，针对学生完成学习成果的表现进行反馈，以便学生了解学习成果的进度和完成程度。

综上所述，通过对成果导向教学（OBE）模式的探讨，我们更清醒地意识到，该种教育教学模式的应用与开展，更有利于激发学生的自主学习能力，提高教学活动的效率。成果导向教学（OBE）作为一个全新的教育教学模式，其对提高教育教学水平有着十分重要的影响，因此，做好成果导向教学（OBE）模式的研究则具有十分重要的现实意义，值得广大教育工作者加强研究和探讨。

第三编 基于 DQP 成果导向的实务与运用

第十四章 基于 DQP 的教学诊断与改进

人才培养的载体是课程体系，每门课程又是课程体系中必不可少的元素。在 DQP 框架下课程规范是教学的指导性文件，教学需依据课程规范开展，同时对整个专业规范目标的实现起到决定性作用。课程规范在我国教育领域尚属新事物，课程规范制定的科学与否以及可行与否都需要不断的实践与调优。而课程规范的科学与可行需要教学诊断来检测，根据检测结果进行改进。

一、教学诊断的内容

从专业整体教学的角度来看，教学诊断一是诊断每门课的课程规范实施情况；一是诊断相似课程之间对同一专业预期成果的支撑情况。通过诊断找出专业课程体系有待完善的地方，进一步优化课程体系，进而更好地支撑专业预期成果的实现。

基于 DQP 成果导向理念的人才培养方案实施过程中，教学以课程规范为指导性文件，课程规范以专业预期成果达成为目标，专业预期成果 POC 在每个课程中的体现即课程预期成果 SOC，课程成果是教学活动的载体，教学活动围绕课程成果的实现来开展，以学生为主体从认知、领会、应用、分析、综合、评价不同的层次来实现课程预期成果 SOC，因此在教学诊断过程中主要的诊断对象是课程成果对专业预期成果的支撑情况，课程成果的考核，课程预期学习成果、教学方法、评核方法与标准、评核证据之间的整合调优及实施情况。

通过诊断，对教学、课程进行反思，进而提出优化建议，为后续教学起到一定的指导作用。具体包括以下三个方面：

（1）对课程规范设计的反思（包括对 SOC 设计、对教学内容、教学方法、评核方法等设计，在科学性、适用性、操作性、成效性等方面的优劣分析）。

177

(2) 对教学活动过程的反思（重点不在课程规范本身，而在教学活动过程：有意义的方面，遇到的问题，可以继续改进的方面）。

(3) 从本课程的角度对专业规范的反思与建议（主要涉及专业规范对本课程的支撑要求，本课程与其他课程的融合等）。

二、教学诊断过程

成果导向的专业规范基于行业企业岗位需要，学校、学生、教师的需求，专业预期成果支撑对需求的满足，专业预期成果的实现有赖于教学实施，教学实施的情况需要不同主体对整个过程不同阶段进行评价和诊断。因此教学诊断需要对不同主体不同实施阶段进行全过程的诊断，具体见表14-1。

表14-1 不同主体不同实施阶段的教学诊断表

阶段	时间	主体	诊断内容	过程评价		
				督导	教学管理委员会	信息反馈员
期初	1—2周	教师	课程设计	指导	指导、评价	全过程对教学实施情况进行反馈
期中	3—12周	同行	互听互促	评价	前期实施检查	
		教师	自查			
期末	13—18周	教师	反思	总结	评价	
		学生	总结性反馈			
		企业	学习成果	学习成果对人才需求的支撑度		
		毕业生	支撑度、适应性反馈	毕业生从工作角度出发反馈意见、建议		

（一）期初阶段的诊断

1. 教师课程设计诊断

教师每学期初课程实施之前对所授课程进行设计，并由专家委员会对课程定位与性质、课程目标设计、课程内容设计、教学方法和手段考核方式设计、教学资源、代表性SOC教学设计进行评价，任课教师根据评价对课程设计情况进行完善和调整。具体可参考表14-2：

表14-2 教师说课（课程设计）评价表

教师姓名：　　　　　工号：　　　　　所属单位：　　　　　所属专业：　　　　　职称：
课程名称：　　　　　　　　　　　说课时间：　　　　　评价人：　　　　　评价得分：

序号	评价项目	评价说明	权重分	实际得分	说明
1	课程定位与性质	1. 介绍全面； 2. 重点放在"为什么开设这门课"的阐述上。	5		
2	课程目标设计	1. 能清晰阐述"课程目标对该专业人才能力的支撑"； 2. 课程对应的POC与DQP的内涵一致； 3. 课程SOC与POC内涵一致。	5		
3	课程内容设计	1. 具体的学习内容与学习载体能有效支持SOC的达成； 2. 清晰阐述"各学习内容或学习载体之间的关联及对课程目标的支撑"。	20		
4	教学方法和手段	合理、清晰地阐述"教学方法与手段的选择对达成教学目标的科学性与适用性"。	20		
5	考核方式设计	合理、清晰地阐述"考核方式的选择对检验教学目标的科学性与适用性"。	20		
6	教学资源	清晰阐述本课程涉及的特殊教学资源。	5		
7	代表性SOC教学设计	1. 能体现或展示代表性； 2. 该SOC教学设计符合之前的教学设计整体思路； 3. 该SOC教学设计的确有利于达成与检验该教学目标。	25		

2. 教学环节诊断

由督导、教学管理委员会对教师的教学准备情况进行常规性检查，具体包括教学资料的准备、教学文件的完整情况、教学内容的质量情况等进行全面诊断。检查情况进行记录，该项检查在期初、期中、期末三个阶段均应进行，检查表见表14-3。

表14-3 广东岭南职业技术学院教学环节检查表(期___)

(201___—201___学年第___学期)

院(部门)_____ 专业(教研室)_____ 检查时间段:第___周至第___周

检查人_____ 主管教学负责人签名_____

教师姓名	任教课程	任课教学班	备课情况			学期授课计划进度执行情况		学习成果批阅情况		平时成绩册、考勤册是否有记录	任课教师听课次数	调停课次数及原因	教学失职情况	学生教学反馈及上次月检问题整改情况
			应备课时数	实备课时数	优点、不足及改进措施	是否与授课计划表内容进度一致	异常原因说明	学习成果名称	学习成果提交及批阅情况					
					优点:									
					不足:									
					改进措施:									

(二) 期中教学实施的诊断

期中教学由教师、学生、督导、信息反馈员、教学管理委员会对前期教学进行全面检查诊断，通过收集来自不同主体的评价，找出教学工作各个环节存在的问题，提出改进的建议，不断完善教学方案，为期末教学提供调整的依据。

1. 教学管理委员会统筹工作

教学管理委员会制定期中教学实施诊断指导性意见，对专业必修课、专业选修课，课内及课外课程实施内容及佐证材料的搜集与诊断。具体包括教学环节内容的检查、学生对教学实施情况的反馈、同行听课安排、学习成果检查等。其中诊断要点是学习成果的检查，见表14-4。

2. 教师自查教学实施情况

教师从课程实施整体情况出发，对课程计划的实施、教学内容进度、课程成果的收集与批阅、课程成果的达成情况等进行全面的自查。自查完毕将所有的教学资料统一交至专业教研室检查，教研室检查并提出整改建议。

3. 同行、督导互评互促

以专业大类为单位，组织同行教师互听互促，互相评价，互相诊断，从他评的角度对教学实施情况进行评价诊断。开展该项工作的目的是使教师能从不同类型授课教师的教学方式、教学设计，对照所授课程，找出差距、不足，发掘对方的亮点为己所用，最终达到共享、共进的效果。评不是目的，评最终是为了促进教学质量的提升。相关的评价指标见表14-5。

4. 信息员对教学情况进行反馈

由每个班的优秀学生组成信息员，搜集学生对教师教学各方面的意见或建议，由信息员汇总后代表大部分学生反馈给教学管理部门，由教学管理部门组织第三方随机对问题进行分析及有针对性的跟踪。本反馈贯穿教学的整个过程，期中针对性召开师生座谈会，搜集学生代表对教师的意见或建议，并给出针对性的解决措施。具体的反馈表见表14-6。

(三) 期末教学实施的诊断

本阶段主要由教学管理委员会、督导、教师、学生、企业进行总结性的检查，并且侧重于实施过程中的反思及今后的改进计划。

表14-4 广东岭南职业技术学院课程学习成果检查情况一览表

序号	课程适用年级专业	课程名称	课程规范编制人	课程任课教师	教学班级名称	教学班级人数	应收学习成果次数（注：以课程规范为准）	实收学习成果次数	已评核学习成果次数	学习成果名称列表	备注

第三编 基于DQP成果导向的实务与运用

表14-5 教师互评互促表

授课教师：		授课地点：		授课时间：第 周星期	
第 节					
职称：双师：		上课班级：		学生考勤	应到 _人 / 实到 _人
教师所在学院：		课程名称：		听课人	

评价指标			配分				得分	合计
一级指标	二级指标	具体内容	优秀	良好	合格	不合格		
教学目标	明确SOC（10分）	应实现的SOC与《课程规范》中要求对应一致。	5	4	3	2		
		学生清楚SOC的具体要求和评核标准。	5	4	3	2		
教学设计	环节安排（10分）	教学环节设计逻辑清晰，环环相扣，吸引学生积极参与。	5	4	3	2		
		各环节有效引导学生思考，注重SOC的有效落实。	5	4	3	2		
	内容组织（10分）	教学内容的组织围绕实现SOC所需要的知识、技术、工具、方法等展开。	5	4	3	2		
		教学内容展现方式多元化，能充分利用信息化技术、多媒体教学手段，设计直观性、可接受性强的PPT及其他教学资源。	5	4	3	2		
	SOC评核（5分）	评核方法与SOC的特点相适应，有具体、操作性强的衡量标准。	5	4	3	2		
教学执行	内容讲授或实训指导（35分）	严格执行《课程规范》的进度安排，误差不超过正负4课时。	10	8	6	4		
		内容讲授语言表达清晰、准确、规范，逻辑性强，课件或板书内容表达合理、条理清晰；实训示范操作规范，符合职业技能鉴定或行业标准。	10	8	6	4		
		课堂信息充实，有一定的深度和广度，或能实时引入职业资格（行业）标准，根据SOC要求突出职业能力培养，寓综合素质教育于课堂教学之中。	10	8	6	4		

续上表

教学执行	教学方法(20分)	合理利用信息化教学资源，提高学生学习的主动性和能动性。	5	4	3	2
		课堂进度安排合理，实时关注学生的现场学习效果反馈。	5	4	3	2
		学生到课率高，迟到率低。	5	4	3	2
	课堂氛围(10分)	课堂氛围好，师生有效交流，多数学生能集中精力参与学习。	5	4	3	2
总　分						

总体评价和建议：

签　名：
日　期：

第三编 基于 DQP 成果导向的实务与运用

表 14-6 教学问题整理情况汇总表

教研室	教师姓名	学生提出存在的问题	听课时间及听课人员	反馈意见或建议	学生反馈处理结果

185

1. 教师教学实施情况汇报

期末教师根据期初课程设计的内容，对本学期课程实施情况以说课的方式进行汇报，其中包括课程实施过程、课程教学效果、课程教学反思与诊断、课程改进计划。课程实施过程中的关键步骤或要点（能体现课程规范或成果导向教学的要求，可以概括性地阐述，也可以列出一两个有代表性的 SOC 举例阐述）；课程实施过程中，对原课程设计进行及时调整的地方与依据（课程规范需要遵守，但不是硬套，教师可以根据实际情况进行调整，这里要阐述做了哪些调整，为什么要调整）。课程教学效果方面包括课程总成绩分布、课程各 SOC 成绩分布、课程涉及的 POC 成绩分布、学生学习成果展示（举例）、其他涉及学生成长与进步的教学效果（如竞赛、按课程规范教学后，学生对某些点反映良好或者学习有改善的地方、用人单位的反馈等）、本次课程实施过程中的教学改进所带来的效果（如有）。课程改进计划主要侧重可操作性的课程改进计划（包括课程规范设计的改进、课程实施的改进。可操作性的意思是改进可实现、可衡量、可检验，以利于后续的诊断与改进跟踪及评价）。教学管理委员会对教师的教学实施汇报情况进行评价，评价指标见表 14-7。

表 14-7 教师说课（课程实施）评价表

教师姓名：　　　工号：　　　所属单位：　　　所属专业：　　　职称：
课程名称：　　　　　　　说课时间：　　　评价人：　　　　评价得分：

序号	评价项目	评价说明	权重分	实际得分	说明
1	课程实施过程	1. 课程实施过程中的关键步骤或要点清晰，能体现出课程规范或成果导向教学的要求； 2. 课程实施过程中，对原课程设计进行及时调整的地方，其依据充分合理。	20		
2	课程教学效果	1. 课程成绩分布的数据分析全面； 2. 学生学习成果展示的示例能体现出对应的 SOC 的要求； 3. 其他教学效果能作为实施效果的有力补充。	40		
3	课程教学反思与诊断	（三个方面的）反思与诊断有深度、具体化，与课程规范或成果导向教学的要求相符合。	20		

续上表

序号	评价项目	评价说明	权重分	实际得分	说明
4	教学改进计划	改进计划可实现、可衡量、可检验，有利于后续的诊断与改进跟踪及评价。	20		

2. 学生课程学习成果总结及反馈

（1）在校应届生课程学习成果总结

课程学习成果设置得如何，学生是否明白，成果是否有效，是否符合学生的需求，需要在期末进行检测。课程实施完毕，每位学生每个课程成果的分布情况，每位学生对课程成果的认知程度、掌握程度需要学生清楚，并需要知道学生的反馈。因此在本阶段需要每位学生对该课程学习成果的认识、所学所获做一个总结，以利于教师根据反馈情况进行诊断教学情况。课程总结表见表14-8。

根据每位学生对课程成果的认识及学习总结情况，教师要找出每个课程成果本身的合理性、可操作性，从而为教学优化提供重要的依据。

（2）毕业生课程学习成果反馈

任课教师将收集的整套课程成果资料发给毕业生，由毕业生结合岗位工作的体会及岗位需要，由毕业生对课程成果的设计（内容、数量、评价标准）、课程成果对岗位需要的支撑情况进行综合反馈。根据毕业生的反馈，再次优化调整课程规范中的课程成果。

3. 同行、督导对教学实施情况的总结反馈

同行、督导根据教师完整的课程成果含课程规范、课程成果类别、课程成果评价标准、课程成果成绩分布表进行综合诊断，对课程成果的可行性、课程成果对专业预期成果的支撑情况、该课程及同类课程对专业预期成果的协同支撑情况进行检查，通过检查，对教学情况进行总结性的反馈，帮助教师提升教学设计及实施能力。

4. 企业评价

将完整的课程实施成果资料发给企业或者通过问卷、访谈的方式，组织企业对课程成果进行评价，由企业根据企业实际业务的需要，对学生的成果进行评核，一则检测课程成果设计的实践性，二则检测课程成果能否达成支撑专业预期成果，能否满足用人单位的要求。

通过以上三个阶段的诊断，实现教学全过程、多方位的评价及诊断，对教学效果的有效达成起到积极促进作用，为再次开展教学诊断及改进提供参考。

表14-8 课程总结表

班_____ 姓名：_____

《 学习成果完成后的总结 》

学习成果编号	内容	考核方式	你完成该学习成果的主要收获。	描述你是如何在该学习任务中让自己做得更好的。	通过该学习任务，你学会"如何学习与做事"了吗？	通过该学习任务，你认为对今后职场或生活有哪些作用？	这次学习经历是否使你产生了一些新的兴趣点或观念？为什么？	对于该学习成果，你认为还有哪些更好的考核方式？为什么？

第四编
基于DQP成果导向的应用实例

当仁，不让于师。

——《论语·卫灵公》

这几年涌现出来众多高职教育"新秀",如"示范校""骨干校""一流高职院校"和"创新强校"等,各种各样的职教榜样在不知不觉中已成为我们心目中的坐标,随着社会经济的发展和教育改革创新的深入,下一个榜样在哪里?

法国作家卢梭说:"榜样!榜样!没有榜样,你永远不能成功地教给儿童任何东西。"罗曼·罗兰也说过:"要撒播阳光到别人心中,总得自己心中有阳光。"我想,我们每个学校的改革与创新或都是"榜样"和"阳光"。

俗话说,信其师,则信其道;信其道,则循其步。喊破嗓子不如做出样子。所以,我们的探索和实践如果能为中国职业教育改革做个榜样就是莫大的荣幸了。

第四编 基于DQP成果导向的应用实例

第十五章 基于DQP的工商企业管理专业规范设计

近年来，企业经营环境发生巨大变化，呈现出全球化、多样化、信息化等特点。经营环境变化必然要求管理实践变革，企业管理现代化创新将成为企业竞争优势和可持续发展的载体。在变革过程中，对企业管理人才的培养也应该逐步进行调整优化才能符合行业、企业转型的需求。具有企业管理专业知识、广泛且融合的知识、分析沟通等智力技能、应用和协作学习能力及公民素养和全球学习能力且有创新、创业思维的高素质技术技能型人才的培养正是适应了企业转型升级的需要而提出。工商企业管理专业以社会、行业、企业外部需求和学校定位、教师、学生的内在需求为前提，以专业知识、广泛且融合的知识、应用协作能力、智力技能、公民素养和全球学习五大维度为工具，以成果导向为理念，制定专业人才培养方案。

一、前言

工商企业管理专业是广东岭南职业技术学院最早开设的专业之一。工商企业管理专业于2001年设立，至今已有13届毕业生，毕业生7200余人，就业率连年在99%以上。毕业后学生主要就业于各类行业、企业，从事总部管理、门店管理、营销策划、市场调研、商品采购、客户服务与电子商务等岗位工作。

本专业坚持理论教学与实践教学的有机结合，并逐步加大实践教学比例，让学生在"学中做，做中学"，充分掌握并应用所学知识。校内不仅有商业体验与服务中心、企业模拟经营实训室供学生实训，还与多家知名企业建立了校企合作关系，成立"订单班"，综合企业和院校资源共同打造真实项目，为学生提供实习实训平台，提升学生就业竞争力。

在新的管理技术、新的管理模式不断产生的时代，企业对管理人才的要求也越来越高，也因为如此，我们致力于在信息化办学的平台上，为珠三角的各类企业输送基层管理者，输送掌握高技术、高技能的实用型人才。

二、一般信息

（一）专业名称和专业代码

工商企业管理专业（630601）。

（二）所属学院

经济管理学院。

（三）颁授证书名称

工商企业管理专业专科毕业证书。

（四）入学要求

普通高中毕业生、中职（专）毕业生和职高毕业生。

（五）培养目标

本专业培养德、智、体、美、劳全面发展，立足区域经济的发展，满足生产制造业、商贸业、现代商业服务业的需要，具有工商企业管理专业知识及广泛且融合的知识、具有分析沟通等智力技能、具有应用和协作学习能力及公民素养和全球学习能力且有创新、创业思维的高素质技术技能型人才。

（六）基本学制

全日制学分制（正常3年学习期）。

（七）毕业标准

修满本专业最低限定学分——120学分，同时满足以下条件，可以获得毕业证书：

1. 获得本专业规范规定的职业资格证书或社会公认相关技能证书。
2. 至少获得计算机应用能力一级证书。
3. 至少获得英语应用能力B级及以上证书或托业桥等国际认证或其他语种的相应证书。
4. 按照学校博雅教育体系要求参与相关活动，并获取学校博雅证书。

（八）基本和最长学习年限

1. 以专业培养计划规定的基本修业年限（3年）为参考，实行弹性修业年限，允许学生提前或者延期毕业。提前毕业的，原则上只能比基本修业年限提前1年。学生在基本修业年限内未能修满培养计划规定学分的，可以延长修业时间，延长时间不得超过专业培养计划规定的基本修业年限。[《广东省教育厅关于普通高等学校实施学分制管理的意见》（粤教高函〔2014〕5号）]

2. 对有特殊原因、特殊困难的学生，经学校批准可以勤工助学。学生因生病或者创业等原因不能连续完成学业，可以实行间修制，允许其中断学习，保留学籍。每次中断学习时间，一般以1年为限，累计中断次数不得超过2次。学生从入学到毕业的年限不得超过上述第1条规定的时间。被批准休学工作、创业和因病休学的学生，其休学时间计入上述第1条规定时限范围。[《广东省教育厅关于普通高等学校实施学分制管理的意见》（粤教高函〔2014〕5号）]

（九）就业方向

就业方向参照表15-1。

表15-1　工商企业管理专业就业方向、岗位群与主要工作内容表

序号	就业方向	岗位群	主要工作内容
1	企业基层管理岗位	行政管理	进行企业日常行政工作内容管理。
		营销策划	对市场进行调查，掌握市场动向，做出正确决策；利用宣传资源和渠道进行品牌建立和发展。
		采购管理	开发供应商、制定并实施采购计划；对库存商品进行正确管理。
		客服管理	维护客户关系并进行管理；能及时有效处理客户投诉及意见等。
2	中小企业创业者/创业助理/家族企业接班人	创业管理	全面进行创业及经营、结合创业项目整合资源，建立团队，进行创业运作。

三、专业预期学习成果

广东岭南职业技术学院学历资格框架参照美国 DQP 副学士标准，确定毕业生学历资格的五大学习领域（专业知识、广泛且融合的知识、智力技能、应用和协作学习、公民和全球学习）的预期学习成果，以此来体现对本专业毕业生的职业能力、方法能力、社会能力及专业核心领域知识的融合与应用能力等方面的要求，即毕业要求。本专业毕业生在各学习领域的"专业预期学习成果"（Program Outcome，简称 POC）描述如下：

（一）学习领域一：专业知识（Specialized Knowledge）

在专业知识方面，本专业的毕业生应该能够：

POC1.1 用工商管理专业领域的相关术语来描述市场调查、市场定位、消费者行为、营运管理、流程管理、电子商务运营、质量管理以及涉及企业人、财、物管理等领域的核心理论和实践；掌握相关的创业理论与技能，并且提供至少一个与专业领域相关的案例。

POC1.2 应用专业领域的相关工具、技术和方法（如市场调研方法、质量管理标准、销售统计等）去解决本专业市场调查、市场定位、消费者行为、营运管理、流程管理、电子商务运营、质量管理以及涉及企业人、财、物管理等领域内的提问和难题。

POC1.3 基本上无差错地做出市场调查、市场定位、消费者行为、营运管理、流程管理、电子商务运营、质量管理以及涉及企业人、财、物管理等领域的方案或计划，如制定销售计划、企业战略规划、创业策划书等，并能够进行演说和展示。

（二）学习领域二：广泛且融合的知识（Broad and Integrative Knowledge）

在广泛且融合的知识方面、本专业的毕业生应该能够：

POC2.1 能描述所学习的每一项核心领域（如企业营运、创业管理、电子商务运营、思想政治与博雅教育领域等）的现有知识或现有实践的研究进展。

POC2.2 就所学习的每一项核心领域描述一个关键性的争议问题，解释该争议问题的意义，并且应用该领域的概念来阐述自己对该争议问题的见解。比如能应用以儒家思想为核心的诸子百家思想去描述现代社会的某些争议性问题、现代社会的科技发展与环境污染问题、现代社会的诚信缺失、见利忘义以及孝道、仁爱、管理方式与管理评价标准设计等问题。

POC2.3 在实施分析性、实操性或创造性的任务中，使用所学习的多项核心领域的公认方法，包括依据的收集与评估。

POC2.4 描述和评估至少两项所学习的学科（如企业营运管理、消费者行为研究、数学等）是怎样定义和解释科学、艺术、社会、人类服务、经济或科技的选定问题对社会的重要意义的。

（三）学习领域三：智力技能（Intellectual Skills）

在解析探究（Analytic Inquiry）方面，本专业的毕业生应该能够：

POC3.1 在选定的学习范围内识别和定义框架问题（如微营销、微服务、质量管理标准等），并区分框架问题的一些想法、概念、理论或实践方法。

在利用信息资源（Use of Information Resources）方面，本专业的毕业生应该能够：

POC3.2 在一个专门领域或一个相对普遍的艺术和科学领域内识别、分类、评价和引用多种信息资源来打造项目、撰写论文或进行表演。比如能对企业的市场销售、客户定位、商品质量标准或者服务方式与效果等方面进行相应的调查，能收集有效信息，并对信息进行加工整理和分析，形成调查方案或报告，为企业后续管理提供帮助。

在了解多种观点（Engaging Diverse Perspectives）方面，本专业的毕业生应该能够：

POC3.3.1 可从不同的文化视角解释和描述影响人们的突出问题或热点问题，可涉及政治、社会、艺术或全球关系等方面。例如对公共生活、职业生活、家庭生活中的道德与法律规范、社会主义核心价值体系、核心价值观内容、中国精神、共同理想等能明确地阐述。

POC3.3.2 可运用不同知识或文化对上述突出或热点问题表述与其他人不同的意见，比如人们对网络语言文化、在线教育、低碳生活、领土争端、绿色经济、全球变暖等方面问题，明确地阐述不同文化视角（或不同文化背景的知识）会怎样影响人们对上述问题的理解。

在伦理判断（Ethical Reasoning）方面，本专业的毕业生应该能够：

POC3.4 描述政治、经济、医疗保健、技术或艺术上的突出伦理问题，并且指出怎样可以用伦理原则和伦理框架做决策来应对这些问题。比如针对采购黑幕、生产造假、价格欺诈、网络诈骗、招聘乱收费、人肉搜索、网络暴力行为等问题，分析道德准则或框架对其如何产生影响或作用。

在定量表达（Quantitative Fluency）方面，本专业的毕业生应该能够：

POC3.5.1 对政治上、经济上、健康问题上或技术问题上的定量信息准确解释，并且详述怎样在展示上使用数学运算和符号运算。比如成本核算、销售预算、投资收益、消费者特征集中度、库存预计等专业问题及运动与健康关系问题，对其中使用到的量化信息（即数字）进行准确的诠释，并能够有效地使用这些信息。

POC3.5.2 利用现有的数据创建图表或其他视觉效果更好的方式，来诠释管理领域的发展趋势。

在沟通技巧（Communicative Fluency）方面，本专业的毕业生应该能够：

POC3.6.1 在职场中进行书面表达及沟通（如策划方案的写作），基本无笔误、错漏，条理清晰，论证令人信服。

POC3.6.2 在课内、课外一些专业活动或竞赛活动中进行言语交流。

POC3.6.3 对商务工作中的任务（如买卖合同内容）进行谈判，并对谈判结果进行书面或口头的总结性陈述。

POC3.6.4 使用英语进行日常基本的交流，翻译所学专业领域的一篇简单的文章。

在创新思维（Innovative Thinking）方面，本专业的毕业生应该能够：

POC3.7.1 至少听一场创新创业讲座，至少参与一项创新创业实践活动，指出其中涉及的创新、创业特征及关键要素，并给出自己的评判。

POC3.7.2 运用管理相关知识或技能，就社会、经济、技术、文化等领域的某一方面的实践活动，或提出疑问，或指出其存在的问题，或提出新思路、新方法。

（四）学习领域四：应用和协作学习（Applied and Collaborative Learning）

在应用和协作学习方面，本专业的毕业生应该能够：

POC4.1 书面汇报至少一个企业管理案例或创业经营案例，并能运用专业所学理论对案例进行合理的分析。

POC4.2 分享或教会同学们至少一个自己在课堂外学来的重要概念或方法（主要是本专业相关领域的概念或方法，可以是从课外资料学习得来的，也可以是通过课外实践得来的实际经验）。

POC4.3 对于超出课内所学知识的实践问题，能客观地进行信息搜集、并对此问题辩证地进行评价。

POC4.4 参与一个创新创业性活动或项目，并能书面总结参与过程或提供创新创业成果。

（五）学习领域五：公民素养和全球化学习（Civic and Global Learning）

在公民素养和全球化学习方面，本专业的毕业生应该能够：

POC5.1 清晰地介绍自己的个人背景与文化背景，包括发源与发展、信仰与价值观、人生观，并能结合自身专业学习情况进行职业生涯规划。

POC5.2 就某一些社会主义的核心价值观或行为实践，清晰地介绍其在历史上以及当代的不同地位（变迁），举一个包含这些价值观或行为实践的特殊事件，阐述自己的观点。例如对中国特色社会主义理论所涉及的观点进行明确的阐述、正确地分析中国的经济问题、正确理解社会公平正义的内涵、正确理解当今社会人们对公平正义的诉求、对社会发生的群体事件进行正确的分析和认识等。

POC5.3 运用至少三项方法或技能，锻炼与改善身体及心理素质。

POC5.4 参与一个社团项目，就其过程做口头或书面的总结（报告），例如参与义工或社会服务、参观爱国主义基地等，并进行口头或书面的总结（报告），重点突出这次经历中遇到的公民问题，以及这次经历中的个人感悟。

POC5.5 识别影响至少世界两个大洲的经济挑战、环境挑战或公共卫生挑战，并且对所谓的"挑战"进行有理有据的分析评述，并表明自己的观点。

四、课程体系

（一）课程分类与学分结构

在学分制体制下，融合广东岭南职业技术学院学历资格框架中专业领域与核心领域的范畴，本专业课程体系包括必修课程、分类限选课程、分类任选课程与分类选修课程共四类，分属两大板块：专业教育、思想政治与博雅教育。其中，两大板块的必修与限选课程属于核心学习领域；专业教育板块的所有课程属于专业学习领域。两大板块的必修课程的学分值合理地分布在岭南职院学历资格框架的五大学习领域，选修课学分是学生根据自己的选择，是对上述领域的补充。

本专业各类课程学分值分布如表15-2所示：

表15-2 专业课程类型及学分值分布

专业教育板块		思想政治与博雅教育板块	
专业通用（必修）	26	公共基础课（必修）	31
专业核心（必修）	32.5	公共选修（分类任选）	8
专业综合训练（必修）	12.5	公共选修（分类选项）	4
专业选修（分类限选）	6		
专业教育板块学分值	77	思想政治与博雅教育板块学分值	43
总学分			120

（二）专业预期学习成果的必修课程体系分布

要达到本专业的"专业预期学习成果"（POC），学生需要修读本专业的一系列课程，通过各课程的学习完成相应的"课程预期学习成果"（Subject Outcome，简称SOC），以支撑、实现"专业预期学习成果"（POC）的达成，从而达到本专业对毕业生的要求。本专业必修课程与"专业预期学习成果"（POC）的对应关系如表15-3所示：

表15-3 专业预期学习成果的必修课程体系分布表

课程板块	课程名称	学分	五大学习领域学分分布					五大学习领域条款分布																				
			POC1 专业知识	POC2 广泛且融合的知识	POC3 智力技能	POC4 应用和协作学习	POC5 公民素养和全球化学习	PC1.1	PC1.2	PC1.3	PC2.1	PC2.2	PC2.3	PC2.4	PC3.1	PC3.2	PC3.3	PC3.4	PC3.5	PC3.6	PC3.7	PC4.1	PC4.2	PC4.3	PC4.4	PC5.1	PC5.2	PC5.3	PC5.4	PC5.5
思想政治与博雅教育	思想道德修养与法律基础（廉洁修身）	3			1		2																							
	毛泽东思想和中国特色社会主义理论体系概论	4		1	2.5		1.5								√			√												
	形势与政策	1			0.5		0.5												√											
	国学精粹	1			0.5		0.5							√																
	军训、国防教育、军事理论	1		1																								√		
	体育（含健康教育）	3.5			0.3	1.2	2																√							
	大学生心理健康教育	0.5					0.5																				√		√	

续上表

类别	课程名称	学分														
思想政治与博雅教育	职业生涯规划(含入学教育、就业创业指导等)	2	0.1	0.3	0.3	1.3			√		√		√		√	
	创新企业通识	1			1				√		√			√		
	应用文写作	1.5			1.5			√	√			√				
	计算机应用(含信息检索2学时)	2.5	1	0.5	1			√	√		√		√			
	公共外语(一)	3.5		2.5	1			√						√		
	公共外语(二)	3.5		2.5	1			√						√		
	经济数学	3		1.5	1.5			√	√	√						
专业教育	管理学原理	3	0.8	0.5	1.4	0.2	0.1	√	√	√	√	√				
	经济学基础	3	1	0.6	1.2	0.2		√	√	√						
	市场调查与统计	4	1	1	1	1		√	√	√	√	√				
	市场营销学实务	4	2	0.4	1	0.6		√	√	√	√	√				
	财务管理	4	1	1	1	1		√	√	√	√		√			
	消费者行为学	4	2.1	0.1	1.3	0.4	0.1	√	√	√	√	√	√		√	
	经济法	4	1.5	1.5	0.5	0.4	0.1	√	√	√		√	√		√	
	人力资源管理	4	1.8	0.7	1.1	0.3	0.1	√	√	√	√	√	√			
	企业经营管理实务	4	1.6	0.9	1.2	0.1		√	√	√		√	√	√		
	创业实务	3	1.4	0.2	1.2	0.2		√	√		√	√				√

第四编 基于 DQP 成果导向的应用实例

续上表

	课程	学分												
专业教育	公共关系管理实务	3 1.5 0.4 0.9 0.2	√	√	√	√	√				√			
	客户管理实务	3 1.6 0.8 0.6	√	√	√	√	√							
	电子商务	4 1.6 1.1 1.3	√	√	√	√	√	√			√			
	特许经营实务	4 2.3 0.6 0.5	√	√	√	√	√		√		√			
	企业战略管理与文化建设	2.5 1.1 0.4 1	√	√		√					√			
	销售实战	2.5 1.7 0.2 0.4 0.1	√	√	√	√	√		√		√		√	
	质量管理	2.5 0.9 0.4 1 0.2		√			√						√	
	ERP企业经营管理沙盘模拟实训	1.5 0.7 0.3 0.2		√	√	√				√				
	创业训练营(SYB)	3 2 0.2 0.5 0.3		√	√	√	√		√				√	
	毕业实践环节	8 2 4 1.1 0.9		√	√				√				√	√
	学分合计	102 30.9 18.7 33.7 7.6 11.1												

201

本专业的"五大学习领域"必修课程学分值分布如表15-4所示:

表15-4 五大学习领域必修课程学分值分布

	学习领域	学分值
1	专业知识（Specialized Knowledge）POC1	30.9
2	广泛且融合的知识（Broad and Integrative Knowledge）POC2	18.7
3	智力技能（Intellectual Skills）POC3	33.7
4	应用和协作学习（Applied and Collaborative Learning）POC4	7.6
5	公民素养和全球化学习（Civic and Global Learning）POC5	11.1
	总学分	102

本专业的"五大学习领域"必修课程学分值分布图如图15-1所示:

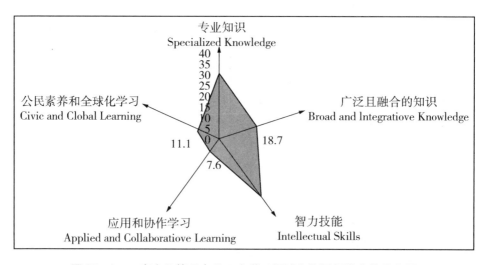

图15-1 工商企业管理专业五大学习领域必修课程学分值分布图

（三）选修课程的修读及学分值分布

1. 专业选修（分类限选）

专业选修（分类限选）是在本专业职业方向选修、本二级学院内跨专业选修、创业训练选修、升学留学选修（含小语种）四类中选择一类，然后在选择的类别中选修课程，至少选修6学分，如表15-5所示:

表 15-5 专业选修（分类限选）课程的学分值

选修类别	课程编码	专业选修（分类限选）课程名称	开设学期	学分
职业方向选修（本专业）	03109242D0	商务礼仪与沟通	4	2
	03272252D0	推销与谈判	5	2
	03273252D0	企业品牌建立与发展	5	2
	03274252D0	企业流程管理	5	2
	03275242D0	客户沟通管理	4	2
跨专业选修（本二级学院内跨专业）	03276252D0	物流概论	5	2
	03040252D0	供应链管理	5	2
	03277252D0	卖场布局与陈列	5	2
	03278252D0	连锁经营模拟实训	5	2
	032792X2D0	证券投资技巧专题训练	3-4	2
	03280242D0	个人理财规划专题训练	4	2
	032812X2D0	鸡尾酒调制	1-5	2
	032822X2D0	咖啡拉花	1-5	2
	031042X2D0	社会心理学	4-5	2
	030952X2D0	人类行为与社会环境	4-5	2
	030252X2D0	心理诊断学	4-5	2
	030192X2D0	变态心理学	4-5	2
	03283252D0	初级人力资源管理	5	2
	03123242D0	企业行政管理实务	4	2
	030772X2D0	企业形象策划实务	4-5	2
	032842X2D0	门店经营与管理	4-5	2
	031092X2D0	商务礼仪	4-5	2
	032852X2D0	葡萄酒贸易与品鉴	4-5	2
	03129232D0	经济法基础	3	2
	03286242D0	税法	4	2
创业训练选修	38003253D0	商业模式与创新	5	3
	38004253D0	初创型企业运营管理实务	5	3
	38005253D0	中小企业创业操作流程与法律风险防范	5	3

续上表

升学留学选修（含小语种）	49001253D0	世界各国文化概况与跨文化理解	5	3
	49002253D0	外语能力提升法与留学申请技巧	5	3
	49003253D0	法语（小语种教学）	5	3
	49004253D0	日语（小语种教学）	5	3
	专业选修（分类限选）课程最少需要修读的学分			6

2. 公共选修（分类任选）

公共选修（分类任选）课程占 8 学分，如表 15-6 所示：

表 15-6 公共选修（分类任选）课程的学分值

公共选修（分类任选）课程类别	开设学期	学分
社科与人文（国学、艺术）类	第一至五学期，每类至少选修 2 学分	2
科技（创新与民生科技）类		2
经管与创新创业类		2
通用技能与语言类		2
公共选修（分类任选）课程最少需要修读的学分		8

3. 公共选修（分类选项）

公共选修（分类选项）课程占 4 学分，如表 15-7 所示。

表 15-7 公共选项课程的学分值

公共选修（分类选项）课程类别	开设学期	学分
社团活动（含书院选修课）	第一至五学期，每类至少选修 1 学分，多选学分不能替换其他学分	1
课外阅读（经典阅读、早读）		1
创新创意创业项目		1
义工服务（含义工、社会调查、志愿者服务）		1
公共选修（分类选项）课程最少需要修读的学分		4

五、课程教学进程表

见表 15-8。

第四编 基于 DQP 成果导向的应用实例

表 15－8 工商企业管理专业（企业经营与管理方向）教学进程表

课程板块	课程类型	课程编码	课程或活动名称	主要教学方式	总学分	总学时	课内总学时	学时分配 课内学时 理论学时	学时分配 课内学时 实践学时	学时分配 课外学时	考核方式	考核学期	一 上课周时	一 实习周数	二 上课周时	二 实习周数	三 上课周时	三 实习周数	四 上课周时	四 实习周数	五 上课周时	五 实习周数	六 上课周时	六 实习周数
												教学周数	13	3	18	0	18	0	18	0	12	6	0	16
思想政治与博雅教育板块	公共必修	11001113D0	思想道德修养与法律基础（廉洁修身）	上课	3	54	26	26	0	28	考试	1	2											
		11002124D0	毛泽东思想与中国特色社会主义理论体系概论	上课	4	72	32	32	0	40	考试	2			2									
		110031X1D0	形势与政策	讲座	1	18	4	4	0	14	考查	2			∨									
		07001121D0	国学精粹	上课	1	18	18	18	0	0	考查	2			1									
		50001111D0	军训、文训、国防教育、军事理论	训练	1	18	4	4	0	14	考查	1		2										

205

续上表

板块	类别	课程代码	课程名称	形式	学分	总学时				考核方式	学期			
思想政治与博雅教育板块	公共必修	07002111D2	体育（含健康教育）（一）	上课	1.2	22	22	0	22	0	考查	1	2		
		07002121D3	体育（含健康教育）（二）	上课	1.3	23	23	0	23	0	考查	2			
		07002130D5	体育（含健康教育）（三）	活动	0.5	9	9	0	0	9	考查	3		√	
		07002150D5	体育（含健康教育）（四）	活动	0.5	9	0	0	0	9	考查	5			
		500021X1D0	大学生心理健康教育	讲座	0.5	9	9	0	0	9	考查	1	√		
		21001110D7	职业生涯规划（含入学教育、就业创业指导等）（一）	讲座	0.7	12	6	6	6	0	考查	1	√	1	
		210011X0D6	职业生涯规划（含入学教育、就业创业指导等）（二）	讲座 活动	0.6	10	6	4	6	4	考查	2、3	√		√

续上表

	课程代码	课程名称	类型	学分	总学时			考核	学期分布						备注
									1	2	3	4	5	6	
公共必修	21001140D3	职业生涯规划（含入学教育、就业创业指导等）(三)	讲座活动	0.3	6	2	4	考查				✓			
	21001150D4	职业生涯规划（含入学教育、就业创业指导等）(四)	讲座活动	0.4	8	4	4	考查					✓		
思想政治与博雅教育板块	38001121D0	创新创业通识	上课	1	18	18	0	考试		2	1				
	070031X1D5	应用文写作	上课	1.5	27	27	0	考试	1						
	010011X2D5	计算机应用（含信息检索2学时）	上课	2.5	45	0	45	考试	4						
	02001113D5	公共外语(一)	上课	3.5	63	60	0	考试	5						
	02001123D5	公共外语(二)	上课	3.5	63	60	0	考试		4					
	070051X3D0	经济数学	上课	3	54	54	0	考试		3					
		小计		31	558	420	90	138.4	15	3	13	3	0	0	0

续上表

板块	类别	课程编号	课程名称	上课形式	学分	总学时	理论	实践		考核	学期							
思想政治与博雅教育板块	公共选修（分类任选）	001003X2D0	社科与人文（国学、艺术）类	上课	2	36	36	0	0	考查	1—4	2						
		002003X2D0	科技（创新与民生科技）类	上课	2	36	36	0	0	考查	1—4			2				
		003003X2D0	经管与创新创业类	上课	2	36	36	0	0	考查	1—4		2					
		004003X2D0	通用技能与语言类	上课	2	36	0	36	0	考查	1—4				2			
			小计		8	144	108	36	0			2	2	2	2	0	0	0
思想政治与博雅教育板块	公共选修（分类选项）	500034X1D0	社团活动（含书院选修课）	课外活动	1	18	0	0	18	考查	1—5	√	√	√	√	0	0	0
		070084X1D0	课外阅读（经典阅读、导读）	课外活动	1	18	0	0	18	考查	1—5	√	√	√	√	0	0	0
		380024X1D0	创新创意创业项目	课外活动	1	18	0	0	18	考查	1—5	√	√	√	√	0	0	0
		500044X1D0	义工服务（含义工、社会调查、志愿者服务）	课外活动	1	18	0	0	18	考查	1—5	√	√	√	√	0	0	0
			小计		4	72	0	0	72			0	0	0	0	0	0	0

续上表

专业教育板块		课程代码	课程名称	授课方式	学分	总学时	讲课	实训	其他	考核方式	开课学期	1	2	3	4	5	6	7	8
专业必修（通用课）		03001113D0	管理学原理	上课	3	54	54	40	14	0	考试	1	4							
		03004123D0	经济学基础	上课	3	54	54	40	14	0	考试	2		3						
		03211124D0	市场调查与统计	上课	4	72	54	54	18	0	考试	2		4						
		03006124D0	财务管理	上课	4	72	72	72	0	0	考试	2		4						
		03129134D0	经济法	上课	4	72	72	54	18	0	考试	3			4					
		03003134D0	市场营销学实务	上课	4	72	72	54	18	0	考试	3			4					
		03068144D0	消费者行为学	上课	4	72	72	54	18	0	考试	4				4				
			小计		26	468	468	368	100	0			4	11	0	8	4	0	0	0
专业必修（核心课）		03212134D0	企业经营管理实务	上课	4	72	72	54	18	0	考试	3			4					
		03213134D0	人力资源管理	上课	4	72	72	48	24	0	考试	3			4					
		03214133D0	创业实务	上课	3	54	54	36	18	0	考试	3			3					
		03215143D0	公共关系管理实务	上课	3	54	54	36	18	0	考试	4				3				
		03072143D0	客户管理实务	上课	3	54	54	36	18	0	考试	4				3				
		03042144D0	电子商务	上课	4	72	72	54	18	0	考试	4				4				

续上表

课程编号	课程名称	上课类型	学分	学时					考核方式	学期								
				总学时	理论	讲授	实践	集中实践			1	2	3	4	5	6	7	8
专业必修（核心课）																		
03216144D0	特许经营实务	上课	4	72	72	36	36	0	考试	4	0	0	0	4	0	0	0	0
03217152D5	企业战略管理与文化建设	上课	2.5	45	45	35	10	0	考试	5	0	0	0	0	4	0	0	0
03218152D5	质量管理	上课	2.5	45	45	35	10	0	考查	5	0	0	0	0	4	0	0	0
03219152D5	销售实战	上课	2.5	45	45	25	20	0	考查	5	0	0	0	0	4	0	0	0
小计			32.5	585	585	395	190	0			0	0	0	11	14	12	0	0
专业必修（综合训练）																		
030007 1X1D5	ERP企业经营管理沙盘模拟实训	实训	1.5	27	27	0	27	0	实训	3—5			√	√	√			
03220153D0	企业管理综合能力训练	实训	3	54	54	0	54	0	实训	5					4			
03666168D0	毕业实践环节（含顶岗实习、毕业设计或毕业论文）	实习	8	144	0	0	0	144	考查	6						16		
小计			12.5	225	81	0	81	144			0	0	0	0	4	16	0	0

续上表			上课方式	学分	总学时	1	2	3	4	5	6	7	8	考核方式
专业选修（分类限选6学分）	专业教育板块	限选课1	上课	2	36	36	0	0	0	0	0	0	0	考查 4、5
		限选课2	上课	2	36	36	0	0	0	0	0	0	0	考查 4、5
		限选课3	上课	2	36	36	0	0	0	0	0	0	0	考查 4、5
		小计		6	108	108	0	0	0	0	0	0	0	
	合计			120	2160	1806	1201	497	354	21	3	26	20	16	合计
考证（用√在考证的学期勾出）	考证一	英语A/B/托业桥/四级证/其他语种的相应语证书	课外辅导					√	√	√	√	√	√	考证1—4
	考证二	计算机应用能力证	课外辅导						√	√	√	√	√	考证2—4

续上表

考证(用√在考证的学期勾出)	以下专业职业资格证任选一个	课外辅导													考查	3-5
考证三	注册品类管理师(助理级)	课外辅导	√	√	√										考查	3-5
考证四	特许经营管理师	课外辅导	√	√	√										考查	3-5
考证五	助理营销师	课外辅导	√	√	√										考查	3-5
考证六	助理人力资源师	课外辅导	√	√	√										考查	3-5
考证七	SYB(创业技能培训)证书	课外辅导	√	√	√										考查	3-5

六、署名

制定人：＊＊＊　　　　　　2016 年 05 月 30 日

审核人：＊＊＊　　　　　　2016 年 05 月 31 日

第十六章 基于DQP的工商企业管理课程规范设计

课程规范是基于DQP专业规范实施过程中的指导性教学文件,工商企业管理专业教师根据团队所制定的专业课程及学分分布表,结合所授课程情况制定课程规范,制定过程中根据专业预期成果设计可支撑毕业成果的课程成果,打破原来的知识框架体系,重新确定教学内容,以更有效地实现课程成果。

实例一:

课程名称:品类管理实务
所属专业:工商管理
编制人:＊＊＊
二级学院审核人:＊＊＊
二级学院审核日期:＊＊＊

课程编码	032115
课程名称	品类管理实务
学分值	4
程度	高职
先修的课程	市场营销学、消费者行为学、连锁经营与管理、统计实务等
共修的课程	企业采购管理实务、仓储与配送管理、企业流程管理等
不可共修课程	无
主旨	该课程以连锁企业实施品类管理的八大步骤为主线,通过对品类管理相关概念、理论、流程和案例的教学,让学生树立品类管理理念、培养学生品类定义能力、品类角色定位能力、品类评估能力、制定品类目标和选址品类策略的能力,为科学实施品类管理做好知识和能力储备。

续上表

主旨	通过学习，要求学生具体能够： 1. 用品类管理相关理论描述各类商品的品类角色，对其进行品类表现评估、制定相应的品类策略以及寻求相应的品类战术。（POC1.1；学分数：0.4） 2. 用品类管理的技术或方法解决企业商品采购、销售、陈列等领域存在的问题。（POC1.2，学分数：0.4） 3. 基本上无差错地对各品项商品进行品类定义、品类角色的划分；能准确设计商品组织结构图和品类评估表等。（POC1.3；学分数：1.5） 4. 能陈述品类管理技术在企业运用的现状及未来发展趋势（POC2.1，学分数：0.2） 5. 能使用品类管理的技术或方法操作任务。（POC2.3，学分数0.2） 6. 能用至少两种学科知识（例如商品学、消费者行为学）定义或解释品类角色划分或品类策略选择的问题。（POC2.4，学分数0.2） 7. 能收集、整理和分析关于商品品类表现的数据或信息，对商品后续管理提供帮助。（POC3.5.1，学分数0.3） 8. 能对现实营运中出现的商品品项选择或进场费用收取等问题进行讨论和分析。（POC3.4，学分数0.3） 9. 书面汇报至少一个企业品类管理的案例，并能运用专业知识对案例进行合理分析。（POC4.1，学分数0.3） 10. 对课外实践问题，能客观地进行信息搜集，并能辩证地进行分析。（POC4.3，学分数0.2）
预期学习成果	在完成课程后，学生将会： | 编号	内容	学分	对应的POC
---	---	---	---
SOC1	合理设计商品组织结构表	0.5	POC1.1 POC1.3 POC3.4
SOC2	合理确定小分类商品的单品数量	0.3	POC1.3
SOC3	正确配置商品价格带	0.35	POC1.3 POC3.5.1
SOC4	定位各商品的品类角色	0.35	POC1.3 POC3.5.1	

续上表

预期学习成果	SOC5	能用各类指标准确评估各品类商品的表现	0.35	POC1.3 POC3.5.1
	SOC6	根据品类角色与目标选择适当的品类策略	0.15	POC1.1 POC4.1
	SOC7	实现品类策略向品类战术的转化	0.35	POC1.1 POC1.2 POC2.3
	SOC8	为不同品类商品制定适当的促销方案	0.2	POC1.2 POC4.1 POC2.4
	SOC9	为不同品类商品制定适当的价格方案	0.45	POC1.2 POC2.1 POC2.4 POC4.1 POC3.5.1
	SOC10	确定合理的商品补货数量	0.1	POC1.2 POC3.5.1
	SOC11	为门店进行合理、高效的商品陈列	0.5	POC1.2 POC2.1 POC3.4 POC4.3
	SOC12	为企业设计品类管理步骤	0.2	POC1.1 POC4.3
	SOC13	陈述现在企业品类管理现状及未来发展趋势	0.2	POC2.1 POC3.4 POC4.1

续上表

课程内容与安排（进程）	模块一	品类定义与品类角色	16	SOC1/SOC2/SOC3/SOC4
	模块二	品类评估与品类评分表	12	SOC4/SOC5
	模块三	品类策略	16	SOC4/SOC5/SOC6/SOC7
	模块四	品类战术	24	SOC6/SOC7/SOC8/SOC9/SOC10/SOC11
	模块五	品类管理实施与回顾	4	SOC12/SOC13

与预期学习成果配对的教学方法

课程以多媒体为工具，采用讲授、案例教学、任务导向教学、现场实训，分组讨论等教学方法。

预期学习成果	讲授	案例分析	任务导向	现场实训	分组讨论
SOC1	Y	Y	Y	Y	Y
SOC2	Y	Y	Y	Y	Y
SOC3	Y	Y	Y		Y
SOC4	Y	Y	Y		Y
SOC5	Y	Y	Y		Y
SOC6	Y	Y	Y		Y
SOC7	Y	Y			
SOC8	Y	Y	Y		Y
SOC9	Y	Y	Y		Y
SOC10	Y	Y			Y
SOC11	Y	Y		Y	Y
SOC12	Y	Y			
SOC13	Y				

续上表

与预期学习成果配对的评核方法	评核方法有： 系列一：课堂出勤、课堂参与表现、课堂违反纪律行为 系列二：书面作业、情境模拟、讨论考试					
	预期学习成果	书面作业	实训结果	讨论	总结报告	考试
	SOC1	√	√	√		√
	SOC2	√	√	√		√
	SOC3	√	√			
	SOC4	√	√		√	√
	SOC5	√	√			√
	SOC6	√	√			√
	SOC7	√	√			
	SOC8		√	√		√
	SOC9	√	√			
	SOC10		√			
	SOC11		√	√	√	√
	SOC12	√	√			
	SOC13			√		
	对评核方法的详细解释： 1. 评核方法系列一的评核人员为任课教师，系列二的评核人员为任课教师、学生及企业人员； 2. 评核系列一占总分的40%（其中考勤20%，课堂表现10%，课堂违反纪律行为10%）；表现系列二占总分的60%（包括书面作业10%，实训结果5%，讨论5%，总结报告10%，期末考试30%）。					
预期的学生需要付出的努力	学习时间					
	指导学习（课上）					42课时
	课上练习（课上）					12课时
	作业汇报和讨论（课上）					18课时

第四编 基于 DQP 成果导向的应用实例

续上表

预期的学生需要付出的努力	其他学习（课外）	
	完成课后作业（含项目和实操任务），按时提交，部分课堂讨论后，进行修改	50 课时
	课前、课后查询资料	20 课时
	总数	142 课时
参考和阅读的资料	1. 参考书 　　沈荣耀、曹静、殷延海编：《品类管理实务》（第二版），东北财经大学出版社 2014 年版； 　　黄权藩著：《品类管理——教你如何进行有效定价》，机械工业出版社 2013 年版； 　　黄权藩著：《品类管理——教你如何进行有效促销》，机械工业出版社 2012 年版； 2. 学习网站 　　http：//www.gdchain.com.cn/； 　　http：//www.ccfa.org.cn/portal/cn/index.jsp； 　　http：//www.jingpinke.com/； 　　……	

实例二：

课程名称：门店运营管理

所属专业：工商管理

编制人：＊＊＊

二级学院审核人：＊＊＊

二级学院审核日期：＊＊＊

课程编码	032171
课程名称	门店营运管理
学分值	2.5
程度	高职
先修的课程	市场营销学、连锁经营与管理、企业采购管理实务、品类管理实务、企业流程管理等
共修的课程	现代商业技术与应用、推销与谈判、企业管理综合技能实训等
不可共修的课程	连锁经营与管理

续上表

主旨	学生通过本课程的学习，对连锁门店卖场规划、作业管理、现场管理、商品管理等内容有深刻的理解，并能熟练运用所学知识对门店营运过程进行观察、评价及提出合理化建议。通过学习，要求学生具体能够： 1. 应用专业知识和方法解决连锁门店营运过程中的各类问题，比如卖场规划、业务流程设计、客户投诉处理、商品防损防盗等。（POC1.2；学分数：0.9） 2. 基本上无差错地做出连锁门店营运所需各类方案、管理制度等。（POC1.3；学分数：0.2） 3. 描述至少两个学科知识在连锁门店营运过程中是如何体现的，例如人力资源管理和消费者行为分析。（POC2.4；学分数：0.4） 4. 能掌握门店营运过程中出现的一些新方法、新形式，例如微营销、微服务等，并对这些新方法和新形式加以探究，说明其对门店营运的具体影响。（POC3.1；学分0.3） 5. 能将连锁门店营运过程中产生的各类数据进行收集、分类、分析及评价，例如对销售数据、客户开发数据、服务满意度调查数据等进行处理，提出有利于门店发展的意见和建议。（POC3.2；学分数：0.7）
预期学习成果	在完成课程后，学生将会： | 编号	内容	学分	对应的POC
---	---	---	---
SOC1	规划卖场功能及布局，并做出一份平面布局图。	0.2	POC1.2
SOC2	根据卖场布局设计客流路线	0.2	POC1.2
SOC3	制定门店业务流程图	0.1	POC1.2
SOC4	及时、正确处理至少2单客户投诉	0.2	POC1.2
SOC5	制定一份商品防损、防盗管理办法	0.1	POC1.2
SOC6	设计一份门店促销方案、商品组合方案等	0.2	POC1.3	

续上表

预期学习成果	SOC7	图解说明门店的组织架构	0.2	POC1.3
	SOC8	解释消费者心理对消费行为的影响	0.2	POC1.3
	SOC9	列举新出现的营销方法、形式（至少1种）。	0.1	POC3.1
	SOC10	分析销售与服务的新形式对门店业绩的影响。	0.2	POC3.1
	SOC11	统计、分析销售数据。	0.3	POC3.2
	SOC12	搜集、分析消费者数据（包括消费需求、频次、数量、客单价、忠诚度等）。	0.3	POC3.2
	SOC13	根据各类数据评价门店营运业绩，提出合理化建议。	0.1	POC3.2

	编号	内容	课时	对应的SOC
课程内容与安排（进程）	模块一	卖场布局规划与设计	12	SOC1/SOC2
	模块二	门店作业管理	8	SOC3/SOC4/SOC5
	模块三	门店现场管理	10	SOC3/SOC4/SOC5
	模块四	商品管理	12	SOC5/SOC6/SOC8/SOC11/SOC13
	模块五	门店营运业绩评价	6	SOC10/SOC11/SOC12/SOC13

	课程以多媒体为工具，采用讲授、案例教学、任务导向教学、角色扮演与情境模拟，学生分组讨论等教学方法。					
与预期学习成果配对的教学方法	预期学习成果	讲授	案例分析	任务导向	角色扮演	情境模拟
	SOC1	Y	Y	Y		
	SOC2	Y	Y	Y		

221

续上表

	预期学习成果	讲授	案例分析	任务导向	角色扮演	情境模拟
与预期学习成果配对的教学方法	SOC3		Y	Y		
	SOC4	Y	Y		Y	Y
	SOC5	Y		Y		
	SOC6	Y		Y		Y
	SOC7	Y		Y		
	SOC8				Y	Y
	SOC9		Y			
	SOC10	Y	Y			
	SOC11	Y	Y			
	SOC12	Y	Y			
	SOC13	Y	Y			

	评核方法有： 系列一：课堂出勤、课堂参与表现、课堂违反纪律行为 系列二：书面作业、情境模拟、讨论考试					
	预期学习成果	书面作业	情境模拟	讨论	总结报告	考试
与预期学习成果配对的评核方法	SOC1	√		√		√
	SOC2	√		√		√
	SOC3	√		√		
	SOC4		√			
	SOC5	√		√		
	SOC6	√		√		√
	SOC7	√		√		
	SOC8			√	√	
	SOC9			√		
	SOC10			√	√	√
	SOC11			√	√	
	SOC12	√		√	√	√
	SOC13	√		√	√	√

续上表

预期学习成果配对的评核方法	对评核方法的详细解释： 1. 对评核方法系列一的评核人员为任课教师，系列二的评核人员为任课教师、学生及企业人员； 2. 评核系列一占总分的 40%（其中考勤 20%，课堂表现 10%，课堂违反纪律行为 10%）；表现系列二占总分的 60%（包括书面作业 10%，期末考试 40%，讨论或情境模拟 5%，总结报告 5%）。
预期的学生需要付出的努力	学习时间
	指导学习（课上） 32 课时
	课上练习（课上） 6 课时
	作业汇报和讨论（课上） 10 课时
	其他学习（课外）
	完成课后作业（含项目和实操任务），按时提交，部分课堂讨论后，进行修改。 40 课时
	课前、课后查询资料 10 课时
	总数 98 课时
参考和阅读的资料	1. 图书 胡启亮、霍文智主编：《连锁企业门店营运管理》（第二版），科学出版社 2012 年版； 张洪满、温习章主编：《连锁企业门店营运管理》，西安交通大学出版社 2010 年版； 范征主编：《连锁企业门店营运管理》（第 2 版），电子工业出版社 2013 年版。 2. 学习网站 http：//www.gdchain.com.cn/； http：//www.ccfa.org.cn/portal/cn/index.jsp； http：//www.jingpinke.com/； ……

实例三：

课程名称：统计实务
所属专业：工商管理
编制人：＊＊＊
二级学院审核人：＊＊＊
二级学院审核日期：＊＊＊

课程编码	032040
课程名称	统计实务
学分值	4分
程度	高职
先修的课程	管理学原理、经济学原理
共修的课程	消费者行为学
不可共修的课程	无
主旨	统计学一直被教育部列为经济、管理类专业的核心课程，是相关专业学生的必修课。统计是进行国际经济信息交流，国家宏观管理，各地区中观管理，各企事业单位微观管理和人们日常工作、科研、生活不可或缺的工具。同时，统计又能提高人们的思维能力，是人们知识结构体系中最重要的部分。通过本课程的学习，要求学生具体能够： 1. 用统计实务专业领域的相关术语来描述统计领域的核心理论和实践，并且提供至少一个与专业领域相关的案例。（POC1.1，0.2） 2. 应用统计实务专业领域的相关工具、技术和方法去解决工商管理专业领域内给定的提问和难题。（POC1.2，0.8） 3. 在实施分析性、实操性或创造性的任务中，使用所学习的多项核心领域的公认方法，包括依据的收集与评估。（POC2.3，0.5） 4. 在工商管理专业领域内识别、分类、评价和引用多种信息资源来打造项目、撰写论文或进行表演。能收集有效信息，并对信息进行加工整理和分析，形成调查方案或报告，为企业后续管理提供帮助。（POC3.2，0.9） 5. 展示经济上的定量信息并准确解释，并且详述怎样在展示中使用数学运算和符号运算。对其中使用到的量化信息（即数字）进行准确的诠释，并能够有效地使用这些信息。（POC3.5.1，1）

续上表

主旨	6. 利用现有的数据创建图表或其他视觉效果更好的方式，来诠释管理领域的发展趋势。（POC3.5.2，0.1） 7. 分享或教会同学们至少一个自己在课堂外学来的重要概念或方法（主要是本专业相关领域的概念或方法。可以从课外资料学习得来，也可以课外实践接触到的实际经验得来。）（POC4.2，0.5）			
预期学习成果	在完成课程后，学生将会：			
	编号	内容	学分	对应的POC
	SOC1	对一篇示范综合案例进行剖析，找出统计的研究对象、研究方法、研究环节、统计总体、总体单位、统计标志、统计指标、指标体系等相关要素。	0.2	POC1.1
	SOC2	结合本专业涉及的行业或者某个行业标杆企业，利用宏观分析法（比如PEST分析法、SWOT分析法），寻找一个关键研究对象，提出研究假设。	0.3	POC1.2
	SOC3	针对关键研究对象，进行统计设计，包括设计相关的调查方案、调查表、调查问卷、统计指标等内容。	0.1 0.3	POC1.2 POC3.2
	SOC4	结合统计设计，选择相应的统计调查方式和统计调查方法，搜集统计资料。	0.1 0.4	POC1.2 POC3.2
	SOC5	将搜集到的统计资料进行统计整理，包括统计资料数据的转换、统计分组（确定自变量和因变量）、分布数列（做简单的描述统计）、简单制作统计表和统计图。	0.1 0.2 0.1 0.1	POC1.2 POC3.2 POC3.5.1 POC3.5.2

续上表

预期学习成果	SOC6	将整理好的统计数据当中的因变量进行统计计算与分析，选择合适的指标（综合指标、时间数列指标、统计指标）进行不同角度的试分析，最终确定一个恰当的指标体系。	0.1 0.4	POC1.2 POC3.5.1
	SOC7	选择合适的统计预测方法对自变量和指标体系进行分析，可以选择抽样推断、相关分析和回归分析。	0.1 0.5	POC1.2 POC3.5.1
	SOC8	最终形成统计分析报告	0.5	POC2.3
	SOC9	利用EXCEL、SPSS进行在统计调查、统计整理、统计计算与分析、统计预测等环节。	0.5	POC4.2

	编号	内容	课时	对应的SOC
课程内容与安排（进程）	单元一	总论	6	SOC1
	单元二	统计调查	12	SOC2/SOC3/SOC4/SOC8/SOC9
	单元三	统计整理	10	SOC5/SOC8/SOC9
	单元四	静态分析指标	6	SOC6/SOC8/SOC9
	单元五	时间数列分析	6	SOC6/SOC8/SOC9
	单元六	统计指数分析	6	SOC6/SOC8/SOC9
	单元七	抽样推断	8	SOC7/SOC8/SOC9
	单元八	相关与回归分析	12	SOC7/SOC8/SOC9
	单元九	国民经济核算体系	6	

与预期学习成果配对的教学方法	课程以多媒体为工具，采用讲授、案例教学、任务导向教学，学生分组讨论、互动将贯穿整个教学过程。同时要求学生在每次上课前先做预习。

续上表

	预期学习成果	讲授	案例研究	任务导向
与预期学习成果配对的教学方法	SOC1	Y	Y	
	SOC2	Y		Y
	SOC3	Y		Y
	SOC4	Y		Y
	SOC5	Y		Y
	SOC6	Y		Y
	SOC7	Y		
	SOC8			Y
	SOC9	Y		Y

评核方法有：
系列一：课堂出勤、课堂参与表现、课堂违反纪律行为
系列二：书面作业、展示、研讨、实际操作、考试

	预期学习成果	评核方法（系列二）					
		书面作业	展示（录像）	研讨（录像）	实际操作（录像）	总结报告	考试
与预期学习成果配对的评核方法	SOC1	Y					Y
	SOC2	Y		Y	Y		Y
	SOC3	Y		Y			Y
	SOC4	Y		Y			Y
	SOC5	Y		Y			Y
	SOC6	Y					Y
	SOC7	Y		Y			Y
	SOC8		Y			Y	Y
	SOC9		Y		Y		Y

续上表

与预期学习成果配对的评核方法	学生在每一个SOC的系列二评核加权平均得分达到评核满分的60%可视为本课程及格。对评核方法的详细解释： 1. 部分评核方法需要拍摄视频； 2. 考试为闭卷考试； 3. 对评核方法系列一的评核人员为任课教师； 4. 评核系列一占总分的20%。 5. 评核系列二占总分的80%（下表中的比例为所占评核二的比例，而非所占总分的比例）。 | 评核人员	评核方法（系列二）					| |---|---|---|---|---|---|---| | | 书面作业 | 展示（录像） | 研讨（录像） | 实际操作（录像） | 总结报告 | 考试 | | 任课教师 | 60% | 60% | 60% | 60% | 60% | 100% | | 同学 | 20% | 20% | 20% | 20% | 20% | 100% | | 学生本人 | 20% | 20% | 20% | 20% | 20% | 100% |
预期的学生需要付出的努力	学习时间 指导学习（课上） 课上练习（课上） 作业汇报和讨论（课上） 其他学习（课外） 完成课后作业（含项目和实操任务），按时提交，部分课堂讨论后，进行修改。 课前、课后查询资料 总数
参考和阅读的资料	姜长文、简家进主编：《统计学原理与实务》，北京大学出版社、中国林业出版社2007年版。 吴穷、于春阳主编：《统计基础项目化教程》，华南理工大学出版社2009年版。 周正良、程忠国：《实用统计学原理》，华中科技大学出版社2004年版。 黄立华主编：《统计学原理》，清华大学出版社2011年版。 梁前德主编：《基础统计》（第二版），高等教育出版社2004年版。 《统计实务》学习案例（教师提供电子版）。

第十七章　基于 DQP 的物流管理专业规范设计

物流业是融合仓储业、运输业、货代业和信息业等的复合型服务产业，是支撑国民经济发展的基础性、战略性产业。面对物流业的"新常态"，物流业转型升级的步伐逐步加快。转型升级过程中，对物流管理人才的培养也应该逐步进行调整优化才能符合行业、企业转型的需求。具有物流管理专业知识及广泛且融合的知识、分析沟通等智力技能、应用和协作学习能力及公民素养和全球学习能力且有创新、创业思维的高素质技术技能型全人才的培养正是适应了企业转型升级的需要而提出的。物流管理专业以社会、行业、企业外部需求和学校定位、教师、学生的内在需求为前提，以专业知识、广泛且融合的知识、应用协作能力、智力技能、公民素养和全球学习五大维度为工具，以成果导向为理念，制定专业人才培养方案。

一、前言

广东是经济大省、物流大省。在大数据、云计算、平台、移动互联的时代背景下，物流业转型升级体现出新特征：随着世界经济的变化以及我国经济的转型，物联网技术和物流先进设备的快速发展，物流行业逐步从传统的以劳动密集型行业向以物联网技术为核心，以运输技术、配送技术、装卸搬运技术、自动化仓储技术、库存控制技术、包装技术等专业技术为支撑的电子化、自动化、智能化方向的现代物流转型；物流业的以同行过度竞争、分散混乱、自营、独立、专业服务能力不强为特征向以资源整合、优化、协同、外包、众包转型；物流业除了物流业务的操作外应该向为第一方、第二方和第三方提供物流规划、咨询、物流信息系统、供应链管理等活动的第四方物流的制造业、物流业两业联动融合的供应链集成管理升级延伸；物流业应该依托产业政策以及技术的发展向以物流业务管理智能化、物流服务规范化、物流交易网络化、物流资源集成、物流运作高效化的"五化"为特征的物流平台升级。物流业的转型升级对物流人才提出了更高的要求。

广东岭南职业技术学院是广东省民办高职院校中较早开设物流管理专业的高职院校之一。物流管理专业于2003年设立，至今已有九届毕业生，毕业生2084余人，就业率连年在98%以上。本专业紧跟当前物流产业发展的现实需求，力求搭建物流信息化专业教学平台，为企业输送符合物流业发展需求的管理型、实用型物流管理人才。与物流业协会合作育人，耗资400多万，建立华南第一家物流物联网实训基地，是经管类专业人均实训设备最高的一个专业。办学成果显著，近年来获得校级及以上专业竞赛奖项达30余项，所培养的学生得到企业高度认可。

二、一般信息

1. 专业名称和专业代码

物流管理专业（620505）。

2. 所属学院

经济管理学院。

3. 颁授证书名称

物流管理专业专科毕业证书。

4. 入学要求

普通高中毕业生、中职（专）毕业生和职高毕业生。

5. 培养目标

物流管理专业培养德、智、体、美、劳全面发展，立足区域经济的发展，满足生产制造业、商贸业、现代物流服务业的需要，具有物流管理专业知识及广泛且融合的知识、具有分析沟通等智力技能、具有应用和协作学习能力及公民素养和全球学习能力且有创新、创业思维的高素质技术技能型人才。

6. 基本学制

全日制学分制（正常3年学习期）。

7. 毕业标准

修满本专业最低限定学分——120学分，通过毕业设计（毕业论文）答辩，同时满足以下条件，可以获得毕业证书：

（1）获得本专业规定的职业资格证书或社会公认相关技能证书。

（2）获得计算机应用能力一级证书。

（3）至少获得英语应用能力B级及以上证书或托业桥等国际认证或其他语种的相应证书。

（4）按照学校博雅教育体系要求参加相关活动，并获取学校博雅证书。

8. 基本和最长学习年限

（1）以专业培养计划规定的基本修业年限（3年）为参考，实行弹性修业年限,允许学生提前或者延期毕业。提前毕业的,原则上只能比基本修业年限提前1年。学生在基本修业年限内未能修满培养计划规定学分的,可以延长修业时间,延长时间不得超过专业培养计划规定的基本修业年限[《广东省教育厅关于普通高等学校实施学分制管理的意见》(粤教高函〔2014〕5号)]。

(2)对有特殊原因、特殊困难的学生,经学校批准可以勤工助学。学生因生病或者创业等原因不能连续完成学业,可以实行间修制,允许其中断学习,保留学籍。每次中断学习时间,一般以1年为限,累计中断次数不得超过2次。学生从入学到毕业的年限不得超过上述第1条规定的时间。被批准休学工作、创业和因病休学的学生,其休学时间计入上述第1条规定时限范围[《广东省教育厅关于普通高等学校实施学分制管理的意见》(粤教高函〔2014〕5号)]。

9. 就业方向

就业方向:物流公司、国际贸易公司、国际货运代理公司、报关公司等与物流管理业务相关公司的经理助理、文员、综合文秘、办公室主任及公司市场部、业务部、服务部等负责物流管理基础工作的工作者,如表17-1所示。

表17-1 物流管理专业就业方向、岗位群与主要工作内容表

序号	职业	岗位群	主要工作内容
1	采购管理	采购专员、采购助理、采购跟单文员、国际采购员	市场开发,供应商开发、评审、选择及供应商的管理;采购商品的选择;采购订单制作、确认,采购订单和采购合同的执行;采购分析和采购总结报告的撰写等。
2	仓储配送管理	货物验收员、仓库管理员、业务员、客户服务专员、运输调度员	货物验收、入库、堆码、保管、盘点、对账;出库货物的拣选、复核、装车、发运;仓库的5S管理;仓库数据的统计、存档、仓库管理软件的操作打单以及仓库文件处理等。
3	运输管理	线路管理专员、海空操作员、运输信息系统管理、运输调度员、商务助理及文员、快递业务主管人员、区域管理主管	运输单证的录入、订舱事宜、舱单事宜、整理运输单据;跟进干线运输;物流服务商运输评价及日常收发货业务运作监控;运输订单执行跟进及情况分析;到货率的分析处理等。
4	国际货代	外贸业务员、外贸跟单员、报检员、报关员、关务文员、货代业务员	国际市场业务的开发;国际商务单证的缮制、整理;进出口业务的报检、报关手续的办理;国际进出口货物的订运输业务的执行与跟进等。

三、专业预期学习成果

岭南职院学历资格框架中参照美国 DQP 副学士标准,确定毕业生学历资格的五大学习领域(专业知识、广泛且融合的知识、智力技能、应用和协作学习、公民素养和全球化学习)的预期学习成果,以此来体现对本专业毕业生的职业能力、方法能力、社会能力及专业核心领域知识的融合与应用能力等方面的要求,即毕业要求。本专业毕业生在各学习领域的"专业预期学习成果"(Program Outcome,简称 POC)描述如下:

(一)学习领域一:专业知识(Specialized Knowledge)

在专业知识方面,本专业的毕业生应该能够:

POC1.1 用物流管理专业领域的相关术语来描述本专业领域(如采购、仓储、运输、国际物流)的核心理论和实践,并且提供至少一个与专业领域相关的案例。

POC1.2 应用专业领域的相关工具、技术和方法(比如物流运筹学方法、计量统计方法、CAPE - PACK 工具)去解决本专业如采购、仓储、运输、国际货运代理领域内的提问和难题。

POC1.3 基本上无差错地做出专业采购、仓储、运输、国际物流领域的方案、展示或整套单证。

(二)学习领域二:广泛且融合的知识(Broad and Integrative Knowledge)

在广泛且融合的知识方面,本专业的毕业生应该能够:

POC2.1 描述所学习的每一项核心领域(如企业运营管理、经济、采购、运输、仓储、国际货运代理、思想政治与博雅教育领域)的现有知识或现有实践的研究进展(包括怎样向前推进、怎样验证和怎样更新),如描述所学习的管理领域或物流领域中现有的知识或现有实践的研究进展。

POC2.2 就所学习的每一项核心领域描述一个关键性的争议问题(比如物流效益背反、现代社会的科技发展与环境污染问题、现代社会的诚信缺失、见利忘义以及孝道、仁爱等问题),解释该争议问题的意义,并且应用该领域的概念来阐述自己对该争议问题的见解。

POC2.3 在实施分析性、实操性或创造性的任务(比如物流专业三创项目方案)中,使用所学习的多项核心领域的公认方法,包括依据的收集与评估。

POC2.4 从科学、艺术、社会、服务、经济或科技的问题(如经济领域的可持续发展问题)中,同时采用至少两个领域的知识,描述如何定义、界定与解释选定问题对社会的重要意义,并对此做出评述。

(三) 学习领域三:智力技能(Intellectual Skills)

在解析探究(Analytic Inquiry)方面,本专业的毕业生应该能够:

POC3.1 界定一个知识主题(如物流效益背反),并能明确地讲出该主题涉及的一些观点、概念、理论以及实践方法。

在利用信息资源(Use of Information Resources)方面,本专业的毕业生应该能够:

POC3.2 有效搜集多种资源,并进行辨识、分类、评估和引用,做出经济管理领域内一个项目或写出一篇论文。

在了解多种观点(Engaging Diverse Perspectives)方面,本专业的毕业生应该能够:

POC3.3.1 对于社会、政治、经济、艺术乃至全球关系等方面的突出性或重大问题(如物流产业的转型升级方向、公共生活、职业生活、家庭生活中的道德与法律规范、社会主义核心价值观、中国精神、共同理想等),明确地阐述不同文化视角(或不同文化背景的知识)会怎样影响人们对上述问题的理解。

POC3.3.2 对有关文化、社会、政治、艺术或国际关系上的选定问题(如伪劣假冒商品问题、体育运动及艺术欣赏),提出自己的见解,并与其他人的见解进行理性的比较。

在伦理判断(Ethical Reasoning)方面,本专业的毕业生应该能够:

POC3.4 描述当前社会经济方面的突出问题(如食品安全、网络诈骗等),并说明这些道德原则是如何影响这些问题的决策的。

在定量表达(Quantitative Fluency)方面,本专业的毕业生应该能够:

POC3.5.1 对政治、经济、健康或技术上的问题(如物流产业发展速度和成本降低),对其中用到的量化信息(即数字)进行准确的诠释;并能够介绍如何在论述时有效地利用量化信息(数字与符号)。将数学知识与专业有机结合,对经济、技术上相关问题中用到的量化信息(数字),进行准确的分析、诠释和表达。

POC3.5.2 创建图表或其他视觉效果更好的方式,来诠释物流产业发展趋势(或走势)、关联(相关或因果关系等),或最新发展状态。

在沟通技巧(Communicative Fluency)方面,本专业的毕业生应该能够:

POC3.6.1 在职场中进行书面表达及沟通(如策划方案的写作、国际商务函电的撰写)时,基本无笔误、错漏,条理清晰,论证令人信服。

POC3.6.2 与普通大众或某一个特定对象在正式场合（如专业竞赛活动）进行有效的言语交流。

POC3.6.3 就某一具体工作任务的行动计划进行谈判（比如国际采购专员），并对谈判结果进行书面或口头的总结性陈述。

POC3.6.4 使用英语进行日常基本的交流，翻译所学专业领域（如国际物流、国际贸易、报关实务等）的一篇简单的文章。

在创新思维（Innovative Thinking）方面，本专业的毕业生应该能够：

POC3.7.1 就一个创新创业的实践案例，分析或阐述该案例中涉及的创新、创业特征及关键要素，并给出自己的评判。

POC3.7.2 运用一个或多个领域的知识与技能，就社会、经济、技术、文化等领域的某一方面的实践活动（如物流企业业务流程或经营管理情况），或提出疑问，或指出其存在的问题，或提出一个新思路、新方法。

（四）学习领域四：应用和协作学习（Applied and Collaborative Learning）

在应用和协作学习方面，本专业的毕业生应该能够：

POC4.1 书面汇报至少一个案例（如物流管理方面）：说明自己是怎样将所学的学术性知识与技术技能，应用于实地挑战（实践）的；并提出证据或案例，用来证明自己在应用过程中学到了新知识或有其他的收获。

POC4.2 分享或教会同学们至少一个自己在课堂外（如仓库选址）学来的重要概念或方法。

POC4.3 对于一个超出课上所学内容的实践问题（如物流系统规划），对问题准确定位，收集相关线索与信息，进行组织与分析，并提出多种解决方案。

POC4.4 参与一个创新创业性活动或项目，展示或讲解其实践成果，并就其过程做出书面的总结（至少能重点突出这次经历中个人对创新创业精神与创新创业管理的感悟，进而能阐明其应用前景或价值）。

（五）学习领域五：公民素养和全球化学习（Civic and Global Learning）

在公民素养和全球化学习方面，本专业的毕业生应该能够：

POC5.1 清晰地介绍自己的个人背景与文化背景，包括发源与发展、信仰与价值观、人生观，并能结合自身专业学习情况，进行职业生涯规划。

POC5.2 阐述对优良传统精神及社会主义核心价值观的理解，并列举自己的践行实例及个人感悟。

POC5.3 运用至少三项方法或技能，锻炼与改善身体及心理素质。

POC5.4 参与一个社区（或物流协会、义工或社会服务、爱国主义教育基地）项目，就其过程做出口头或书面的总结（报告），重点突出这次经历中自己主动性和责任心的体现，以及这次经历中的个人感悟。

POC5.5 指出一个跨国、跨洲或跨文化的经济挑战（如低碳经济）、环境挑战（如全球变暖）或公共卫生挑战（如癌症、埃博拉等），提供挑战的证据，并表明对此挑战的立场。

四、课程体系

（一）课程分类与学分结构

在学分制体制下，融合岭南职院学历资格框架中专业领域与核心领域的范畴，本专业课程体系包括必修课程、分类限选课程、分类任选课程与分类选修课程共四类，分属两大板块：专业教育、思想政治与博雅教育。其中，两大板块的必修与限选课程属于核心学习领域；专业教育板块的所有课程属于专业学习领域。两大板块的必修课程的学分值合理地分布在岭南职院学历资格框架的五大学习领域，选修课学分是学生根据自己的选择，是对上述领域的补充。

本专业各类课程学分值分布如表 17-2 所示：

表 17-2 专业课程类型及学分值分布

专业教育板块		思想政治与博雅教育板块	
专业通用（必修）	26	公共基础课（必修）	31
专业核心（必修）	33	公共选修（分类任选）	8
专业综合训练（必修）	12	公共选修（分类选项）	4
专业选修（分类限选）	6		
专业教育板块学分值	77	思想政治与博雅教育板块学分值	43
总学分			120

（二）专业预期学习成果的必修课程体系分布

要达到本专业的"专业预期学习成果"（POC），学生需要修读本专业的一系列课程，通过各课程的学习完成相应的"课程预期学习成果"（Subject Outcome，简称 SOC），以支撑、实现"专业预期学习成果"（POC）的达成，从而达到本专业对毕业生的要求。本专业必修课程与"专业预期学习成果"（POC）的对应关系如表 17-3 所示：

表17-3 专业预期学习成果的必修课程体系分布表

课程板块	课程名称	学分	五大学习领域学分分布					五大学习领域条款分布																						
			POC1 专业知识	POC2 广泛且融合的知识	POC3 智力技能	POC4 应用和协作学习	POC5 公民素养和全球化学习	POC1.1	POC1.2	POC1.3	POC2.1	POC2.2	POC2.3	POC2.4	POC3.1	POC3.2	POC3.3	POC3.4	POC3.5	POC3.6	POC3.7	POC4.1	POC4.2	POC4.3	POC4.4	POC5.1	POC5.2	POC5.3	POC5.4	POC5.5
思想政治与博雅教育	思想道德修养与法律基础（廉洁修身）	3			2.5		0.5										√												√	√
	毛泽东思想和中国特色社会主义理论体系概论	4		3.5	0.5									√			√												√
	形势与政策	1		0.5			0.5																							√
	国学精粹	1		1	0.5		0.5										√												√	√
	军训、文训、国防教育、军事理论	3.5			0.3	1.2	2																	√					√	√
	体育（含健康教育）	0.5				0.5																			√					
	大学生心理健康教育	0.5					0.5																						√	√

第四编 基于DQP成果导向的应用实例

续上表

类别	课程	学分													
思想政治与博雅教育	职业生涯规划(含入学教育、就业创业指导等)	2	0.1	0.3	0.1					1.5		√		√	√
	创新企业通识	1	1								√				
	应用文写作	1.5		1.5					√			√			
	计算机应用(含信息检索2学时)	2.5	1	0.5	1				√		√				
	公共外语(一)	3.5		2.5	1							√		√	
	公共外语(二)	3.5		2.5	1				√						
	经济数学	3	1.5	1.5				√							
专业教育	管理学原理	3	0.8	0.5	1.4	0.2	0.1	√	√	√	√				
	经济学基础	3	1	0.6	1.2		0.2	√	√	√					
	统计学原理	4	1	1	1	1		√	√	√	√				
	财务管理	4	1	1	1	1		√	√		√	√			
	物流概论与前沿	2	0.9	0.3	0.8			√	√	√	√	√	√		
	货物养护与包装技术	4	2	0.5	1	0.5		√	√	√		√			
	物流服务与营销	3	0.2	1	0.3	1.5		√	√	√	√	√			
	物流地理	3	1	0.3	3.2	1	0.5	√	√	√	√	√	√		
	采购管理实务	4	1.5	0.7	1	0.5		√	√	√	√	√	√	√	
	国际贸易实务	4	2.5			0.5	0.9	0.1	√	√	√	√	√	√	√

237

续上表

	课程	学分															
专业教育	运输管理实务	4	1.3	0.6	1	0.5	√	√	√	√	√	√	√	√	√		√
	仓储管理实务	4	1	0.3	0.7	2	√	√	√	√	√	√	√	√	√		
	医药物流基础	2	1	0.5		0.5	√	√			√	√					
	报关实务	4	2	0.2	1	0.8	√	√			√	√			√		
	供应链管理	4	1	0.1	0.9	1	√	√	√		√	√	√	√	√	√	
	国际货运代理实务	4	1	1	0	1	√	√	√	√	√	√	√	√	√	√	
	电子商务	3	2.1	0.1	0.8		√		√			√	√		√		
	速运公司顶岗实践	2	1	0.5		0.4	√	√	√		√	√		√	√		
	物流沙盘综合实训	2	1	0.4		0.6	√	√	√		√		√		√		
	毕业实践环节	8	2	1.5	0.9	2	1.6	√	√		√	√	√	√	√	√	√
	学分合计	102	26.5	14	25.6	18.5	17.4										

238

本专业的"五大学习领域"必修课程学分值分布如表 17-4 所示:

表 17-4　五大学习领域必修课程学分值分布

	学习领域	学分值
1	专业知识（Specialized Knowledge）POC1	26.5
2	广泛且融合的知识（Broad and Integrative Knowledge）POC2	14
3	智力技能（Intellectual Skills）POC3	25.6
4	应用和协作学习（Applied and Collaborative Learning）POC4	18.5
5	公民素养和全球化学习（Civic and Global Learning）POC5	17.4
	总学分	102

本专业的"五大学习领域"必修课程学分值分布图如图 17-1 所示:

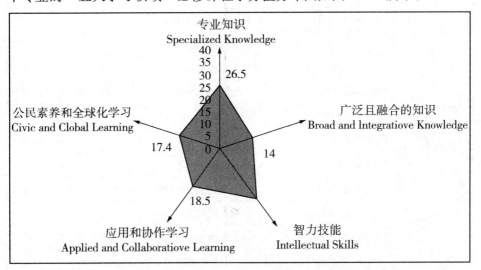

图 17-1　物流管理专业五大学习领域必修课程学分值分布图

（三）选修课程的修读及学分值分布

1. 专业选修（分类限选）

专业选修（分类限选）是在本专业职业方向选修、本二级学院内跨专业选修、创业训练选修、升学留学选修（含小语种）四类中选择一类，然后在选择的类别中选修课程，至少选修 6 学分，如表 17-5 所示:

表 17-5 专业选修（分类限选）课程的学分值

选修类别	课程编码	专业选修（分类限选）课程名称	开设学期	学分
职业方向选修（本专业）	03224242D0	国际货运保险实务	4	2
	03225242D0	生产与运作管理	4	2
	03226252D0	冷链物流实务	5	2
	03227252D0	报检实务	5	2
	03228252D0	物流项目管理	5	2
跨专业选修（本二级学院内跨专业）	03205252D0	商务沟通与谈判	5	2
	03274252D0	企业流程管理	5	2
	03277252D0	卖场布局与陈列	5	2
	03278252D0	连锁经营模拟实训	5	2
	032792X2D0	证券投资技巧专题训练	3、4	2
	03280242D0	个人理财规划专题训练	4	2
	032812X2D0	鸡尾酒调制	1—5	2
	032822X2D0	咖啡拉花	1—5	2
	031042X2D0	社会心理学	4、5	2
	030952X2D0	人类行为与社会环境	4、5	2
	030252X2D0	心理诊断学	4、5	2
	030192X2D0	变态心理学	4、5	2
	03283252D0	初级人力资源管理	5	2
	03123242D0	企业行政管理实务	4	2
	030772X2D0	企业形象策划实务	4、5	2
	032842X2D0	门店经营与管理	4、5	2
	031092X2D0	商务礼仪	4、5	2
	032852X2D0	葡萄酒贸易与品鉴	4、5	2
	03129232D0	经济法基础	3	2
	03286242D0	税法	4	2
创业训练选修	38003253D0	商业模式与创新	5	3
	38004253D0	初创型企业运营管理实务	5	3
	38005253D0	中小企业创业操作流程与法律风险防范	5	3

续上表

	49001253D0	世界各国文化概况与跨文化理解	5	3
升学留学选修 （含小语种）	49002253D0	外语能力提升法与留学申请技巧	5	3
	49003253D0	法语（小语种教学）	5	3
	49004253D0	日语（小语种教学）	5	3
专业选修（分类限选）课程最少需要修读的学分				6

2. 公共选修（分类任选）

公共选修（分类任选）课程占8学分，如表17-6所示：

表17-6 公共选修（分类任选）课程的学分值

公共选修（分类任选）课程类别	开设学期	学分
社科与人文（国学、艺术）类	第一至五学期，每类至少选修2学分	2
科技（创新与民生科技）类		2
经管与创新创业类		2
通用技能与语言类		2
公共选修（分类任选）课程最少需要修读的学分		8

3. 公共选修（分类选项）

公共选修（分类选项）课程占4学分，如表17-7所示。

表17-7 公共选项课程的学分值

公共选修（分类选项）课程类别	开设学期	学分
社团活动（含书院选修课）	第一至五学期，每类至少选修1学分，多选学分不能替换其他学分	1
课外阅读（经典阅读、早读）		1
创新创意创业项目		1
义工服务（含义工、社会调查、志愿者服务）		1
公共选修（分类选项）课程最少需要修读的学分		4

五、课程教学进程表

见表17-8。

表17-8 工商企业管理专业（企业经营与管理方向）教学进程表

课程板块	课程类型	课程编码	课程或活动名称	主要教学方式	总学分	总学时	课内总学时	课内学时 理论学时	课内学时 实践学时	课外学时	考核方式	考核学期	一 上课周时	一 实习周数	二 上课周时	二 实习周数	三 上课周时	三 实习周数	四 上课周时	四 实习周数	五 上课周时	五 实习周数	六 上课周时	六 实习周数
			教学周数										13	3	18	0	18	0	18	0	12	6	0	16
思想政治与博雅教育板块	公共必修	11001113D0	思想道德修养与法律基础（廉洁修身）	上课	3	54	26	26	0	28	考试	1	2											
		11002124D0	毛泽东思想与中国特色社会主义理论体系概论	上课	4	72	32	32	0	40	考试	2			2									
		110031X1D0	形势与政策	讲座	1	18	4	4	0	14	考查	1			∨									
		07001121D0	国学精粹	上课	1	18	18	18	0	0	考查	2			1									
		50001111D0	军训、文训、国防教育、军事理论	训练	1	18	4	4	0	14	考查	1		2										
		07002111D2	体育（含健康教育）（一）	上课	1.2	22	22	0	22	0	考查	1	2											

续上表

类别		课程代码	课程名称	类型	学分	学时				考核	学期							
思想政治与博雅教育板块	公共必修	07002121D3	体育（含健康教育）（二）	上课	1.3	23	23	0	0	考查	2					2		
		07002130D5	体育（含健康教育）（三）	活动	0.5	9	0	0	9	考查	3			√				
		07002150D5	体育（含健康教育）（四）	活动	0.5	9	0	0	9	考查	5				√			
		500021X1D0	大学生心理健康教育	讲座	0.5	9	9	0	0	考查	2	√						
		2100111OD7	职业生涯规划（含入学教育、就业创业指导等）（一）	讲座 活动	0.7	12	6	6	0	考查	1	√	1					
		210011X0D6	职业生涯规划（含入学教育、就业创业指导等）（二）	讲座 活动	0.6	10	6	6	4	考查	2、3					√ √		

续上表

课程代码	课程名称	授课方式	学分	学时					考核方式	第一学期	第二学期	第三学期	第四学期	第五学期	第六学期
21001140D3	职业生涯规划（含入学教育、就业创业指导等）（三）	讲座活动	0.3	6	2	2	0	4	考查	4		∨			
21001150D4	职业生涯规划（含入学教育、就业创业指导等）（四）	讲座活动	0.4	8	4	4	0	4	考查	5			∨		
38001121D0	创新创业通识	上课	1	18	18	18	0	0	考试	2	1				
070031X1D5	应用文写作	上课	1.5	27	27	27	0	0	考试	1	2				
010011X2D5	计算机应用（含信息检索2学时）	上课	2.5	45	45	0	45	0	考试	1		3			
02001113D5	公共外语（一）	上课	3.5	63	60	60	0	3	考试	1	5				
02001123D5	公共外语（二）	上课	3.5	63	60	60	0	3	考试	2			4		
070051X3D0	经济数学	上课	3	54	54	54	0	0	考试	1	4				
小计			31	558	420	330	90	138.4		15	3	13	0	0	0

公共必修

思想政治与博雅教育板块

第四编　基于DQP成果导向的应用实例

续上表

课程编号	课程名称	课内外	学分	总学时				考核	开课学期	第1学期	第2学期	第3学期	第4学期	第5学期	第6学期	第7学期	第8学期
001003X2D0	社科与人文（国学、艺术）类	上课	2	36	36	36	0	考查	1—4	2							0
002003X2D0	科技（创新与民生科技）类	上课	2	36	36	36	0	考查	1—4		2						0
003003X2D0	经管与创新创业类	上课	2	36	36	36	0	考查	1—4			2					0
004003X2D0	通用技能与语言类	上课	2	36	36	0	36	考查	1—4				2				0
	小计		8	144	144	108	36	0	0	2	2	2	2	0	0	0	0
500034X1D0	社团活动（含书院选修课）	课外活动	1	18	0	0	18	考查	1—5	√	√	√	√	√			0
070084X1D0	课外阅读（经典阅读、早读）	课外活动	1	18	0	0	18	考查	1—5	√	√	√	√	√			0
380024X1D0	创新创意创业项目	课外活动	1	18	0	0	18	考查	1—5	√	√	√	√	√			0
500044X1D0	义工服务（含义工、社会调查、志愿者服务）	课外活动	1	18	0	0	18	考查	1—5	√	√	√	√	√			0
	小计		4	72	0	0	72										0

公共选修（分类任选）— 思想政治与博雅教育板块

公共选修（分类选项）— 思想政治与博雅教育板块

续上表

		课程名称	方式	学分	学时			考核方式	1	2	3	4	5	6	7	8
专业教育板块	专业必修（通用课）	03031112D0	物流概论与前沿	上课	2	36	36	0	0	考查	1	3						
		03001123D0	管理学原理	上课	3	54	36	18	0	考查	2		3					
		03032124D0	货物养护与包装实务	上课	4	72	36	36	0	考试	2			4				
		03033123D0	物流服务营销	上课	3	54	36	18	0	考查	2			3				
		03005134D0	统计学原理	上课	4	72	48	24	0	考试	3				4			
		03004133D0	经济学基础	上课	3	54	36	18	0	考试	3				3			
		03006134D0	财务管理	上课	4	72	48	24	0	考试	3					4		
		03034133D0	物流地理	上课	3	54	36	18	0	考查	3					3		
	小计			26	468	312	156	0			3	3	10	14	0	0	0	0

续上表

课程代码	课程名称	授课方式	学分	总学时	理论	讲授	实践	其他	考核方式	学期					
03035134D0	采购管理实务	上课	4	72	72	48	24	0	考试	3	4				0
03009134D0	国际贸易实务	上课	4	72	72	48	24	0	考试	3	4				0
03036144D0	运输管理实务	上课	4	72	72	48	24	0	考试	4		4			0
03037144D0	仓储管理实务	上课	4	72	72	36	36	0	考试	4		4			0
03038144D0	报关实务	上课	4	72	72	48	24	0	考试	4		4			0
03039142D0	医药物流基础	上课	2	36	36	36	0	0	考试	4		2			0
03040154D0	供应链管理	上课	4	72	72	48	24	0	考试	5			6		0
03041154D0	国际货运代理实务	上课	4	72	72	48	24	0	考试	5			6		0
04042153D0	电子商务	上课	3	54	54	36	18	0	考试	5			4.5		0
	小计		33	594	594	396	198	0			8	14	16.5	0	0

专业教育板块 — 专业必修（核心课）

续上表

课程代码	课程名称	类型	学分	总学时	讲课	实验	实训	实习	考核方式	开课学期	一	二	三	四	五	六	七	八
03043142D0	速运公司顶岗实训	训练	2	36	36	0	36	0	考查	4				2				
03044142D0	物流沙盘综合训练	训练	2	36	36	0	36	0	考查	4				2				
03666168D0	毕业实践环节（含顶岗实习、毕业设计或毕业论文）	实习	8	144	0	144	0	144	考查	6						16		
小计			12	216	72	144	72	144			0	0	0	4	0	16		
限选课1		上课	2	36	36	0	36	0	考查	4、5				√	√			
限选课2		上课	2	36	36	0	36	0	考查	4、5				√	√			
限选课3		上课	2	36	36	0	36	0	考查	4、5				√	√			
小计			6	108	108	0	0	0			0	0	0	0	0	0		
合计			120	2160	1806	552	1146	354	合计		20	25	24	20	17	16		

注：专业必修（综合训练）、专业选修（分类限选6学分）属于专业教育板块。

248

续上表

考证（用√在考证的学期勾出）	内容		学期1	学期2	学期3	学期4	学期5	考证学期
考证一	英语A/B/托业/四级证/桥证/其他语种的相应证书	课外辅导	√	√	√	√		考证1—4
考证二	计算机应用能力证	课外辅导		√	√	√		考证2—4
以下专业职业资格证任选一个								
考证三	职业资格考证一：报检水平测试	课外辅导			√		√	考证3、5
考证四	职业资格考证二：物流管理员	课外辅导				√	√	考证4、5
考证五	职业资格考证三：国际商务单证员	课外辅导				√		考证4
考证六	职业资格考证四：物流认证	课外辅导			√		√	考证3、5
考证七	职业资格考证五：报关水平测试	课外辅导					√	考证5

六、署名

制定人：＊＊＊　　　　　　　　　　2016 年 5 月 30 日
审核人：＊＊＊　　　　　　　　　　2016 年 5 月 31 日

第十八章　基于 DQP 的物流管理专业课程规范设计

课程规范是基于 DQP 专业规范实施过程中的指导性教学文件，物流管理专业教师根据团队所制定的专业课程及学分分布表，结合所授课程情况制定课程规范，制定过程中根据专业预期成果设计可支撑毕业成果的课程成果，打破原来的知识框架体系，重新确定教学内容，以更有效地实现课程成果。

实例一：

课程名称：采购管理实务
所属专业：物流管理
编制人：＊＊＊
二级学院审核人：＊＊＊
二级学院审核日期：＊＊＊

课程编码	031967
课程名称	采购管理实务
学分值	4
程度	暂时不用
先修的课程	管理学原理、物流概论及物流前沿、统计实务
共修的课程	运输管理实务、仓储与配送管理实务、国际贸易实务
不可共修的课程	供应链管理
主旨	《采购管理实务》是物流管理专业的核心课程，主要了解采购的基本知识，掌握商品采购的基本流程、技巧和谈判技巧等，使学生通过学习具备一定的采购能力，使学生能够适应企业在采购岗位中的工作要求。同时本着理论联系实际的原则，对具体实务进行详细的阐述，为适应本专业采购管理岗位的要求打下坚实的理论基础和实际操作基础。

续上表

主旨	通过本课程的学习,要求学生具体能够: 1. 用采购管理专业领域的相关术语来描述本课程的核心理论和实践,并且提供至少一个与专业领域相关的案例。(POC1.1;学分数:0.6) 2. 应用采购管理专业领域的相关工具、技术和方法去解决本专业领域内给定的提问和难题。(POC1.2;学分数:0.7) 3. 基本上无差错地做出采购管理专业领域的方案、展示或整套单证。(POC1.3;学分数:0.3) 4. 描述所学习的采购管理专业领域的现有知识或现有实践的研究进展,包括怎样向前推进、怎样验证和怎样更新。(POC2.1;学分数:0.1) 5. 对于采购管理专业领域经济发展速度问题,对其中用到的量化信息(即数字)进行准确的诠释;并能够介绍如何在论述时有效地利用量化信息。(POC3.5;学分数:0.4) 6. 能够在采购商务中进行相关文书的写作,基本无笔误、错漏,条理清晰,论证令人信服。(POC3.6;学分数:0.3) 7. 书面汇报至少一个采购管理实务案例——自己是怎样将所学的学术性知识与技术技能,应用于实地挑战(实践)的;并提出证据或案例,用来证明自己在应用过程中学到了新知识或有其他的收获。(POC4.1;学分数:0.3) 8. 分享或教会同学们至少一个自己在课堂外学来的采购管理专业领域重要概念或方法。(POC4.2;学分数:0.5) 9. 对于一个超出课内所学采购管理专业领域内容的实践问题,对问题准确定位,收集相关线索与信息,进行组织与分析,并提出多种解决方案。(POC4.3;学分数:0.2) 10. 参与一个社区(或物流协会社团)项目,就其过程做口头或书面的总结(报告),重点突出这次经历中遇到的公民问题,以及这次经历中的个人感悟。(POC5.3;学分数:0.6)

续上表

	在完成课程后，学生将会：		
	编号	具体内容	对应的POC
预期学习成果SOC	SOC1	用采购管理专业领域的相关术语来描述领域的核心理论和实践，并且完成一份行业发展趋势调研报告。	POC1.1
	SOC2	应用采购管理专业领域的相关工具、技术和方法去解决采购领域内给定的招投标采购、电子采购组织与实施形式、业务流程、操作方法等疑问和难题。	POC1.2
	SOC3	基本上无差错地做出采购管理专业领域的采购需求分析预测及数量、采购计划、采购预算、采购货款结算的方案，或展示整套单证。	POC1.3
	SOC4	清晰描述采购管理专业领域招标采购、电商采购理论与实践研究进展情况，并完成一份课程论文。	POC2.1
	SOC5	对于采购管理专业领域经济发展速度问题，对其中用到的量化信息（即数字）进行准确的诠释，并形成一份数据分析报告。	POC3.5
	SOC6	能够设计供应商调查问卷，进行供应商调查、开发和选择相关方案、采购合同、绩效考核方案的写作，基本无笔误、错漏，条理清晰，论证令人信服。	POC3.6
	SOC7	书面汇报行业发展趋势调研报告、采购组织架构及岗位设置设计方案、供应商调查报告，采购绩效考核方案，用来证明自己在应用过程中学到了新知识或有其他的收获。	POC4.1
	SOC8	分享或教会同学们至少一个自己在课堂外学来的采购管理专业领域重要概念或方法，以PPT形式汇报。	POC4.2

续上表

预期学习成果SOC	SOC9	对于一个超出课内所学采购管理专业领域内容的实践问题进行准确定位，收集相关线索与信息，进行组织与分析，并完成一份解决方案。	POC4.3
	SOC10	参与一个社区（或物流协会社团）项目，就其过程做口头或书面的总结（报告），重点突出这次经历中遇到的公民问题，以及这次经历中的个人感悟，并完成一份公民成长心得。	POC5.3

	模块名称	教学内容	学时	对应的SOC
课程内容与安排	项目一：认知采购管理	任务1：认知课程及职业发展前景	2	SOC1/SOC2
		任务2：认知采购与采购管理	2	SOC1/SOC2
		任务3：认知采购组织与岗位	4	SOC1/SOC2 SOC4/SOC10
	项目二：采购计划制定与预算编制	任务1：采购需求分析与确定	8	SOC1/SOC2/SOC9
		任务2：采购计划制订	4	SOC1/SOC2/SOC9
		任务3：采购预算编制	4	SOC1/SOC2/SOC9
	项目三：供应商开发与选择	任务1：供应商开发与调查	4	SOC3/SOC7/SOC8
		任务2：供应商评估与选择	4	SOC3/SOC7/SOC8
	项目四：采购谈判规划与实施	任务1：采购谈判规划与准备	4	SOC3/SOC4/SOC6 SOC9/SOC10
		任务2：采购谈判技巧与实施	4	SOC3/SOC4/SOC6 SOC9/SOC10

第四编　基于 DQP 成果导向的应用实例

续上表

课程内容与安排	项目五：采购合同编制与管理	任务1：采购合同编制与签订	4	SOC3/SOC6/SOC9 SOC10
		任务2：采购合同纠纷处理	4	SOC3/SOC6/SOC9 SOC10
	项目六：采购交货检验与货款结算	任务1：采购交货检验	4	SOC3/SOC5/SOC8
		任务2：采购货款结算	4	SOC3/SOC5/SOC8
	项目七：采购绩效考核与实施	任务1：采购绩效考核体系制订	4	SOC3/SOC5/SOC7 SOC8
		任务2：采购绩效评估与实施	4	SOC3/SOC5/SOC7/ SOC8
	项目八：采购作业组织与实施	任务1：招标采购组织与实施	4	SOC3/SOC8/SOC10
		任务2：电子商务采购组织与实施	4	SOC3/SOC8/SOC10

与预期学习成果配对的教学方法

本课程以情境模拟、实际案例、项目任务为载体，通过训练手段实施教学，要求学生分组及进行各种角色扮演来完成采购管理运作环节。

预期学习成果	教学方法				
	讲授	实例演示	情境模拟	项目任务	学生演练
SOC1	√				
SOC2	√				
SOC3	√	√			
SOC4		√	√	√	√
SOC5		√	√	√	√
SOC6		√	√	√	√
SOC7		√	√	√	√
SOC8		√	√	√	√
SOC9		√	√	√	√
SOC10		√	√	√	√

续上表

	评核内容	评核标准	评核方法	权重（%）
与预期学习成果配对的评核方法和评核标准	出勤课堂表现	考勤迟到1次扣6分，旷课1次扣10分；课堂表现主要指标是课堂训练参与的积极度，根据每次训练的情况由任课教师赋分。	点名现场考核	20%
	SOC1	撰写书面报告，要求WORD文档，字数1000字左右。	书面报告	8%
	SOC2	完成所选行业信息的调研、搜集、处理，撰写方案要求采用WORD文档，字数4000字左右，思路清晰，语言流畅，术语运用、解释恰当。	方案制定答辩	8%
	SOC3	完成所选行业信息的调研、搜集、处理，撰写方案要求采用WORD文档，字数4000字左右，思路清晰，语言流畅，术语运用、解释恰当。	方案制定答辩	8%
	SOC4	运用企业采购管理设定技能进行情境模拟演练。流程规范、业务娴熟、演练顺畅。	演示	8%
	SOC5	运用采购管理设定技能进行情境模拟演练；流程规范、业务娴熟、演练顺畅。	演示	8%
	SOC6	运用采购管理设定技能进行情境模拟演练；流程规范、业务娴熟、演练顺畅。	演示	8%

续上表

与预期学习成果配对的评核方法和评核标准	SOC7	运用采购管理设定技能进行情境模拟演练;流程规范、业务娴熟、演练顺畅。	演示	8%
	SOC8	采用WORD和PPT两种方式结合进行汇报,文档要求思路清晰、结构完整、内容充实科学、表达流利、软件效果良好。	汇报	8%
	SOC9	采用WORD和PPT两种方式结合进行汇报,文档要求思路清晰、结构完整、内容充实科学、表达流利、软件效果良好。	汇报	8%
	SOC10	撰写书面报告,要求WORD文档,字数1000字左右。	书面报告	8%
	合计			100%

预期的学生需要付出的努力	学习时间	
	1. 指导学习和实操(课上)	72
	2. 其他学习(课外)	
	(1)扩展实训作业	36
	(2)课前、课后查询相关专业资料	36
	(3)企业见习	36
	(4)网络资讯平台学习	36
	总数	216
参考文献和资料	1. 期刊:《国际电子采购》《现代采购》《采购》《采购谈判》《市场周刊:新采购》 2. 网站:中国采购网、中国政府采购网、跨国采购网、阿里巴巴、慧聪网	

实例二：

课程名称：物流地理
所属专业：物流管理
编制人：＊＊＊
二级学院审核人：＊＊＊
二级学院审核日期：＊＊＊

课程编码	031966
课程名称	物流地理
学分值	3
程度	暂时不用
先修的课程	物流概论与前沿、货物保养与包装实务
共修的课程	国际贸易实务、采购管理实务
不可共修的课程	国际货运代理
主旨	《物流地理》是物流管理专业的核心课程，服务于物流管理岗位的工作要求。通过本课程学习，使学生掌握物流网络的基本知识，以及物流地理的四要素：节点、线路、运载工具和货物之间的关系，具备物流管理特别是运输规划的专业技能，达到企业物流岗位的上岗要求。 通过本课程的学习，要求学生具体能够： 1. 用物流管理专业领域的相关术语来描述本专业采购、仓储、运输、国际货运代理领域的核心理论和实践，并且提供至少一个与专业领域相关的案例。（POC1.1；学分数：0.5） 2. 应用专业领域的相关工具、技术和方法去解决本专业采购、仓储、运输、国际货运代理领域内给定的提问和难题。（POC1.2；学分数：0.5） 3. 描述所学习的每一项核心领域（企业运营管理、经济、采购、运输、仓储、国际货运代理）的现有知识或现有实践的研究进展，包括怎样向前推进、怎样验证和怎样更新。（POC2.1；学分数：0.2） 4. 就所学习的每一项核心领域描述一个关键性的争议问题，解释该争议问题的意义，并且应用该领域的概念来阐述自己对该争议问题的见解。（POC2.2；学分数：0.1） 5. 针对物流业中的快递爆仓、中国智能物流骨干网的主题，对其进行界定，并能明确地讲出该主题中涉及的一些观点、概念、理论以及实践方法。（POC3.1；学分数：0.1）

续上表

主旨	6. 能对物流产业领域中的某个行业、就业人才需求情况设计方案，有效地找到所需要的信息，对收集的信息进行分类，对信息的有用性进行评估，并将有用的信息合适地引用或应用到方案中。（POC3.2；学分数：0.1） 7. 能够在课内、课外一些专业活动或竞赛活动中进行言语交流；书面汇报至少一个物流管理案例——自己是怎样将所学的学术性知识与技术技能，应用于实地挑战（实践）的；并提出证据或案例，用来证明自己在应用过程中学到了新知识或有其他的收获。（POC4.1；学分数：1.0） 8. 清晰地介绍自己的个人背景与文化背景，包括发源与发展、信仰与价值观。（POC5.1；学分数：0.5）	
预期学习成果 SOC	在完成课程后，学生将会：	

编号	具体内容	对应的POC
SOC1	举例阐述影响物流管理的地理因素。	POC1.1
SOC2	举例阐述物流地理研究的基本要素并能解释一些物流现象。	POC1.1 POC3.1
SOC3	辨识不同运输方式的物流节点及其特点。	POC1.1
SOC4	辨识不同运输方式的运输线路及其特点。	POC1.1
SOC5	能根据具体的货物、运输方式、运输线路选择合适的运输工具。	POC1.2 POC2.2
SOC6	使用互联网确定办理具体货物的铁路节点。	POC1.2
SOC7	举例阐述广东省与哪些省相邻，有哪些主要通道。	POC4.1
SOC8	能规划鲜活农产品的运输线路。	POC4.1
SOC9	能区别国内运输和国际货物运输在线路规划中的不同问题。	POC4.1
SOC10	能通过互联网查找集装箱班轮航线。	POC3.2/POC4.1
SOC11	根据指定的货物，能独立完成简单线路的规划。	POC3.2/POC4.1
SOC12	总结课程学习的内容和收获。	POC2.1/POC2.2 POC4.1/POC5.1

续上表

	模块名称	教学内容	学时	对应的SOC
课程内容与安排	项目一：认识物流地理要素	任务1：认识地球及影响物流的地理因素	2	SOC1
		任务2：认识物流活动的地理空间与物流地理要素	2	SOC2
		综合实训一	2	
	项目二：铁路运输地理知识与技能	任务1：认识铁路运输的基本设施与设备	2	SOC5
		任务2：认识国内铁路网的布局和重要的铁路干线	4	SOC3SOC4
		任务3：开展国际铁路货物运输	2	SOC9
		综合实训二	2	SOC6
	项目三：公路运输地理知识与技能	任务1：认识公路运输的基本设施与设备	2	SOC5
		任务2：掌握我国公路网的布局	4	SOC3/SOC4
		任务3：我国公路运输环境认知	2	SOC8
		任务4：熟悉我国国际公路布局和公路口岸	2	SOC9
		综合实训三	2	SOC7
	项目四：水路运输地理基本知识与技能	任务1：认识水路运输基本设施与设备	4	SOC5
		任务2：掌握海洋分布及货运特点	2	SOC4
		任务3：掌握著名的水道	4	SOC4

续上表

课程内容与安排	项目四：水路运输地理基本知识与技能	任务4：熟悉重要的水运港口	2	SOC3
		任务5：熟悉中国的水运航线	2	SOC4
		综合实训四	2	SOC10
	项目五：航空运输地理基本知识与技能	任务1：认识航空运输的基本设施与设备	2	SOC5
		任务2：了解民航机场	2	SOC3
		任务3：了解航空货运飞行航线	2	SOC4
	课程总结	课程总结	2	SOC12
	期末综合实训项目	物流线路方案的制定	2	SOC11

与预期学习成果配对的教学方法	课程教学以多媒体为工具，采用讲授、案例教学、问题导向教学、任务导向教学，学生的讨论、互动将贯穿整个教学过程。同时要求学生在每次上课前先预习。				
	预期学习成果	教学方法			
		讲授	实例演示	情境模拟	项目任务	学生演练

预期学习成果	讲授	实例演示	情境模拟	项目任务	学生演练
SOC1	Y	Y		Y	
SOC2	Y	Y		Y	
SOC3	Y		Y	Y	
SOC4	Y		Y	Y	
SOC5		Y			
SOC6				Y	
SOC7			Y	Y	
SOC8	Y		Y		
SOC9	Y	Y		Y	
soc10			Y	Y	
SOC11			Y		
SOC12		Y			

续上表

	评核内容	评核标准	评核方法	权重（%）
与预期学习成果配对的评核方法和评核标准	出勤课堂表现	课堂出勤、课堂参与表现、课堂违反纪律行为。	现场考核	30
	SOC1	语言表达通顺，版面工整，符合题目要求。	书面作业	4
	SOC2	语言表达通顺，版面工整，符合题目要求。	书面作业	4
	SOC3	语言表达通顺，版面工整，符合题目要求。	书面作业	9
	SOC4	语言表达通顺，版面工整，符合题目要求。	书面作业	9
	SOC5	主动发言、能使用本SOC对应的知识点、表达有逻辑性。	研讨、书面作业	9
	SOC6	语言表达通顺，版面工整，符合题目要求。	书面作业	2
	SOC7	语言表达通顺，版面工整，符合题目要求。	书面作业	2
	SOC8	语言表达通顺，版面工整，符合题目要求。	书面作业	3
	SOC9	语言表达通顺，版面工整，符合题目要求。	书面作业	5
	SOC10	语言表达通顺，版面工整，符合题目要求。	书面作业	3
	SOC11	能使用本课程的知识，方案结构合理、图文并茂、语言表达流畅有逻辑性，有一定的可行性。	方案设计	15
	SOC12	能使用本课程的知识，报告结构合理、语言表达流畅有逻辑性。	总结报告	5
	合 计			100%

续上表

预期的学生需要付出的努力	学习时间	
	1. 指导学习和实操（课上）	54
	2. 其他学习（课外）	
	（1）扩展实训作业	27
	（2）课前、课后查阅相关专业资料	27
	（3）课外作业	27
	（4）其他	27
	总　　数	162
参考文献和资料	王学锋、陆琪、马修军编著：《国际物流地理》（第二版），上海交通大学出版社 2008 年版。	

实例三：

课程名称：货物养护与包装实务

所属专业：物流管理

编制人：＊＊＊

二级学院审核人：＊＊＊

二级学院审核日期：2016 – 11 – 12

课程编码	032041
课程名称	货物养护与包装实务
学分值	4.0
程度	暂时不用
先修的课程	物流概论与前沿
共修的课程	无
不可共修的课程	商品学
主旨	货物养护与包装实务课程是物流管理的专业基础课程，学生通过对货物养护与包装实务的学习，能掌握货物养护与包装的理论知识和实践技能，以适应将来的各行业的物流管理岗位。通过本课程的学习，要求学生具体能够： 　　1. 用物流管理专业领域的相关术语来描述本专业采购、仓储、运输、国际货运代理领域的核心理论和实践，并且提供至少一个与专业领域相关的案例。（POC1.1 学分数：1.0）

续上表

主旨	2. 应用专业领域的相关工具、技术和方法去解决本专业采购、仓储、运输、国际货运代理领域内给定的提问和难题。（POC1.2；学分数：1.0） 3. 描述所学习的每一项核心领域的现有知识或现有实践的研究进展，包括怎样向前推进、怎样验证和怎样更新。（POC2.1；学分数：0.4） 4. 在实施分析性、实操性或创造性的任务中，使用所学习的多项核心领域的公认方法，包括依据的收集与评估。（POC2.3；学分数：0.2） 5. 针对物流业中的快递爆仓、中国智能物流骨干网的主题，对其进行界定，并能明确地讲出该主题中涉及的一些观点、概念、理论以及实践方法。（POC3.1；学分数：0.2） 6. 能对物流产业领域中的某个行业、就业人才需求情况设计方案，有效地找到所需要的信息，对收集的信息进行分类，对信息的有用性进行评估，并将有用的信息合适地引用或应用到方案中。（POC3.2；学分数：0.6） 7. 创建图表或其他视觉效果更好的方式，来诠释趋势（走势）、关联（相关或因果关系等），或者状态上变化。（POC3.5；学分数：0.2） 8. 书面汇报至少一个案例：说明自己是怎样将所学的学术性知识与技术技能，应用于实地挑战（实践）；并提出证据或案例，用来证明自己在应用过程中学到了新知识或有其他的收获。（POC4.1；学分数：0.4）
预期学习成果SOC	在完成课程后，学生将会： | 编号	具体内容	对应的POC
---	---	---
SOC1	举例阐述货物在物流过程中质量变化的原因，能选择合适的包装保护货物，知道快递货物的措施，并能正确计量货物。	POC1.1 POC1.2 POC3.1 POC2.1 POC3.2
SOC2	能识别普通货物，举例说明常见货物质量变化的规律；能根据具体货物的特性确定适当的储运措施（包装、搬运、运输、仓储）。	POC1.1 POC1.2 POC4.1	

续上表

预期学习成果 SOC	SOC3	能识别特殊货物,举例说明常见货物质量变化的规律;能根据具体货物的特性确定适当的储运措施(包装、搬运、运输、仓储);书面汇报冷藏货物的管理。	POC1.1 POC1.2 POC4.1
	SOC4	能区别危险货物的种类,根据危险货物运输的有关规则处理货物。	POC1.1 POC1.2 POC4.1
	SOC5	能识别集装箱的类别、具体集装箱的标志;根据货物的类别选择适当的集装箱并计算装箱量;正确填写出口报价单。	POC1.1 POC1.2 POC4.1 POC3.2
	SOC6	书面陈述电子商务、低碳社会对货物的影响。	POC2.3 POC3.1 POC3.5
	SOC7	书面汇报至少一个货物养护案例:自己是怎样将所学的学术性知识与技术技能应用于实地挑战(实践);并提出证据或案例,用来证明自己在应用过程中学到了新知识或有其他的收获。	POC1.1 POC2.3 POC4.1

	模块名称	教学内容	学时	对应的 SOC
课程内容与安排	模块一:货物知识准备	单元一:货物的性质与质量变化	16	SOC1
		单元二:货物的包装		
		单元三:识别货物		
		单元四:计量货物		
	模块二:普通货物管理	单元一:化学肥料的管理	14	SOC2
		单元二:棉花、纺织品的管理		
		单元三:金属、五金的管理		
		单元四:电子电器货物的管理		
		单元五:谷物的管理		

续上表

课程内容与安排	模块三：特殊货物管理	单元一：长、大、笨重货物的管理	14	SOC3
		单元二：冷藏货物的管理		
		单元三：木材的管理		
		单元四：鲜活农产品的管理		
	模块四：危险货物的管理	单元一：包装危险货物的管理	10	SOC4
		单元二：散装危险货物的管理		
	模块五：集装箱货物管理	单元一：集装箱与集装箱货物	8	SOC5
		单元二：集装箱货物的装载		
	模块六：货物管理的发展趋势	单元一：电子商务货物管理	4	SOC6
		单元二：预测低碳经济对货物的影响		
	模块七：综合运用	货物管理方案设计	4	SOC7

与预期学习成果配对的教学方法

课程以多媒体为工具，讲授、案例教学、问题导向教学、任务导向教学、角色扮演与金鱼缸观察、情境模拟、学生的分组讨论、互动将贯穿整个教学过程。同时要求学生在每次上课前先预习。

预期学习成果	教学方法				
	讲授	实例演示	情境模拟	项目任务	学生演练
SOC1	Y	Y		Y	
SOC2	Y	Y		Y	

续上表

与预期学习成果配对的教学方法	SOC3	Y	Y		Y	
	SOC4	Y	Y		Y	
	SOC5	Y	Y		Y	
	SOC6	Y	Y	Y		
	SOC7				Y	

与预期学习成果配对的评核方法和评核标准	评核方法有：			
	评核内容	评核标准	评核方法	权重（%）
	出勤课堂表现	课堂出勤、课堂参与表现、课堂违反纪律行为。	现场考核	30
	SOC1	主动发言、能使用本SOC对应的知识点、表达有逻辑性；语言表达通顺，版面工整，符合题目要求。	研讨、书面作业	10
	SOC2	主动发言、能使用本SOC对应的知识点、表达有逻辑性；语言表达通顺，版面工整，符合题目要求。	研讨、书面作业	5
	SOC3	主动发言、能使用本SOC对应的知识点、表达有逻辑性；语言表达通顺，版面工整，符合题目要求。	研讨、书面作业	5
	SOC4	主动发言、能使用本SOC对应的知识点、表达有逻辑性；语言表达通顺，版面工整，符合题目要求。	研讨、书面作业	5
	SOC5	主动发言、能使用本SOC对应的知识点、表达有逻辑性；语言表达通顺，版面工整，符合题目要求。	研讨、书面作业	5

续上表

	评核内容	评核标准	评核方法	权重（%）
与预期学习成果配对的评核方法和评核标准	SOC6	主动发言、能使用本SOC对应的知识点、表达有逻辑性。	研讨	5
	SOC7	语言表达通顺，版面工整，符合题目要求。	书面作业	30
		合　计		100%
预期的学生需要付出的努力	学习时间			
	1. 指导学习和实操（课上）			72
	2. 其他学习（课外）			
	（1）扩展实训作业			36
	（2）课前、课后查询相关专业资料			36
	（3）课后作业			36
	（4）其他			36
	总数			216
参考文献和资料	1. 参考书 王学锋等编著：《货物学》，同济大学出版社2006年版。 潘松年主编：《包装工艺学》（第四版），印刷工业出版社2011年版。 周廷美、张英主编：《包装物流概论》，化学工业出版社2006年版。 2. 学习网站 中国物品编码中心 www.ancc.org.cn/； PONY谱尼测试集团 www.ponytest.com/； 广州危险货物运输行业协会 www.gzwhysxh.com/； 航空货运网 www.cata-transport.org.cn/； ……			

第十九章 基于DQP的人力资源管理专业规范设计

一、人力资源管理专业

（一）前言

随着知识经济时代的到来，人力资源已成为企业最重要的战略资源，有效的人力资源管理系统能够给企业创造竞争优势和提高经营绩效。而我国企业现有人力资源管理人员的数量和质量，远远不能适应我国社会经济发展和市场需要，本专业毕业的学生将有着广阔的发展前景。

2003年，我校原来的经济管理系就开设了工商企业管理专业人力资源管理方向，根据人才市场的用人需求以及专业建设的实际情况，于2009年9月正式将原有的"工商管理管理专业人力资源管理方向"独立设为"人力资源管理专业"并开始招生。2009年，本专业在学校立项为示范性重点培育专业。

本专业结合企业管理的具体实际，以市场对本专业人才需求为导向，针对定位的职业发展方向、岗位群，识别它们所需的专业技能和素质，采用项目任务为驱动，学习领域培育为框架的人才培养模式。强调理论和实践相结合，知识传授和经验感知相结合，课堂学习和岗位实际工作相结合的教学方法，促使学生实际能力的形成，使其能够胜任各类企事业单位的选人、用人、发展人的工作，帮助实现组织和个人两方面的成功。

（二）一般信息

1. 专业名称和专业代码

人力资源管理专业（690204）。

2. 所属学院

经济管理学院。

3. 颁授证书名称

人力资源管理专业专科毕业证书。

4. 入学要求

普通高中毕业生、中职（专）毕业生和职高毕业生。

5. 培养目标

本专业服务区域经济发展，满足生产制造业、商贸业、现代服务业以及事业单位和社会团体的人力资源管理需要，培养德、智、体、美、劳全面发展，掌握人力资源管理专业知识及广泛和融合的知识，具备分析、沟通等智力技能、应用和协作学习能力、公民素养和全球学习能力，具有创新、创业思维的高素质技术技能型人才。

6. 基本学制

全日制学分制（正常3年学习期）。

7. 毕业标准

修满本专业最低限定学分——120学分，同时满足以下条件，可以获得毕业证书：

（1）获得本专业规范规定的职业资格证书或社会公认相关技能证书。

（2）至少获得计算机应用能力一级证书。

（3）至少获得英语应用能力B级及以上证书或托业桥等国际认证或其他语种的相应证书。

（4）按照学校博雅教育体系要求参与相关活动，修满专业规范中相应的博雅教育学分。

8. 基本和最长学习年限

（1）以专业培养计划规定的基本修业年限（3年）为参考，实行弹性修业年限，允许学生提前或者延期毕业。提前毕业的，原则上只能比基本修业年限提前1年。学生在基本修业年限内未能修满培养计划规定学分的，可以延长修业时间，延长时间不得超过专业培养计划规定的基本修业年限。[《广东省教育厅关于普通高等学校实施学分制管理的意见》（粤教高函〔2014〕5号）]

（2）对有特殊原因、特殊困难的学生，经学校批准可以勤工助学。学生因生病或者创业等原因不能连续完成学业，可以实行间修制，允许其中断学习，保留学籍。每次中断学习时间，一般以1年为限，累计中断次数不得超过2次。学生从入学到毕业的年限不得超过上述第1条规定的时间。被批准休学工作、创业和因病休学的学生，其休学时间计入上述第1条规定时限范围。[《广东省教育厅关于普通高等学校实施学分制管理的意见》（粤教高函

〔2014〕5号）〕

9. 就业方向

本专业毕业生的就业方向主要为人力资源管理、行政管理、组织文化建设等方向，具体岗位群和主要工作内容如表19-1所示。

表19-1　人力资源管理专业就业方向、岗位群与主要工作内容表

序号	就业方向	岗位群	主要工作内容
1	人力资源管理方向	行政人事助理、人事助理、人事专员（招聘专员、培训专员、劳动关系专员、薪酬福利专员，文化专员等）、人力资源综合管理、经理	1. 人力资源规划 2. 招聘与配置 3. 培训与开发 4. 绩效管理 5. 薪酬福利管理 6. 劳动关系管理
2	行政管理方向	文员、助理、综合文秘、办公室主任	1. 行政事务管理 2. 人事行政管理 3. 行政协调与沟通管理
3	文化建设方向	文化助理、文化专员、工会、宣传部、公关部、策划部等负责文化建设的工作者	1. 企业文化测评 2. 企业文化设计 3. 企业文化实施与传播

（三）专业预期学习成果

岭南职院学历资格框架中参照美国DQP副学士标准，确定毕业生学历资格的五大学习领域（专业知识、广泛且融合的知识、智力技能、应用和协作学习、公民素养和全球化学习）的预期学习成果，以此来体现对本专业毕业生的职业能力、方法能力、社会能力及专业核心领域知识的融合与应用能力等方面的要求，即毕业要求。本专业毕业生在各学习领域的"专业预期学习成果"（Program Outcome，简称POC）描述如下：

1. 学习领域一：专业知识（Specialized Knowledge）

在专业知识方面，本专业的毕业生应该能够：

POC1.1 用人力资源管理专业领域的相关术语来描述人力资源管理领域的核心理论和实践，如人力资源规划、岗位设计、人员招聘、培训与开发、绩效管理、薪酬管理、员工关系管理等理论和实践，并且能为专业各核心领域提供至少一个相关的解说案例。

POC1.2 应用人力资源管理专业相关领域的工具、技术和方法，如岗位分析技术、人员素质测评技术、绩效评价技术等，去解决各类型组织人力资源管理领域内特定的疑问和难题，如选人、用人、留人、育人、激励人等问题。

POC1.3 基本上无差错地做出人力资源管理专业领域的产品、模型、数据、展示或表演。如编制人力资源管理文件、建立人力资源管理分析数据模型，并能够进行演说展示等。

2. 学习领域二：广泛且融合的知识（Broad and Integrative Knowledge）

在广泛且融合的知识方面，本专业的毕业生应该能够：

POC2.1 在思想政治与博雅教育领域，能描述国内和国际近期的政治、经济的态势与前景，以及国内外其他重大事件（如党和国家重要会议及其精神、当前经济发展趋势、国内外热点事件）；能阐述高等数学中的基本知识（如矩阵理论、消元法解线性方程组、用矩阵的初等行变换解线性方程组），且能将其广泛融合应用于专业相关知识、技术的学习中，并能逐步向前推进，以解决实际问题中的多元未知问题；能描述现阶段国学的含义、中国文化的源头及儒家思想为核心的诸子百家思想等内容。学习人力资源管理相关领域，即人力资源需求和供给平衡、人员招聘和配置、人员培训和开发、人员激励和报酬、人员保障和劳动法律关系管理的现有知识或现有实践的研究进展（包括怎样开发、验证、更新），如各核心领域的现状、发展趋势、最新动态等。

POC2.2 就所学习的每一项核心领域，在国学领域，能应用以儒家思想为核心的诸子百家思想去描述现代社会的某些争议性问题，如现代社会的科技发展与环境污染问题、现代社会的诚信缺失、见利忘义以及孝道、仁爱等问题，解释该争议问题的意义，并能应用该领域的概念来阐述自己对该争议问题的见解。在专业领域（包括人力资源规划、岗位分析、人才测评、招聘和选拔、人力资源培训和开发、绩效管理、薪酬管理、社会保障和员工关系管理等领域），描述一个关键性的争议问题，解释该争议问题的意义，并且应用该领域的概念来阐述自己对该争议问题的见解。

POC2.3 在本专业所有核心领域实施分析性、实操性或创造性的任务中，使用所学习的多项核心领域的公认方法，包括依据的收集与评估。如通过人力资源供应和需求模型解决人力资源平衡问题；通过问卷法、访谈法、观察法解决岗位分析的问题；通过人力资源测评方法的选择，解决人才甄选的问题等。

POC2.4 选择科学、艺术、社会、人类服务、经济生活或科技中的某个问题，同时采用本专业至少两个领域的知识（如经济生活中，劳动者报酬问题涉及经济学、福利学、市场学、薪酬管理等方面的内容），描述如何定义、界定与解释选定问题对社会的重要意义，并对此做出评述。

3. 学习领域三：智力技能（Intellectual Skills）

在解析探究（Analytic Inquiry）方面，本专业的毕业生应该能够：

POC3.1 在人力资源管理各核心领域界定一个知识主题（如薪酬管理中的工作评价、绩效管理中的绩效沟通等），并能明确地讲出该主题中涉及的一些观点、概念、理论以及实践方法。

在利用信息资源（Use of Information Resources）方面，本专业的毕业生应该能够：

POC3.2 在一个人力资源管理专门领域或一个相对普遍的管理领域内，做一个项目、写一篇文章或方案、进行一个演示时，有效地找到所需要的信息，对收集的信息进行分类，对信息的有用性进行评估，并将有用的信息合适地引用或应用到项目、文章或方案、演示中。

在了解多种观点（Engaging Diverse Perspectives）方面，本专业的毕业生应该能够：

POC3.3.1 对社会、政治、经济、艺术乃至全球关系等方面的突出性或重大问题能明确地阐述：不同文化视角（或不同文化背景的知识）会怎样影响人们对上述问题的理解；能明确阐述不同文化背景下的企业管理、解释本专业各核心领域某些问题在不同文化背景下的处理方式和不同理解；能明确阐述公共生活、职业生活、家庭生活中的道德与法律规范、社会主义核心价值体系、核心价值观内容、中国精神、共同理想等。

POC3.3.2 对有关文化、社会、政治、艺术或国际关系上的选定问题，如企业文化的有关问题，对社会上的某些问题（如伪劣假冒商品问题），能运用所学的诸子百家思想对问题进行定位与分析，提出自己的见解，并与其他人的见解进行理性的比较。在体育运动及艺术上，对自身热爱项目的体育运动明星、体育运动赛事有一定的了解与欣赏能力，并能分析或与他人讨论体育赛事情况。

在伦理判断（Ethical Reasoning）方面，本专业的毕业生应该能够：

POC3.4 找一个当前社会、经济、文化等方面的突出问题，该问题明显涉及道德因素（如作为人力资源管理者如何处理雇主利益和员工利益冲突问题，网络中的"人肉搜索"网暴行为），能做出正确的合德与合法的评判、分析。在决策过程中，能够分析并梳理清晰道德准则或框架是如何产生影响或作用。

在定量表达（Quantitative Fluency）方面，本专业的毕业生应该能够：

POC3.5.1 将数学知识与专业有机结合，对经济、技术上相关问题中用到的量化信息（数字），进行准确的分析、诠释和表达。对于经济、管理上的问题，对其中用到的量化信息（即数字）进行准确的诠释；并能够解释所使用的数学运算和运算符号。如进行员工信息的统计分析；对绩效指标的计算、薪酬的计算等；

POC3.5.2 创建图表或其他视觉效果更好的方式，来诠释趋势（走势）、关联（相关或因果关系等），或状态上变化。如对人力资源相关调查问卷进行数据分析，并能通过图表进行展示。

在沟通技巧（Communicative Fluency）方面，本专业的毕业生应该能够：

POC3.6.1 在与普通大众或某一个特定对象进行书面沟通过程中（如在社会职场中进行书面沟通及表达，策划方案的写作；作为招聘专员，制作招聘广告），基本无笔误、错漏，条理清晰，论证令人信服。

POC3.6.2 与普通大众或某一个特定对象（如作为绩效管理专员和员工进行绩效沟通）能在正式场合进行有效的口头交流；

POC3.6.3 就某一具体工作任务的行动计划进行谈判，并对谈判结果进行书面或口头的总结性陈述。如作为绩效管理专员和员工进行绩效计划的双向沟通，并顺利签订绩效协议。

POC3.6.4 使用英语进行日常基本的交流，翻译所学专业领域的一篇简单的文章。

在创新思维（Innovative Thinking）方面，本专业的毕业生应该能够：

POC3.7.1 就一个创新创业的实践案例，分析或阐述该案例中涉及的创新、创业特征及关键要素，并给出自己的评判；如分析和判断在团队建设、选人用人、绩效激励等方面的创新要求。

POC3.7.2 运用一个或多个领域的知识与技能，就社会、经济、技术、文化等领域的某一方面的实践活动，或提出疑问，或指出其存在的问题，或提出一个新思路、新方法。如结合人力资源管理多个核心领域的知识和技能，提出服务质量改进、业务流程改进、人员组织改进、员工满意度提升等方面的新思路、新方法。

4. 学习领域四：应用和协作学习（Applied and Collaborative Learning）

在应用和协作学习方面，本专业的毕业生应该能够：

POC4.1 书面汇报至少一个案例，将所学的学术性知识与技术技能，应用于实地挑战（实践），提出证据或案例，用来证明自己在应用过程中学到新的知识或有其他的收获。如在实践项目中,对中小企业人力资源某个专项问题进行分析并得出成果。

POC4.2 分享或教会同学们至少一个自己在课堂外学来的重要概念或方法。比如分享顶岗实习中对岗位职责或工作内容、绩效指标等问题的新发现。

POC4.3 对一个超出课上所学内容的实践问题进行准确定位,收集相关线索与信息,进行组织与分析,并提出多种解决方案。如在企业的人力资源规划中,帮助其分析和明确组织人力资源发展战略。

POC4.4 参与一个创新创业性活动或项目,展示或讲解其实践成果,并就其过程做书面的总结(至少能重点突出这次经历中个人对创新创业精神与创新创业管理的感悟,进而能阐明其应用前景或价值)。

5. 学习领域五:公民素养和全球化学习(Civic and Global Learning)

在公民素养和全球化学习方面,本专业的毕业生应该能够:

POC5.1 清晰地介绍自己的个人背景与文化背景,包括发源与发展、信仰与价值观、人生观,并能结合自身专业学习情况,进行职业生涯规划。

POC5.2 对特定的民主价值观或实践,描述历史和当代各种不同的立场,并且能对具体的某个包含这些价值观或实践的问题上,提出自己的立场。对中国特色社会主义理论所涉及的观点、中国特色社会主义市场经济与西方社会市场经济的差别能明确地阐述,并可准确地列举社会主义市场经济的特征,而且可以正确地分析中国的经济问题。能正确理解社会公平正义的内涵,通过人类社会发展对公平正义追求历史的了解,正确理解当今社会人们对公平正义的诉求,对社会发生的群体事件能够正确的分析和认识。

POC5.3 运用至少三项方法或技能,锻炼与改善身体及心理素质。

POC5.4 参与社会实践,如参加义工或社会服务、参观爱国主义基地等,并进行口头或书面的总结(报告),重点突出这次经历中遇到的公民问题,以及这次经历中个人的感悟。

POC5.5 识别影响至少世界两个大洲的经济挑战、环境挑战或公共管理方面的挑战,并且对挑战进行有理有据的分析评述,并表明自己的观点。针对环球生态环境恶化的状态,能够有理有据地提出自己的见解和应对措施,并能够正确表述自己对维护生态环境的态度。针对国内外重大政治、经济及其他热点事件,能进行分析评述,并表明自己的观点。

(四)课程体系

1. 课程分类与学分结构

在学分制体制下,融合岭南职院学历资格框架中专业领域与核心领域的范畴,本专业课程体系包括必修课程、分类限选课程、分类任选课程与分类选修课程共四类,分属两大板块:专业教育、思想政治与博雅教育。其中,两大板块的必修与限选课程属于核心学习领域;专业教育板块的所有课程属于专业学习领域。两大板块的必修课程的学分值合理地分布在岭南职院学历资格框架的五大学习领域,选修课学分是学生根据自己的选择,对上述领域的补充。

本专业各类课程学分值分布如表19-2所示:

表19-2 人力资源管理专业课程类型及学分值分布

专业教育板块		思想政治与博雅教育板块	
专业通用(必修)	20	公共基础课(必修)	31
专业核心(必修)	35	公共选修(分类任选)	8
专业综合训练(必修)	16	公共选修(分类选项)	4
专业选修(分类限选)	6		
专业教育板块学分值	77	思想政治与博雅教育板块学分值	43
总学分			120

2. 专业预期学习成果的必修课程体系分布

要达到本专业的"专业预期学习成果"(POC),学生需要修读本专业的一系列课程,通过各课程的学习完成相应的"课程预期学习成果"(Subject Outcome,简称SOC),以支撑、实现"专业预期学习成果"(POC)的达成,从而达到本专业对毕业生的要求。本专业必修课程与"专业预期学习成果"(POC)的对应关系如表19-3所示:

第四编 基于DQP成果导向的应用实例

表19-3 人力资源管理专业预期学习成果的必修课程体系分布表

课程板块	课程名称	学分	五大学习领域学分分布					五大学习领域条款分布																				
			POC1 专业知识	POC2 广泛且融合的知识	POC3 智力技能	POC4 应用和协作学习	POC5 公民素养和全球化学习	POC1.1	POC1.2	POC1.3	POC2.1	POC2.2	POC2.3	POC2.4	POC3.1	POC3.2	POC3.3	POC3.4	POC3.5	POC3.6	POC3.7	POC4.1	POC4.2	POC4.3	POC4.4	POC5.1	POC5.2	POC5.3	POC5.4	POC5.5
思想政治与博雅教育	思想道德修养与法律基础（廉洁修身）	3			1		2							√																√
	毛泽东思想和中国特色社会主义理论体系概论	4			2.5		1.5								√	√														√
	形势与政策	1			0.5		0.5												√										√	
	国学精粹	1			0.5		0.5											√								√	√			
	军训、文训、国防教育、军事理论	1		1							√																			
	体育（含健康教育）	3.5		0.3	1.2	2																		√					√	
	大学生心理健康教育	0.5				0.5																							√	

277

基于DQP成果导向的人才培养探索与实践
——美国学历资格框架中国化的应用实践

续上表

		课程	学分																			
思想政治与博雅教育		职业生涯规划（含入学教育、就业创业指导等）	2	0.1	0.3	0.3		1.3			√					√							
		创新创业通识	1																				
		应用文写作	1.5					1.5		√				√									
		计算机应用（含信息检索）2学时	2.5	1	0.5	1				√	√			√		√							
		公共外语（一）	3.5			2.5		1					√		√								
		公共外语（二）	3.5			2.5		1					√	√	√								
		经济数学	3		1.5	1.5			√				√										
专业教育		管理学原理（工商）	3	0.8	0.5	1.4	0.2	0.1	√	√	√		√	√	√	√							
		统计学原理（人力）	4	1	1	1		1	√		√		√	√	√								
		经济学基础（酒店）	3	1	0.6	1.2		0.2	√		√		√	√	√								
		财务管理（物流）	4	1	1	1		1	√		√		√	√	√								
		组织行为学	3	1	0.5	0.5	0.5	0.5	√		√		√	√	√	√							
		公司概论	3	1		1		1	√	√	√	√	√	√	√								
		人力资源规划	3	1	0.5	0.5		1	√	√	√	√	√	√	√	√							
		岗位分析	3	1	0.5	0.5		1	√	√	√	√	√	√	√	√							
		招聘与选拔管理	3	1	0.5	0.5		1	√	√	√	√	√	√	√	√	√						
		培训与开发	3	1	0.5	0.5		1	√	√	√	√	√	√	√	√	√						

续上表

课程	学分											
绩效管理	3	1	0.5	0.5		√	√	√	√		√	√
薪酬设计与管理	3	1	0.5	0.5	1	√	√	√	√	√	√	√
劳动法与员工关系管理	3	1	0.5	0.5	1	√	√	√	√	√	√	√
商务礼仪与沟通	3	1	0.5	0.5	1	√	√	√	√		√	√
人力资源素质测评和职业生涯规划	3	1	0.5	0.5	1	√	√	√	√		√	√
基于EXCEL的HRM	4	1.5	0.5	1		√	√	√	√		√	√
企业行政管理实务	2	1	0.5		0.5	√	√	√	√		√	√
企业文化建设	2	0.5	0.5	0.5	0.5	√	√	√	√		√	√
人力资源模拟实训	2	0.5	0.5		1	√	√		√		√	√
人力资源管理信息系统实训	2	0.5	0.5		0.5	√	√	√		√	√	√
中小型企业人力资源管理实践	2	0.5	0.5		0.5	√	√	√		√	√	√
行业人才成长特训	2	0.5	0.5		0.5	√	√		√		√	√
毕业实践环节（含顶岗实习、毕业设计或毕业论文）	8	1	1		5	√	√		√		√	√
学分合计	102	21.9	16.9	26.7	22.4	14.1						

本专业的"五大学习领域"必修课程学分值分布如表19-4所示：

表19-4 五大学习领域必修课程学分值分布

	学习领域	学分值
1	专业知识（Specialized Knowledge）POC1	21.9
2	广泛且融合的知识（Broad and Integrative Knowledge）POC2	16.9
3	智力技能（Intellectual Skills）POC3	26.7
4	应用和协作学习（Applied and Collaborative Learning）POC4	22.4
5	公民素养和全球化学习（Civic and Global Learning）POC5	14.1
	总学分	102

本专业的"五大学习领域"必修课程学分值分布图如图19-1所示：

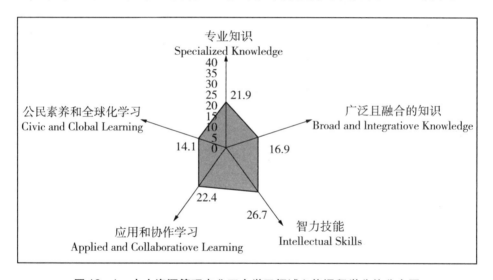

图19-1 人力资源管理专业五大学习领域必修课程学分值分布图

3. 选修课程的修读及学分值分布

（1）专业选修（分类限选）

专业选修（分类限选）是在本专业职业方向选修、本二级学院内跨专业选修、创业训练选修、升学留学选修（含小语种）四类中选择一类，然后在选择的类别中选修课程，至少选修6学分，如表19-5所示：

表19-5 专业选修（分类限选）课程的学分值

选修类别	课程编码	专业选修（分类限选）课程名称	开设学期	学分
职业方向选修（本专业）	031042X2D0	社会心理学	4、5	2
	032502X2D0	公共关系管理	4、5	2
	032512X2D0	档案管理	4、5	2
	032522X2D0	会议活动组织	4、5	2
	032532X2D0	ERP实训	4、5	2
跨专业选修（本二级学院内跨专业）	03276252D0	物流概论	5	2
	03040252D0	供应链管理	5	2
	03205252D0	商务谈判与沟通	5	2
	03274252D0	企业流程管理	5	2
	03277252D0	卖场布局与陈列	5	2
	03278252D0	连锁经营模拟实训	5	2
	032792X2D0	证券投资技巧专题训练	3、4	2
	03280242D0	个人理财规划专题训练	4	2
	032812X2D0	鸡尾酒调制	1—5	2
	032822X2D0	咖啡拉花	1—5	2
	031042X2D0	社会心理学	4、5	2
	030952X2D0	人类行为与社会环境	4、5	2
	030252X2D0	心理诊断学	4、5	2
	030192X2D0	变态心理学	4、5	2
	030772X2D0	企业形象策划实务	4、5	2
	032842X2D0	门店经营与管理	4、5	2
	032852X2D0	葡萄酒贸易与品鉴	4	2
	03129232D0	经济法	3	2
	03286242D0	税法	4	2
	03287252D0	文化与心理	5	2
创业训练选修	38003253D0	商业模式与创新	5	3
	38004253D0	初创型企业运营管理实务	5	3
	38005253D0	中小企业创业操作流程与法律风险防范	5	3

续上表

升学留学选修（含小语种）	49001253D0	世界各国文化概况与跨文化理解	5	3
	49002253D0	外语能力提升法与留学申请技巧	5	3
	49003253D0	法语（小语种教学）	5	3
	49004253D0	日语（小语种教学）	5	3
专业选修（分类限选）课程最少需要修读的学分				6

（2）公共选修（分类任选）

公共选修（分类任选）课程占 8 学分，如表 19-6 所示：

表 19-6　公共选修（分类任选）课程的学分值

公共选修（分类任选）课程类别	开设学期	学分
社科与人文（国学、艺术）类	第一至五学期，每类至少选修 2 学分	2
科技（创新与民生科技）类		2
经管与创新创业类		2
通用技能与语言类		2
公共选修（分类任选）课程最少需要修读的学分		8

（3）公共选修（分类选项）

公共选修（分类选项）课程占 4 学分，如表 19-7 所示。

表 19-7　公共选项课程的学分值

公共选修（分类选项）课程类别	开设学期	学分
社团活动（含书院选修课）	第一至五学期，每类至少选修 1 学分，多选学分不能替换其他学分	1
课外阅读（经典阅读、早读）		1
创新创意创业项目		1
义工服务（含义工、社会调查、志愿者服务）		1
公共选修（分类选项）课程最少需要修读的学分		4

（五）课程教学进程表

人力资源管理专业课程进程表如表 19-8 所示：

表 19-8 人力资源管理专业教学进度表

课程板块	课程类型	课程编码	课程或活动名称	主要教学方式	总学分	总学时	课内总学时	课内学时-理论学时	课时分配-实践学时	课外学时	考核方式	考核学期	教学周数	一 上课周时	一 实习周数	二 上课周时	二 实习周数	三 上课周时	三 实习周数	四 上课周时	四 实习周数	五 上课周时	五 实习周数	六 上课周时	六 实习周数
思想政治与博雅教育板块	公共必修	11001113D0	思想道德修养与法律基础（廉洁修身）	上课	3	54	26	26	0	28	考试	1		13	3	18	0								
		11002124D0	毛泽东思想与中国特色社会主义理论体系概论	上课	4	72	32	32	0	40	考试	2		2				18	0	18	0				
		110031X1D0	形势与政策	讲座	1	18	4	4	0	14	考查	2				2									
		07001121D0	国学精粹	上课	1	18	18	18	0	0	考查	2				1									
		50001111D0	军训、文训、国防教育、军事理论	训练	1	18	4	4	0	14	考查	1			2										
		07002111D2	体育（含健康教育）（一）	上课	1.2	22	22	0	22	0	考查	1		2											

续上表

公共必修	07002121D3	体育（含健康教育）（二）	上课	1.3	23	23	0	23	考查	2		√	2
	07002130D5	体育（含健康教育）（三）	活动	0.5	9	0	9	0	考查	3		√	
	07002150D5	体育（含健康教育）（四）	活动	0.5	9	0	9	0	考查	5			√
	500021X1D0	大学生心理健康教育	讲座	0.5	9	9	0	9	考查	1	√		
	21001110D7	职业生涯规划（含入学教育、就业创业指导等）（一）	讲座活动	0.7	12	6	6	6	考查	1	√		
	210011X0D6	职业生涯规划（含入学教育、就业创业指导等）（二）	讲座活动	0.6	10	6	6	4	考查	2、3		√	√

思想政治与博雅教育板块

续上表

课程代码	课程名称	授课方式	学分	总学时	讲课	实践	考核方式	周学时	一	二	三	四	五	六				
21001140D3	职业生涯规划（含入学教育、就业创业指导等）（三）	讲座活动	0.3	6	2	2	考查	4			✓				0	0	0	0
21001150D4	职业生涯规划（含入学教育、就业创业指导等）（四）	讲座活动	0.4	8	4	4	考查	5				✓			0	0	0	0
38001121D0	创新创业通识	上课	1	18	18	0	考试	2		1								0
070031X1D5	应用文写作	上课	1.5	27	27	0	考试	1	2									0
010011X2D5	计算机应用（含信息检索2学时）	上课	2.5	45	45	0	考试	1		4								0
02001113D5	公共外语（一）	上课	3.5	63	60	0	考试	1	5									3
02001123D5	公共外语（二）	上课	3.5	63	60	0	考试	2		4								3
070051X3D0	经济数学	上课	3	54	54	0	考试	2	3									
小计			31	558	420	330	138.4	15	3	13	0	0	0	0	0			

公共必修

思想政治与博雅教育板块

续上表

模块		课程代码	课程名称	课堂形式	学分	学时				考核	学期	能力1	能力2	能力3	能力4	能力5
						总	理论	实践	其他							
思想政治与博雅教育板块	公共选修（分类任选）	001003X2D0	社科与人文（国学、艺术）类	上课	2	36	36	0	0	考查	1-4	2				0
		002003X2D0	科技（创新与民生科技）类	上课	2	36	36	0	0	考查	1-4		2			0
		003003X2D0	经管与创新创业类	上课	2	36	36	0	0	考查	1-4			2		0
		004003X2D0	通用技能与语言类	上课	2	36	0	36	0	考查	1-4				2	0
			小计		8	144	108	36	0			2	2	2	2	0
	公共选修（分类选项）	500034X1D0	社团活动（含书院选修课）	课外活动	1	18	0	0	18	考查	1-5	√	√	√	√	0
		070084X1D0	课外阅读（经典阅读、早读）	课外活动	1	18	0	0	18	考查	1-5	√	√	√	√	0
		380024X1D0	创新创意创业项目	课外活动	1	18	0	0	18	考查	1-5	√	√	√	√	0
		500044X1D0	义工服务（含义工、社会调查、志愿者服务）	课外活动	1	18	0	0	18	考查	1-5	√	√	√	√	0
			小计		4	72	0	0	72			0	0	0	0	0

第四编 基于DQP成果导向的应用实例

续上表

课程代码	课程名称	授课方式	学分	总学时	讲课	实验	上机		考核方式	学期	一	二	三	四	五	六	七	八
03001113D0	管理学原理	上课	3	54	54	36	18	0	考试	1	4							
03004113D0	经济学基础	上课	3	54	54	36	18	0	考试	1	4							
03005134D0	统计学原理	上课	4	72	72	48	24	0	考试	3			4					
03006134D0	财务管理	上课	4	72	72	48	24	0	考试	3			4					
03113123D0	组织行为学	上课	3	54	54	54	0	0	考试	2		3						
03114123D0	公司概论	上课	3	54	54	54	0	0	考查	2		3						
	小计		20	360	360	276	84	0			8	0	6	0	0	0	0	0
03115133D0	人力资源规划	上课	3	54	54	36	18	0	考试	3			3					
03116123D0	岗位分析	上课	3	54	54	36	18	0	考试	2		3						
03117133D0	招聘与选拔管理	上课	3	54	54	36	18	0	考查	3			3					
03118133D0	培训与开发	上课	3	54	54	36	18	0	考查	3			3					
03119143D0	绩效管理	上课	3	54	54	36	18	0	考试	4				3				
03120143D0	薪酬设计与管理	上课	3	54	54	36	18	0	考试	4				3				
03121143D0	劳动法与工关系管理	上课	3	54	54	36	18	0	考试	4				3				
03109143D0	商务礼仪与沟通	上课	3	54	54	36	18	0	考查	4				3				
03122153D0	人力资源测评和职业生涯规划	上课	3	54	54	36	18	0	考查	5					4			

专业必修（通用课）／专业必修（核心课） —— 专业教育板块

续上表

专业教育板块		课程代码	课程名称	授课方式	学分	总学时				考核方式	周学时	学期分布							
												1	2	3	4	5	6	7	8
专业必修（核心课）		03099154D0	基于EXCEL的HRM	上课	4	72	72	48	24	0	考试	5						6		
		03123142D0	企业行政管理实务	上课	2	36	36	26	10	0	考查	4					2			
		03124152D0	企业文化建设	上课	2	36	36	26	10	0	考查	5						3		
			小计		35	630	630	424	206	0			0	3	0	14	0	13	0	0
专业必修（综合训练）		03125122D0	人力资源模拟实训	实训	2	36	36	6	30	0	考查	2				2				
		03126132D0	中小型企业人力资源管理实践	实训	2	36	36	6	30	0	考查	3					2			
		03127142D0	人力资源管理信息系统实训	实训	2	36	36	6	30	0	考查	4					2			
		03128152D0	行业人才成长特训	实训	2	36	36	6	30	0	考查	5						2		
		03666168D0	毕业实践环节（含顶岗实习、毕业设计或毕业论文）	实习	8	144	0	0	0	144	考查	6								16
			小计		16	288	144	24	120	144			2	0	2	2	2	2	0	16

288

续上表

专业教育板块	课程名称	学分	总学时	上课	课外辅导			周学时分布（各学期）						考核方式	开课学期
专业选修（分类限选6学分）	限选课1	2	36	36				∨	∨	∨	∨	∨	∨	考查	1—5
	限选课2	2	36	36				∨	∨	∨	∨	∨	∨	考查	1—5
	限选课3	2	36	36				∨	∨	∨	∨	∨	∨	考查	1—5
	小计	6	108	108	0	0	0	0	0	0	0	0	0		
	合计	120	2160	1806	354			27	26	21	18	13	6		16

考证（用∨在考证的学期勾出）		课外辅导										考核方式	开课学期
考证一	英语A/B/托业证/四级证/其他语种的相应证书	课外辅导		∨	∨	∨	∨					考证	1—4
考证二	计算机应用能力证	课外辅导			∨	∨	∨					考证	2—4

续上表

考证√（用√在考证的学期勾出）	以下专业职业资格证任选一个									
	考证三	人力资源管理师（四级）	课外辅导				考证 1—5	√	√	√	√
	考证四	劳动人事上岗证	课外辅导				考证 1—5	√	√	√	√
	考证五	秘书资格证	课外辅导				考证 1—5	√	√	√	√
	考证六	质量管理内审员证书	课外辅导				考证 1—5	√	√	√	√

290

（六）署名

制定人：＊＊＊　　　2016 年 06 月 20 日
审核人：＊＊＊　　　2016 年 06 月 20 日

第二十章　基于 DQP 的模具设计与制造专业规范设计

一、模具设计与制造专业规范（压铸）

（一）前言

本专业是由广东岭南教育集团、广州市今明科技有限公司、香港铸造业总会于 2009 年共同创建，本专业率先践行校企共建、人才共育、过程共管、成果共享、责任共担的合作办学体制。本专业师资均具备企业实践经验，拥有完善的实训体系与设备。本专业与行业企业全方位合作，充分引入企业资源，实现产、学、研一体化，具备鲜明的办学特色。作为工业之母的模具专业，在数字化、信息化、网络化的引领下，正向着更精密、更复杂、更智能的方向前进。

（二）一般信息

1. 专业名称和专业代码

模具设计与制造专业（560113）。

2. 所属学院

现代制造学院。

3. 颁授证书名称

模具设计与制造专业专科毕业证书。

4. 入学要求

普通高中毕业生、中职（专）毕业生和职高毕业生。

5. 培养目标

在"中国制造 2025"建设制造强国的背景下，为适应区域经济转型升级的要求，并满足模具行业发展需要，本专业致力于培养德、智、体、美、劳全面发展的，具备国际视野、敬业精神、创新意识和技术应用能力、自我发展能力的，掌握模具设计、分析与制造基本理论、方法和技术的，能够在模具企业、机械及装备制造业和软件销售及技术服务业等就业的高素质技术技能型人才。

6. 基本学制

全日制学分制（正常3年学习期）。

7. 毕业标准

修满本专业最低限定学分——120学分，同时满足以下条件，可以获得毕业证书：

（1）获得如下本专业规范规定的职业资格证书或社会公认相关技能证书之一：A. 计算机绘图员（中级）；B. NX CAD助理设计师；C. 注塑CAE助理分析师；D. 力一级证书。

（2）至少获得英语应用能力B级及以上证书或托业桥等国际认证或其他语种的相应证书。

（3）按照学校博雅教育体系要求参与相关活动，并获取学校博雅证书。

8. 基本和最长学习年限

（1）以专业培养计划规定的基本修业年限（3年）为参考，实行弹性修业年限，允许学生提前或者延期毕业。提前毕业的，原则上只能比基本修业年限提前1年。学生在基本修业年限内未能修满培养计划规定学分的，可以延长修业时间，延长时间不得超过专业培养计划规定的基本修业年限。[《广东省教育厅关于普通高等学校实施学分制管理的意见》（粤教高函〔2014〕5号）]

（2）对有特殊原因、特殊困难的学生，经学校批准可以勤工助学。学生因生病或者创业等原因不能连续完成学业，可以实行间修制，允许其中断学习，保留学籍。每次中断学习时间，一般以1年为限，累计中断次数不得超过2次。学生从入学到毕业的年限不得超过上述第1条规定的时间。被批准休学工作、创业和因病休学的学生，其休学时间计入上述第1条规定时限范围。[《广东省教育厅关于普通高等学校实施学分制管理的意见》（粤教高函〔2014〕5号）]

9. 就业方向

根据专业的培养目标定位，本专业毕业生的职业类别主要是模具设计师、模具工程师、模具分析师与产品设计师，具体的岗位群及主要工作内容如表20-1：

表20-1 模具设计与制造专业职业类别、岗位群与主要工作内容表

序号	职业类别	岗位群	主要工作内容
1	模具设计师	(1) 2D绘图 (2) 结构设计 (3) 标准件定制	诠释客户要求,分析产品工艺性,编制产品成型工艺,进行模具结构设计,在试模后对模具进行分析与设计优化。
2	模具工程师	(1) 模具数控编程 (2) 加工机床操作 (3) 现场工艺员 (4) 生产管理员	装配模具,试模调整,编制模具制造工艺,确定加工参数,进行零件加工,处理现场工艺问题,执行生产计划。
3	模具分析师	(1) 产品结构分析 (2) 模具结构分析 (3) 模具优化设计	分析产品工艺性,参与制定产品成型工艺,对模具结构进行分析,提出优化方案,分析产品缺陷原因并提出改善方法。
4	产品设计师	(1) 产品结构设计 (2) 反求设计	根据产品的要求,选择材料,进行结构设计,对已有的产品进行扫描,实施逆向设计。

(三) 专业预期学习成果

岭南职院学历资格框架参照美国DQP副学士标准,确定毕业生学历资格的五大学习领域(专业知识、广泛且融合的知识、智力技能、应用和协作学习、公民素养和全球化学习)的预期学习成果,以此来体现对本专业毕业生的职业能力、方法能力、社会能力及专业核心领域知识的融合与应用能力等方面的要求,即毕业要求。本专业毕业生在各学习领域的"专业预期学习成果"(Program Outcome,简称POC)描述如下:

1. 学习领域一:专业知识(Specialized Knowledge)

在专业知识方面,本专业的毕业生应该能够:

POC1.1 用专业领域的相关术语来描述模具设计、分析与制造等的核心理论和实践,并且提供至少一个与专业领域相关的案例,如毕业设计等。

POC1.2 应用相关模具专业领域的计算机辅助设计工具、加工技术和模流分析方法去解决模具专业领域内给定的提问和难题。

POC1.3 基本上无差错地做出相关模具专业领域的产品模型、模具结构、模流分析、加工工艺、数控编程、二维工程图和设计说明书。

2. 学习领域二:广泛且融合的知识(Broad and Integrative Knowledge)

在广泛且融合的知识方面,本专业的毕业生应该能够:

POC2.1 描述所学习的模具专业每一项核心技术领域和思想政治与博雅教育领域的现有知识与实践的发展与趋势，例如自然科学、社会科学、人文艺术学科的专业和跨专业课程。

POC2.2 就所学习的模具每一项核心技术领域（如模具设计、分析与制造等）、思想政治与博雅教育核心领域（如国学精粹、体育）描述一个关键性的争议问题，解释该争议问题的意义，并且应用该领域的概念来阐述自己对该争议问题的见解。

POC2.3 在实施技术技能融合项目、职业生涯规划、技能考评、毕业设计与顶岗实习等实操性或创造性的任务中，使用所学习的多项核心领域的公认方法，包括依据的收集与评估。

POC2.4 从科学、艺术、社会、人类服务、经济或科技的问题中，采用至少两个领域的知识，描述如何定义、界定与解释选定问题对社会的重要意义，并对此做出评述。

3. 学习领域三：智力技能（Intellectual Skills）

在解析探究（Analytic Inquiry）方面，本专业的毕业生应该能够：

POC3.1 在选定的学习领域提出并界定一个问题，并能厘清涉及该问题的各种观点、概念、理论及其解决方法。

在利用信息资源（Use of Information Resources）方面，本专业的毕业生应该能够：

POC3.2 对多种资源进行辨识、分类、评估和引用，来做出在某一个领域或在文理科一般性课题上的项目、论文或表演（例如在实施专业领域的项目时，能够收集企业的标准、工艺方法，在进行分析与评估后，用于项目的完善）。

在了解多种观点（Engaging Diverse Perspectives）方面，本专业的毕业生应该能够：

POC3.3.1 描述来自不同文化观点的知识如何影响政治、社会、艺术和国际关系中突出问题的理解。

POC3.3.2 对自己在文化、社会、政治、艺术或国际关系方面问题上的观点的根源，进行描述、解释和评估，并与其他观点做比较。

在伦理判断（Ethical Reasoning）方面，本专业的毕业生应该能够：

POC3.4 描述政治、经济、医疗、技术或艺术方面突出问题中的伦理道德问题，并说明这些伦理道德原则如何影响对于这些问题的决策。

在定量表达（Quantitative Fluency）方面，本专业的毕业生应该能够：

POC3.5.1 对有关政治、经济、健康或技术上的问题，对其中用到的量化信息（即数字）进行准确的诠释；并能够介绍如何在论述时有效地利用量化信息（数字与符号）。

POC3.5.2 创建并解释关于趋势、关联或状态变化的图表与其他视像表述（如使用图表、动画来解释模流分析的结果）。

在沟通技巧（Communicative Fluency）方面，本专业的毕业生应该能够：

POC3.6.1 在与一般和特定对象（如企业经理、主管、人事等）沟通中，写出令人信服的、流畅的、基本无笔误的文章。

POC3.6.2 与普通大众或某特定对象（如客户、教师、家长等）能在正式场合进行有效的言语交流。

POC3.6.3 就某一具体工作任务的行动计划进行商谈，并对商谈结果进行书面或口头的总结性陈述。

POC3.6.4 使用一门外语（如英语）进行日常基本的交流，翻译所学专业领域的一篇简单的文章。

在创新思维（Innovative Thinking）方面，本专业的毕业生应该能够：

POC3.7.1 就一个创新创业的实践案例，分析或阐述该案例中涉及的创新创业特征及关键要素，并给出自己的评判。

POC3.7.2 运用一个或多个领域的知识与技能，就社会、经济、技术、文化等领域的某一方面的实践活动，或提出疑问，或指出其存在的问题，或提出一个新思路、新方法。

4. 学习领域四：应用和协作学习（Applied and Collaborative Learning）

在应用和协作学习方面，本专业的毕业生应该能够：

POC4.1 在技术技能融合项目、专业课程任务中，书面汇报至少一个案例：说明自己是怎样将所学的学术性知识与技术技能，应用于"实地挑战"（实践）的；并提出证据或案例，用来证明自己在应用过程中学到了新知识或有其他的收获。

POC4.2 分享或教会同学们至少一个自己在课堂外学来的重要概念或方法。

POC4.3 对于一个超出课上所学内容的实践难题，独立或与他人协作，对难题准确定位，收集相关线索与信息，进行组织与分析，并提出多种解决方案。

POC4.4 参与一个创新创业性活动或项目，展示或讲解其实践成果，并就其过程做书面的总结（至少能重点突出这次经历中个人对创新创业精神与创新创业管理的感悟，进而能阐明其应用前景或价值）。

5. 学习领域五：公民素养和全球化学习（Civic and Global Learning）

在公民素养和全球化学习方面，本专业的毕业生应该能够：

POC5.1 清晰地介绍自己的个人背景、文化背景及职业发展规划。

POC5.2 阐述对优良传统精神及社会主义核心价值观的理解，并列举自己的践行实例及感悟。

POC5.3 运用至少三项方法或技能，锻炼与改善身体及心理素质。

POC5.4 参与一个社区（或社团）项目，就其过程做口头或书面的总结（报告），重点突出这次经历中自己主动性和责任心的体现，以及这次经历中的个人感悟。

POC5.5 指出一个跨国、跨洲或跨文化的经济的、环境的或公共卫生的挑战，提供挑战的证据，并表明对此挑战的立场（如素食主义、全球环保等）。

（四）课程体系

1. 课程分类与学分结构

在学分制体制下，融合岭南职院学历资格框架中专业领域与核心领域的范畴，本专业课程体系包括必修课程、分类限选课程、分类任选课程与分类选修课程共四类，分属两大板块：专业教育、思想政治与博雅教育。其中，两大板块的必修与限选课程属于核心学习领域；专业教育板块的所有课程属于专业学习领域。两大板块的必修课程的学分值合理地分布在岭南职院学历资格框架的五大学习领域，选修课学分是学生根据自己的选择，对上述领域的补充。

本专业各类课程学分值分布如表 20-2 所示：

表 20-2　专业课程类型及学分值分布

专业教育板块		思想政治与博雅教育板块	
专业通用（必修）	24	公共基础课（必修）	31
专业核心（必修）	23	公共选修（分类任选）	8
专业综合训练（必修）	24	公共选修（分类选项）	4
专业选修（分类限选）	6		
专业教育板块学分值	77	思想政治与博雅教育板块学分值	43
总学分			120

2. 专业预期学习成果的必修课程体系分布

要达到本专业的"专业预期学习成果"（POC），学生需要修读本专业的一系列课程，通过各课程的学习完成相应的"课程预期学习成果"（Subject Outcome，简称 SOC），以支撑、实现"专业预期学习成果"（POC）的达成，从而达到本专业对毕业生的要求。本专业必修课程与"专业预期学习成果"（POC）的对应关系如表 20-3 所示：

基于DQP成果导向的人才培养探索与实践
——美国学历资格框架中国化的应用实践

表20-3 模具设计与制造专业（压铸）预期学习成果的必修课程体系分布表

课程板块	课程名称	学分	五大学习领域学分分布					五大学习领域条款分布																		
			POC1 专业知识	POC2 广泛且融合的知识	POC3 智力技能	POC4 应用和协作学习	POC5 公民素养和全球化学习	POC1 专业知识			POC2 广泛且融合的知识				POC3 智力技能							POC4 应用和协作学习				POC5 公民素养和全球化学习			
								POC1.1	POC1.2	POC1.3	POC2.1	POC2.2	POC2.3	POC2.4	POC3.1	POC3.2	POC3.3	POC3.4	POC3.5	POC3.6	POC3.7	POC4.1	POC4.2	POC4.3	POC4.4	POC5.1	POC5.2	POC5.3	POC5.4	POC5.5
思想政治与博雅教育	思想道德修养与法律基础（廉洁修身）	3			1		2																							√
	毛泽东思想和中国特色社会主义理论体系概论	4			2.5		1.5									√													√	√
	形势与政策	1			0.5		0.5										√												√	
	国学精粹	1		1	0.5		0.5						√			√														√
	军训、文训、国防教育、军事理论	1																								√	√			
	体育（含健康教育）	3.5			0.3	1.2	2																	√				√	√	
	大学生心理健康教育	0.5					0.5																					√		

续上表

类别	课程名称	学分						能力指标							
思想政治与博雅教育	职业生涯规划（含入学教育、就业创业指导等）	2	0.1	0.3	0.3			1.3		√			√	√	
	创新创业通识	1	1							√			√		√
	应用文写作	1.5	1.5								√				√
	计算机应用（含信息检索 2学时）	2.5	1	0.5	1				√	√		√		√	
	公共外语（一）	3.5	2.5	1							√		√	√	
	公共外语（二）	3.5	2.5	1							√	√			√
	工程数学	3	1.5	1.5					√			√		√	√
专业教育	三维建模与工程制图	8	3	1	3				√	√	√	√	√	√	
	机械设计与体现	6	3	2	1				√	√	√	√	√	√	√
	机械制造工程	4	1.5	1	0.5	1			√	√	√	√	√	√	√
	产品三维设计	6	2.5	3	0.5	0			√	√	√	√	√	√	
	压铸模具设计	6	3	1	1.5	0.5	0		√	√	√	√	√	√	
	数控编程原理与仿真	2	1	0.5	0.5	0			√	√	√	√	√	√	
	压铸模具CAD\CAE	5	2	1	1.5	0.5	0		√	√	√	√	√	√	√
	数控加工工艺与编程	6	3	1	1.5	0.5	0		√	√	√	√	√	√	√
	压铸产品与模具优化综合实训	4	2	1	0.5	0.5	0		√	√	√	√	√	√	

续上表

		学分										
专业教育	基本技能项目：零件加工	4	1	1	1	0	√	√		√	√	
	专业技能项目：模架加工与装配	4	2	1	0.5	0.5	√	√		√	√	
	综合技术技能（融合）项目：模具制作与装调	4	2	1	0.5	0.5	√	√		√	√	
	创新技术技能（融合）项目：模具研发与制造	4	0.5	2	1	0.5	√	√ √		√ √	√	
	毕业实践环节（含顶岗实习、毕业设计或毕业论文）	8	2	2	2	0	√ √	√		√	√ √	√
学分合计		102	29.6	21.8	30.6	9.7						10.3

本专业的"五大学习领域"必修课程学分值分布如表20-4所示:

表20-4 五大学习领域必修课程学分值分布

	学习领域	学分值
1	专业知识(Specialized Knowledge)POC1	29.6
2	广泛且融合的知识(Broad and Integrative Knowledge)POC2	21.8
3	智力技能(Intellectual Skills)POC3	30.6
4	应用和协作学习(Applied and Collaborative Learning)POC4	9.7
5	公民素养和全球化学习(Civic and Global Learning)POC5	10.3
	总学分	102

本专业的"五大学习领域"必修课程学分值分布图如图20-1所示:

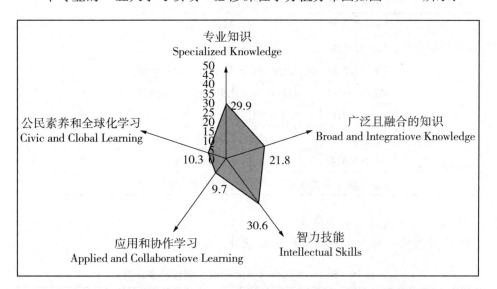

图20-1 模具设计与制造专业五大学习领域必修课程学分值分布图

3. 选修课程的修读及学分值分布

(1)专业选修(分类限选)

专业选修(分类限选)是在本专业职业方向选修、本二级学院内跨专业选修、创业训练选修、升学留学选修(含小语种)四类中选择一类,然后在选择的类别中选修课程,至少选修6学分,如表20-5所示:

表20-5 专业选修（分类限选）课程的学分值

选修类别	课程编码	专业选修（分类限选）课程名称	开设学期	学分
职业方向选修（本专业）	06082242D0	逆向反求工程技术	4	2
	06083242D0	先进制造技术	4	2
	06084252D0	模具制造工艺	5	2
	06091252D0	注塑模具设计基础	5	2
	060862X2D0	质量管理	5	2
跨专业选修（本二级学院内跨专业）	06087242D0	电工基础	4	2
	06088242D0	PLC控制技术	4	2
	06089252D0	数控机床故障诊断与维修	5	2
	06090252D0	PRO/E产品设计	5	2
创业训练选修	38003253D0	商业模式与创新	5	3
	38004253D0	初创型企业运营管理实务	5	3
	38005253D0	中小企业创业操作流程与法律风险防范	5	3
升学留学选修（含小语种）	49001253D0	世界各国文化概况与跨文化理解	5	3
	49002253D0	外语能力提升法与留学申请技巧	5	3
	49003253D0	法语（小语种教学）	5	3
	49004253D0	日语（小语种教学）	5	3
专业选修（分类限选）课程最少需要修读的学分				6

（2）公共选修（分类任选）

公共选修（分类任选）课程占8学分，如表20-6所示：

表20-6 公共选修（分类任选）课程的学分值

公共选修（分类任选）课程类别	开设学期	学分
社科与人文（国学、艺术）类	第一至五学期，每类至少选修2学分	2
科技（创新与民生科技）类		2
经管与创新创业类		2
通用技能与语言类		2
公共选修（分类任选）课程最少需要修读的学分		8

（3）公共选修（分类选项）

公共选修（分类选项）课程占4学分，如表20-7所示。

表 20-7　公共选项课程的学分值

公共选修（分类选项）课程类别	开设学期	学分
社团活动（含书院选修课）	第一至五学期，每类至少选修1学分，多选学分不能替换其他学分	1
课外阅读（经典阅读、早读）		1
创新创意创业项目		1
义工服务（含义工、社会调查、志愿者服务）		1
公共选修（分类选项）课程最少需要修读的学分		4

（五）课程教学进程表

模具设计与制造专业（压铸）专业课程进程表如表20-8所示：

（六）署名

制定人：＊＊＊　　　　　　　　2016年08月22日

审核人：＊＊＊　　　　　　　　2016年08月22日

基于DQP成果导向的人才培养探索与实践
——美国学历资格框架中国化的应用实践

表20-8 模具设计与制造（压铸科技及自动化）专业教学进程表

课程板块	课程类型	课程编码	课程或活动名称	主要教学方式	总学分	总学时	课内总学时	学时分配			考核方式	考核学期	一		二		三		四		五		六	
								课内学时		课外学时			上课周时	实习周数	上课周时	实习周数	上课周时	实习周数	上课周时	实习周数	上课周时	实习周数	上课周时	实习周数
								理论学时	实践学时															
思想政治与博雅教育板块	公共必修										教学周数		13	3	18	0	18	0	18	0	12	6	0	16
		1100113D0	思想道德修养与法律基础（廉洁修身）	上课	3	54	26	26	0	28	考试	1	2											
		11002124D0	毛泽东思想与中国特色社会主义理论体系概论	上课	4	72	32	32	0	40	考试	2			2									
		110031X1D0	形势与政策	讲座	1	18	4	4	0	14	考查	1	∨											
		07001121D0	国学精粹	上课	1	18	18	18	0	0	考查	2			1									
		50001111D0	军训、文训、国防教育、军事理论	训练	1	18	4	4	0	14	考查	1		2										
		07002111D2	体育（含健康教育）（一）	上课	1.2	22	22	0	22	0	考查	1	2											

续上表

板块	类别	课程代码	课程名称	授课方式	学分	总学时	理论	实践	其他	考核方式	学期			
思想政治与博雅教育板块	公共必修	07002121D3	体育（含健康教育）（二）	上课	1.3	23	23	0	0	考查	2	2			
		07002130D5	体育（含健康教育）（三）	活动	0.5	9	0	0	9	考查	3		√		
		07002150D5	体育（含健康教育）（四）	活动	0.5	9	0	0	9	考查	5				
		500021X1D0	大学生心理健康教育	讲座	0.5	9	9	0	0	考查	2		√		
		21001110D7	职业生涯规划（含入学教育、就业创业指导等）（一）	讲座	0.7	12	6	6	0	考查	1	1	√		
		210011X0D6	职业生涯规划（含入学教育、就业创业指导等）（二）	讲座活动	0.6	10	6	6	4	考查	2、3		√		√

续上表

模块		课程代码	课程名称	授课方式	学分	总学时	讲授	实践	考核方式	第1学期	第2学期	第3学期	第4学期	第5学期	第6学期	第7学期	第8学期
思想政治与博雅教育板块	公共必修	21001140D3	职业生涯规划(含入学教育、就业创业指导等)(三)	讲座活动	0.3	6	2	2	4	考查	4			√				
		21001150D4	职业生涯规划(含入学教育、就业创业指导等)(四)	讲座活动	0.4	8	4	4	4	考查	5				√			
		38801121D0	创新创业通识	上课	1	18	18	18	0	考试	2	1						
		07003X1D5	应用文写作	上课	1.5	27	27	27	0	考试	1							
		010011X2D5	计算机应用(含信息检索2学时)	上课	2.5	45	45	0	45	考试	1	3				3		
		02001113D5	公共外语(一)	上课	3.5	63	60	60	0	考试	1	5						
		02001123D5	公共外语(二)	上课	3.5	63	60	60	0	考试	2	4						
		070081X3D0	应用高等数学(含Matlab)	上课	3	54	54	54	0	考试	1	4						
	小计				31	558	420	330	90	138.4	16	3	10	0	0	0	3	0

306

第四编 基于DQP成果导向的应用实例

续上表

板块	类别	课程编号	课程名称	类型	学分	总学时	理论	实践	课外	考核	开课学期							
思想政治与博雅教育板块	公共选修（分类任选）	001003X2D0	社科与人文（国学、艺术）类	上课	2	36	36	36	0	考查	1—4	2						0	0
		002003X2D0	科技（创新与民生科技）类	上课	2	36	36	36	0	考查	1—4		2					0	0
		003003X2D0	经管与创新创业类	上课	2	36	36	36	0	考查	1—4			2				0	0
		004003X2D0	通用技能与语言类	上课	2	36	36	36	0	考查	1—4				2			0	0
			小计		8	144	144	108	0			2	2	2	2	0	0	0	0
思想政治与博雅教育板块	公共选修（分类选项）	500034X1D0	社团活动（含书院选修课）	课外活动	1	18	0	0	18	考查	1—5	√	√	√	√	√	0	0	0
		070084X1D0	课外阅读（经典阅读、早读）	课外活动	1	18	0	0	18	考查	1—5	√	√	√	√	√	0	0	0
		380024X1D0	创新创意创业项目	课外活动	1	18	0	0	18	考查	1—5	√	√	√	√	√	0	0	0
		500044X1D0	义工服务（含义工、社会调查、志愿者服务）	课外活动	1	18	0	0	18	考查	1—5	√	√	√	√	√	0	0	0
			小计		4	72	0	0	72								0	0	0

续上表

专业教育板块		课程代码	课程名称	授课方式	学分	总学时	讲课	实验	实践	考核方式	学期	1	2	3	4	5	6	7	8
专业必修(通用课)		06001114D0	三维建模与工程制图(一)	上课	4	72	72	36	36	0	成果	1	6	0	0	0	0	0	0	0
		06002124D0	三维建模与工程制图(二)	上课	4	72	72	36	36	0	成果	2		4	0	0	0	0	0	0
		06003126D0	机械设计与工程体现	上课	6	108	108	60	48	0	成果	2		6	0	0	0	0	0	0
		06004134D0	机械制造工程	上课	4	72	72	48	24	0	考查	3			4	0	0	0	0	0
		06005136D0	产品三维设计	上课	6	108	108	54	54	0	考试	3			6	0	0	0	0	0
		小计			24	432	432	234	198	0			6	10	10	0	0	0	0	0
专业必修(核心课)		06027136D0	压铸模具设计	一体化	6	108	108	54	54	0	成果	3			6	0	0	0	0	0
		06020132D0	数控编程原理与仿真	上课	2	36	36	18	18	0	考查	3			2	0	0	0	0	0

续上表

专业教育板块		课程代码	课程名称	类型	学分	学时				考核	学期分布							
专业必修（核心课）		06028146D0	压铸模具CADCAE	一体化	5	90	90	45	45	0	成果	4				5			
		06022146D0	数控加工工艺与编程	一体化	6	108	108	54	54	0	考试	4				6			
		06029154D0	压铸产品与模具优化综合实训	一体化	4	72	72	36	36	0	成果	5					6		
小计					23	414	414	207	207	0			0	0	0	8	0	0	11	0	6	0	0
专业必修（综合训练）		06014124D0	基本技能项目：零件加工	实训	4	72	72	0	72	0	考查	2	4						
		06024134D0	专业技能项目：模架加工与装配	实训	4	72	72	0	72	0	考查	3				4			
		06025114D0	综合技术技能（融合）项目：模具制作与装调	实训	4	72	72	0	72	0	考查	4							4

续上表

专业教育板块		课程代码	课程名称	课别	学分	学时				考核方式	开课学期									
						总学时	讲课	实验	实训		1	2	3	4	5	6				
专业必修（综合训练）		06026154D0	创新技术技能（融合）项目：模具研发与制造	实训	4	72	0	72	0	考查					5					
		060181X8D0	毕业实践环节（含顶岗实习、毕业设计或毕业论文）	实习	8	144	0	0	144	考查						6				
小计					24	432	0	288	144											
专业选修（分类限选6学分）			限选课1	上课	2	36	36	0	0	考查				√	√					
			限选课2	上课	2	36	36	0	0	考查				√	√					
			限选课3	上课	2	36	36	0	0	考查				√	√					
小计					6	108	108	0	0											
合计					120	2160	1806	879	819	354	合计	24	26	24	17	15	16			
												3	0	0	0	0	0			

310

续上表

考证（用√在考证的学期勾出）	证书名称	学期	√
考证一	英语A/B/托业桥/四级证/其他语种的相应证书	1、2	√
考证二	计算机应用能力证	1、2	√
以下专业职业资格证任选一个	计算机绘图员（中级）	2	√
	制造企业质量管理员（ISO）	2	√
考证三	NX CAD 助理设计师	3	√
	注塑 CAE 助理分析师	4	√
	模具制造工（高级）	5	√

第二十一章　基于 DQP 的专业诊断与改进实例

基于 DQP 框架下的人才培养方案即专业规范以成果导向为理念，基于人才培养内部和外部的需求，为符合多方需求而制定，需要根据实施的情况，通过多方评价开展专业诊断，根据诊断情况，发现问题，不断地改进，提高专业建设质量及专业核心竞争力，最终达到以评促改，以评促建，以评促管的目的。

第一节　专业评价体系

专业评价是系统工程，对专业评价应该从专业建设、教学改革与管理、人才培养质量、教科研与社会服务等方面开展全面的评价。基于 DQP 成果导向的人才培养，基于对行业企业职业需求和学校的定位，涉及专业设置与规划、课程体系构建、课程实施及人才培养的质量和社会服务能力等内容，以专业预期成果为导向，设置基于社会、学校、学生、行业企业等视角的综合评价体系，是进行专业诊断的重要基础，具体各评价观测点的要求如表 21-1：

表 21-1　专业诊断综合评价表

一级指标	二级指标	计分方法	佐证材料
1. 专业建设（14+6）分	1.1 专业设置与规划实施（4分）	1. 专业规划或建设改革方案符合学校要求，有理有据，内容翔实，并有效实施。（2分） 2. 有行业企业或用人单位专家参与专业建设或教学环节，将企业的真实案例、项目和工作任务等融入教育教学中，积极实践"三融合"效果良好。（2分） 【注释】 "三融合"——即专业设置与发展，人才培养定位的"区位融合"；办学模式，合作模式的"校企融合"；教学内容、教学过程（组织）的"工学融合"。	1. 专业发展规划或专业建设与改革方案 2. 专业指导委员会名单（或发文） 3. 合作培养协议 4. 企业参与专业建设或教学环节的其他证据 5. 专业建设工作计划、总结

续上表

1. 专业建设（14+6）分	1.2 课程体系建设（7分）	1. 专业规范符合学校要求，专业学习成果明晰，符合职业性和高等性目标，课程设置、学分及安排合理。（4分） 【注释】 职业性——体现"职业人"的培养，将职业资格要求，职业岗位任职要求，工作过程系统化要求，体现在课程开发、建设、实施中。 高等性——体现"全面发展人"的培养兼顾"社会人"的需求，将学校"博雅教育"各领域或建设基于DQP学历框架各学习领域的要求，体现在课程开发、建设、实施中。 2. 本专业制定了完整的课程规范，并能与专业规范匹配，课程规范的学习成果明晰，可实施性强，体现教学改革精神。（3分）	1.《专业规范》 2. 专业《课程规范》一览表 3. 各门《课程规范》
	1.3 实践教学条件与教学资源建设（3分）	1. 重视优质教学资源和网络信息资源的建设，建有校级精品（或网络）课程，实现优质教学资源的共享。（2分） 2. 积极探索校企合作开发（或共建）实践（或项目）教学资源，取得积极成效。（1分） 【注释】 教学资源可以包括教材、实训指导书、项目案例库、课程网站等。	1. 专业网络课程资源一览表 2. 网络课程网站 3. 校企合作开发教学资源佐证材料
	1.4 加分项（+6分）	1. 考核期间获得省、市级以上实训基地建设项目；或考核期间建成了具有真实（仿真）的职业氛围和产、学、研一体化的技能训练基地。（3分） 2. 全部课程优先选用近5年内国家优秀或规划教材，考核期间有自编教材纳入国家优秀或规划教材出版，或有省级以上精品资源课程。（3分）	1. 省市相关实训基地建设项目发文，或实训基地建设方案及设施清单 2. 专业选用教材清单及教材 3. 自编教材

313

续上表

2. 教学改革与教学管理（14+5）分	2.1教学实施与改革（5分）	1. 学生顶岗实习（半年以上）有保障措施、有过程指导，有良好效果。（2分） 2. 专业主要课程能不断改革教学内容、教学组织、教学方法，突出"工学融合"和"教、学、做"一体，强化职业能力培养和创新思维开发，教学效果良好。（3分） 【注释】 专业主要课程是指专业通用课、专业核心课中的重要课程及专业综合训练。	1. 实习协议与实习审批手续 2. 学生顶岗实习总结报告和指导记录 3. 顶岗实习单位鉴定意见 4. 整套教学（案例）材料或课程教学录像或网络课程资源或获奖材料 5. 同行或督导听课记录与评课表
	2.2教学管理与质量监控（9分）	1. 教学基本文件齐备、教学档案规范，严格执行学校的教学管理制度，无教学责任事故发生。（3分） 2. 专业负责人定期检查《专业规范》《课程规范》执行情况，并不断督促改进。（3分） 3. 二级学院、专业负责人和专业教师、学生都积极参加听课评课活动。（3分）	1. 专业教学基本文件（《专业规范》《课程规范》《教案或课件》等） 2. 教学巡查记录、教学检查记录 3. 听课记录、同行评课表、学生评课表
	2.3加分项（+5分）	考核期间本专业有获得省市级以上教学改革成果奖；或专业核心课程利用企业真实项目（案例）教学比例达到80%以上；或开设了丰富的专业选修课，学生实际选课超过3门以上。（5分）	1. 获奖批文或证书 2. 专业核心课程项目（案例）一览表 3. 案例库 4. 学生实际选课的专业选修课一览表

续上表

3. 人才培养质量(14+9)分	3.1 职业技能(6分)	1.《专业规范》所规定毕业资格（技能）证书取证率较高（80%以上），证书等级较高。(4分) 2. 组织学生参加校内外职业技能竞赛，参赛人数较多，获优胜以上奖数较多，获奖等级较高。(2分)	1. 毕业生考证成绩单及证书复印件 2. 毕业生"双证书"统计表 3. 学生职业技能获奖情况一览 4. 学生职业技能竞赛照片、录像和获奖证书照片
	3.2 毕业就业质量(2分)	当年毕业生平均首次就业率较高（≥80%），就业对口率高（≥30%），起薪较高（高于同类院校平均水平5%）。(2分)	就业率统计表
	3.3 满意度(3分)	往届毕业生问卷调查对专业的满意度较高。(3分)	毕业生问卷调查表及问卷统计分析或第三方评价分析
	3.4 社会影响(3分)	近年招生的第一志愿报考上线率较高（≥100%）；录取新生报到率较高（≥70%）。(3分)	1. 专业招生报考与录取统计分析表 2. 专业新生报到名单与统计
	3.5 加分项(+9分)	1. 本专业教师指导学生参加职业技能竞赛获得省级以上奖项。(5分) 2. 本专业师生的教育教学成果被知名主流媒体宣传报道。(4分)	1. 参赛学生名单及教师指导安排、获奖证书等 2. 媒体报道佐证材料

续上表

4. 教科研与社会服务（6+12）分	4.1 教研教改成果应用（2分）	本专业教师主持的校级以上教研教改立项（含精品课程）数目较多，教师参与教研教改比例较高达到40%以上。（2分）	1. 立项批文 2. 项目申报书
	4.2 科研及成果应用（1分）	考核期内本专业教师有主持校级以上科研立项。（1分）	立项批文
	4.3 社会服务（3分）	本专业教师有主持有校企合作的横向项目（含技术研究、开发、推广及为社会技能培训等），开展良好，效益明显。（3分）	1. 校企合作横向课题协议书 2. 产学研成果佐证
	4.4 加分项（+12分）	1. 考核期间本专业与企业合作共建了技术开发中心或研发平台。（4分） 2. 本专业教师面向社会开展技术服务或培训项目，具有显著经济效益。（5分） 3. 本专业积极开展国际合作交流，在引进先进的职业资格标准、课程体系及课程标准、师资培训与培养等方面有实质性的进展。（3分）	1. 校企合作协议 2. 技术服务合同或培训协议 3. 国际（境外）合作协议及其佐证材料
合计80分（48+32）			

第二节 工商管理专业评价及诊断

根据以上评测点，从专业、学校、毕业生、用人单位、行业五个视角进行诊断，根据不同视角的评价情况，找出专业建设过程中的需要改进的地方，采取有效措施，不断优化专业规范。

一、专业自我诊断

专业根据各个评价指标，参与了专业自我诊断，通过自我诊断，1.4全部课程优先选用近5年内国家优秀或规划教材，考核期间有自编教材纳入国家优秀或规划教材出版，或有省级以上精品资源课程；2.1教学实施与改革；2.3 考核期间本专业有获得省、市级以上教学改革成果奖；或专业核心课程利用企业真实项目（案例）教学比例达到 80% 以上三个方面均存在不足。所以在高质量教材编写及选择方面和精品课程建设方面需要加强；在教学实施与改革中实践性教学和企业真实案例的采用需要增大比例。总体来看，工学融合及教、学、做一体化方面需要进一步凸显。具体各项自评如图 21-1 所示。

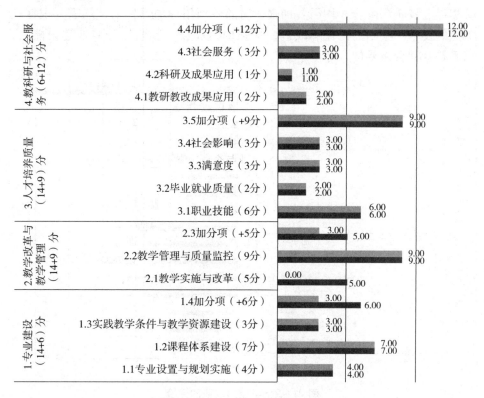

图 21-1　专业自我诊断

二、学校对专业评价

学校层面邀请校内外专家对专业进行评价。与目标值对比可发现，本专业建设过程中人才培养质量中的毕业生就业质量、科研及成果应用达到目标值，说明本专业达到了学校的培养目标和定位。在技术性服务社会服务方面相对经管类其他专业做得较好；需要进一步改进的有实践性教学、教学资源建设及教学过程监控方面、专业规划、技能竞赛方面。

总体来看，专业综合评价占目标值的 66.25%，在专业建设方面得分率为 62.14%，在教学改革与教学管理方面得分率为 51.9%，在人才培养质量方面得分率为 74.53%，在教科研与社会服务方面得分率为 75.4%，其中最薄弱环节是教学改革与教学管理，应该引起足够重视。教学改革与教学管理是人才培养的核心环节，决定人才培养质量，今后专业建设过程中应该将教学改革及管理作为重点工作来抓。专业课程体系的完善、教学实施、教学资源建设、校企深度合作均需要加强，对照各项指标的目标值，均需要根据观测点的要求，不断的优化和改进，加强内涵建设，逐渐提升专业建设能力，培养符合社会需要的人才。

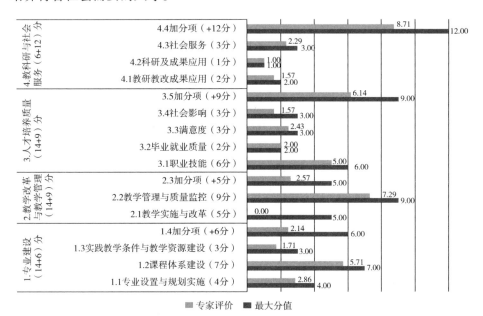

图 21-2　学校对专业的评价

三、毕业生对专业的评价

本校 2016 届毕业生中 68% 的毕业生认为学校在实习和实践环节方面最值得研讨和改进；53% 的毕业生认为在调动学生兴趣方面还需要加强，认为课程内容不实用或陈旧；课堂上让学生参与不够所占比例均为 33%，学校也应对这两项内容进行改进；另外 21% 的毕业生认为在课程考核方式上不合理，也是需要改进的内容。

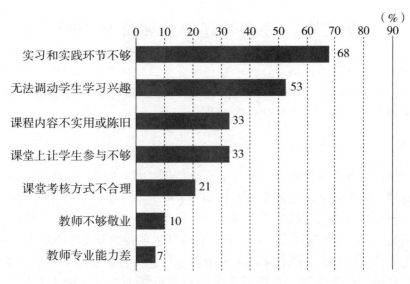

图 21-3　毕业生对专业的评价

四、用人单位评价

用人单位对本专业毕业生综合能力的满意度总体评价为 93.22%，认可度较高。其中用人单位最看重的"敬业精神""团队精神"和"实践能力"在本次评价中分数也相对较高，分别占了 88.67%、88.6% 和 88.56%，其次是"业务水平""组织管理能力"和"独立工作能力"。但我们应该看到这六方面评价的分数仍有可上升的空间，在以后的教育教学过程中需要采取更多有效的方式方法去提升学生各方面的能力。

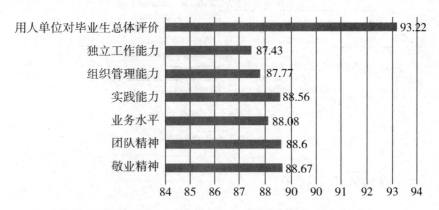

图 21-4　用人单位对本专业毕业生综合能力满意度的评价

第三节　物流管理专业评价及诊断

根据以上评测点，从专业、学校、毕业生、用人单位、行业五个视角进行诊断，根据不同视角的评价情况，找出专业建设过程中的需要改进的地方，采取有效措施，不断优化专业规范。

一、专业自我诊断

专业根据各个评价指标，参与了专业自我诊断，发现在3.5本专业师生的教育教学成果被知名主流媒体宣传报道；4.3本专业教师有主持有校企合作的横向项目（含技术研究、开发、推广及为社会技能培训等），开展良好，效益明显；4.4考核期间本专业与企业合作共建了技术开发中心或研发平台。本专业教师面向社会开展技术服务或培训项目，具有显著经济效益，本专业积极开展国际合作交流，在引进先进的职业资格标准、课程体系及课程标准、师资培训与培养等方面有实质性的进展。但同时三个方面亦均存在不足，即体现了在与社会行业、企业协作方面，共育职业人方面以及国际视野方面还欠缺。具体各项自评如图21-5所示。

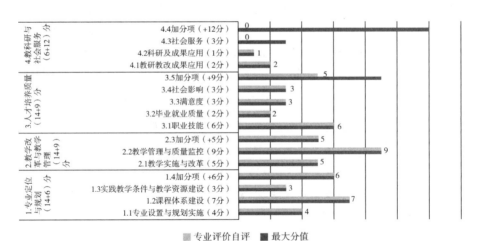

图21-5　专业自我诊断

二、学校对专业评价

学校层面邀请校内外专家对专业进行评价。与目标值对比可发现，本专业建设过程中人才培养质量中的职业技能、毕业生就业质量、教研教改应用、科研及成果应用达到目标值，说明本专业达到了学校的培养目标和定位。需要进一步改进的有社会影响力即招生报到率；大力加强的主要是社会服务和国际交流与合作，这两方面严重不足，需努力改进。总体来看，没有达到目标值的指标，均需要根据观测点的要求，对照指标，不断的优化和改进。具体各项评价见图21-6。

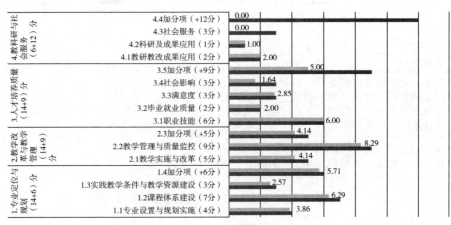

图21-6 学校对专业评价

三、毕业生对专业的评价

以问卷调查的方法，对毕业生进行调查，了解毕业生对物流管理专业培养的符合度，根据得到的数据做好分析和总结，找出物流管理专业人才培养方面的不足，后加以全面系统地完善和改进，以增强物流管理行业中人才竞争力。

（一）从业过程中对所学专业知识的重要性

根据调查反馈，有79.69%的学生认为在学校所学习的物流专业核心知识对工作非常有帮助，37.5%的学生认为在学校所学习的跨专业的知识有作用。具体见图21-7。

（二）从业过程中对素养能力方面的要求

根据学生从业的体会，有73.44%的学生认为认真、细心、责任心、态度、心态、职业规划、全球化理念重要；62.50%的学生认为从业中的应用能力、团队合作与协作能力重要；57.81%学生认为信心搜集分析能力、多角度分析问题的能力、道德准备比较重要。具体见图21-8。

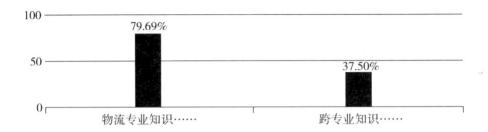

答案选项	回复情况
物流专业知识（仓储运营、运输管理实务、供应链管理、货运代理、报关、报检、国际贸易实务、生产运作管理、电子商务、管理信息系统、物流项目管理等）	79.69%
跨专业知识（咖啡、调酒、茶艺、金融、会计、人力资源、计算机运用、互联网技术等）	37.50%

图 21-7　职业对专业知识的重要情况

图 21-8　从业能力重要性

（三）从业中对学校所学专业知识与企业实践的区别

根据学生的实践，有73.44%学生认为企业所需要的专业知识比较具体，在学校所学的专业知识要根据每个企业的实际情况灵活应用；37.50%的学生认为在学校所学的专业知识为从业奠定了理论基础。有26.56%的学生因为毕业后并非从事物流业的岗位，所以认为学校里所学的知识与现在岗位无关。具体见表21-2。

表 21-2　学校所学知识与实践知识的区别

学校里所学比较系统	20.31%
企业所需要的专业知识比较具体，需要结合企业的实际情况灵活应用	73.44%
学校所学专业知识为从业奠定了基础	37.50%
学校所学专业知识与所从事的工作无关	26.56%

（四）对学校人才培养的建议

根据调查反馈，毕业生根据工作所需，有 67.19% 的学生认为课程开设应该多元化，拓宽知识面；有 59.38% 的学生认为应该与企业合作校企共同育人；有 32.81% 学生认为可以通过专业校友会来共同讨论育人策略。具体见表 21-3。

表 21-3　对学校人才培养的建议的调查

课程开设更加多元化，拓宽知识面	67.19%
与企业合作共同育人	59.38%
通过专业校友会共讨论育人策略	32.81%

四、用人单位评价

（一）综合表现评价

采用问卷和访谈法，对用人单位进行调研，了解用人单位对学生及学校专业人才培养情况的意见。根据对企业用人情况的反馈，有 72% 的企业认为学生表现比较优秀；有 27% 的企业认为学生表现良好；只有 1% 的企业认为学生表现合格。具体见图 21-9。

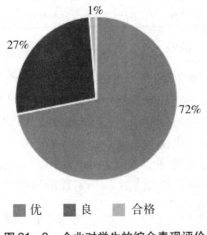

图 21-9　企业对学生的综合表现评价

（二）学生满意度

对学生的独立能力、创新能力、组织能力、实践能力、团队合作等进行了调查，通过调查可见，大部分的企业认为学生在以上这些方面的表现是好的，能力比较强。学生的团队合作、敬业精神方面得到企业的一致认可；在独立工作能力、开拓创新、组织管理能力、业务水平方面需要加强。具体见图21-10。

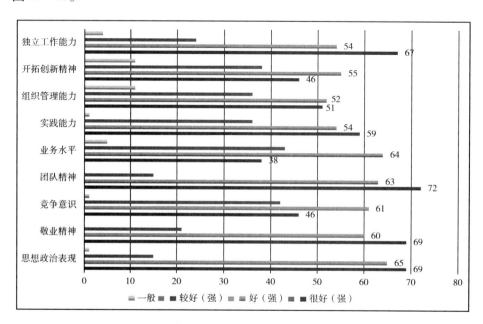

图21-10　企业对学生的满意度

学生素养的培养主要借助各专业课程设置及课内课外活动的开展来实现，对学生的创新精神及组织管理能力和业务水平三个方面来看，需要专业在创新培养方面多设置针对性的课内外活动或项目来实现；在组织管理能力方面可以扩大受训对象，借助各专业社团及开展丰富的综合型的课内外项目来加强；在业务水平方面除了课内专业技能训练外，要走出课堂、走出学校，开拓更多的企业资源，增加学生顶岗实践的机会，利用寒暑假进行集中训练，提高动手能力。

（三）对学生及专业的综合评价

企业对学生的综合评价情况，有99家企业认为学生综合素质高；82家企业认为学生有良好的职业道德；78家企业认为学生有良好的团队合作精神。同时也可看出在本专业人才培养方面,需要加强学生的创新创业意识的教育,提高专业技能实践的比例,提高动手能力。另外在专业设置方面应该做深度的调研,扩大调研范围,与用人单位进行更深入的沟通,获取更多有价值的专业建设建议,以提高专业内涵建设,提高人才培养的质量,具体见图21-11。

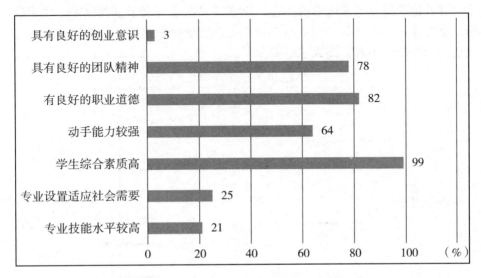

图21-11 企业评价

第四节 专业改进计划

通过专业诊断,找到本专业在建设过程中存在的不足及要改进的地方,在以下方面应逐渐完善。

一、专业课程成果的调整

根据用人单位的反馈,应该在应用和协作维度、公民素养和全球化学习方面进行优化,通过课程内容的调整,课程成果的调优,来满足用人单位的需要。

二、专业社会服务能力的提升

评价显示专业为企业解决技术问题的能力以及员工培训能力有待提高,专业教师在提升自我教科研水平的前提下,应与企业合作,提高为企业提供社会服务的能力。

三、专业社会影响

专业建设过程中应当抓内涵建设,在提高人才培养质量的前提下,扩大社会影响力,提高社会知名度,在为社会培养高技术技能人才、满足各方需求的同时,不断提高专业的社会认可度。

专业诊断是一个系统性的工程,应该以"需求导向、自我保证,多元诊断、重在改进"的方针,建立常态化的内部质量保证体系和可持续的诊断与改进工作机制,不断提高人才培养质量。

后记　与你共享这壶美酒

把这几年教育教学探索的历程和心得体会梳理成文,作为专著出版的念头闪现于成文前的三个月。对,就三个月时间,我们把三年来的历程,把三年来的探索与实践整理成文了。从时间上来讲,三个月编撰一本专著,似乎有点酝酿得不够,所以"这壶酒"够不够味,或是这本书的关键。我们思索片刻,很自信地和你说"值得",因为我们并不是在"酿酒",我们本来就摆了一桌"好酒",这无非是作为一个设计者把这桌"好酒",按"专著"的要求重新摆设一下而已。"怎么摆,这壶酒都是好酒!"这是严中华教授对我的鼓励。于是,2016年11月,我开始和同事规划这专著的出版,描绘这本书的蓝图,对于它的成型我望穿秋水。于是我们马不停蹄地把我们三年来的探索与实践心得整理成文。种种困难和点点滴滴的花絮清晰如昨:过去,我们曾为确定一个名词翻译和使用的准确性争得面红耳赤;我们为让教师达成共识几度博弈……这些、那些的曾经,在本书稿的整理过程中都变成了激动和淡定。

我很感谢我的同事,在这么短的时间内能实现我们的目标,尽管我们的文案或不尽完善,但这不仅体现了我们团队的合作能力,更体现了作为教育者对教育的那份执着和职责——教育探索和分享本就是教育工作者应尽的一份责任。教书育人的过程也应该是一个教育探索的过程,早在《礼记·学记》中就有"记问之学不足以为人师,必也其听语乎?"的表述,这告诫我们,作为一名教师一名教育工作者理应积极探索适合社会经济发展的人才培养方法和模式。我也很感谢学校和各级领导给了我们这次实践的机会,我们虽然是所民办学校,但我们充满激情和创新。也正因此,在全校上下共同努力的氛围下,让此项目变成了一个真正的教育改革与创新,变成了一次真实的教学应用与实践。这或许就是真正意义上的教育过程,因为探索本身就意味着一种开放、一种进步。也真正说明了我们的团队,是一个好学深思、不断超越自我的团队。也证明了我的学校,是一所敢为人先、不断创新的学校，是一所有使命感的学校。所以，我们无愧为高等职业教育的探索者。

在经济全球化、教育国际化背景之下，我国高等职业教育面临更为深刻的改革挑战机遇，《国家中长期教育改革与规划发展纲要（2010—2020年）》首次从国家层面正式提出教育国际化，为此"教育十三五规划"和党的十八大吹响了高等职业教育新一轮创新发展的号角，"一流高职院校""创新强校工程"的实施，让我们看到了前面的阳光，也让我们感受到一场即将或已经来临的"教育竞技"和高等职业教育创新与改革的浪潮。我们深信在不久的将来定会涌现出一些能够适应国际形势和国民经济发展要求的富有特色和丰富完善的人才培养和教学方案。同时，我们也深信不久的将来我们高等职业教育的人才培养质量和国际竞争力将不断得到提升。我们的探索与实践在某种程度上讲并不为此而"生"，也不为此而"竞"，一切显得那么的自然而然。我们是一所民办学校，人才培养的质量和创新发展，是我们的"生命线"。幸运的是，我们的改革与创新，顺应了这个阶段的高等职业教育改革趋势；幸运的是，我们的改革与创新正是当下，我国高等职业教育所需要的……

我们的探索与实践，如果能为中国高等职业教育的改革与发展做点贡献，这或是我们最大的欣慰。我们也知道，中国高等职业教育改革与创新任重道远，需要有更多的学校、更多的老师积极投身其中，共同努力提升我国高等职业教育的人才培养质量和国际竞争力、影响力。我们或是这场教育高等职业教育改革和竞技的影响者，或是"牺牲者"，这都微不足道。我们愿意成为这场高等职业教育改革的"雨露"，我们期待"阳光普照"的来临。我们为此感到荣幸，因为我们的改革与创新是本着以提高人才培养质量，促进职业教育办学水平而做的，而这，足矣！如果把这次教育的改革与探索比喻成酿酒的过程，我更愿意说的是，我们愿意和大家在这里分享这坛"美酒"。在编写与"酝酿"的过程中如果存在这种或那种不足，我在此谨表歉意，也再一次向关注和支持我们的每一位教师与同仁表示感谢。

龚自珍的"落红不是无情物，化作春泥更护花"谨作结尾。

何　静

（教授，广东岭南职业技术学院经济管理学院院长）

2017年2月26日

备注：①本书内容仅作为学习交流用，未经许可不得用于商业用途；
　　　②需征订、购买本书可直接向中山大学出版社征订或联系我们：
　　　E-mail：398317684@qq.com/18926173700

参考文献

[1] 中国教育与人力资源报告课题组. 从人口大国迈向人力资源强国[M]. 北京：高等教育出版社，2003：48.

[2] 李贤凤. 成果导向教育对当代职业教育的适应性浅析[J]. 北方经贸，2015（10）：243-244.

[3] 潘建华. 我国职业教育发展的理念误区探析[J]. 科技信息（学术研究），2007（1）：150.

[4] 朱彦慧等.《教育哲学》对当前职业教育的启示[J]. 职大学报，2015（6）：96-97.

[5] 张德江. 应用型人才培养的定位问题及模式探析[J]. 中国高等教育，2011（18）：24-26.

[6] 吴中江，黄成亮. 应用型人才内涵及应用型本科人才培养[J]. 高等工程教育研究，2014（2）：66-70.

[7] 吴阿林. 应用型人才的层次结构及其指标体系的研究[J]. 黑龙江高教研究，2006（11）：122-124.

[8] 杭州华三通信技术有限公司（H3C）培训中心. 高技能网络人才培养新模式——多元应用能力模型"MAAM"[J]. 计算机教育，2009（9）：37-39.

[9] 陈雪梅，卢宁. 构建应用能力培养的课程体系[J]. 高教发展与评估，2007，23（1）：105-106.

[10] 高峡. 国外应用能力框架之比较及其启示[J]. 全球教育展望，2011（11）：24-30.

[11] 周锦荣. 应用型人才教育模式下的知识应用能力培养[J]. 内蒙古农业大学学报（社会科学版），2015，17（2）：57-60.

[12] 殷明等. 美国学历资格框架（DQP）述评[J]. 中国职业技术教育，2016（6）：82-79.

[13] 那一沙,袁枚,吴子东.教学设计研究综述[J].西南交通大学学报(社会科学版),2013,14(3):109-112.

[14] 贾跃.从德国职业教育看学习情境的构建[J].中国现代教育装备,2009(16):40-43.

[15] 谭移民.基于课程标准的教材结构设计[J].职教论坛,2014,(36):75-77.

[16] 钟志贤,刘春燕.论学习环境设计中的任务、情境与问题概念[J].电化教育研究,2006(3):16-21.

[17] 肖永刚.对后工业化时代职业教育转型发展的几点思考[J].长沙通信职业 技术学院学报,2013(1):51.

[18] 刘立红.新常态下职业教育转型发展的创新探讨[J].成人教育,2015(8).

[19] 何静,牛玉清.美国DQP学历框架中国化的探索与实践[J].职业技术,2016(4).

[20] 牛玉清,何静.基于美国DQP学历框架的工商管理专业规范设计[J].佳木斯职业学院学报,2016(2).

[21]]殷明,何静.学分矩阵结构在完全学分制改革中的探索与应用[J].当代职业教育,2016(6).

[22] 覃川.我国高等职业教育人才培养模式存在的主要问题及对策[J].青岛职业技术学院学报,2015(6).

[23] 刘春生.美国职业教育改革的新动向及启示,[J].外国教育研究.2004(9).

[24] 刘尧.美国职业教育特点述评[J].世界教育信息.2007(7).

[25] 转引:钟志贤,刘春燕.论学习环境设计中的任务、情境与问题概念[J].电化教育研究,2006(3):16-21.

[26] 叶晓平.高等职业技术教育人才培养模式研究,[D].南京:西安建筑科技大学,2007(硕士论文).

[27] 马光远.全面准确理解中国经济新常态[N].经济参考报,2014-11-10(2).

[28] 谢开华.中国经济年会聚焦新常态[N].参考消息,2014-12-22(11).

[29] 李克强.以改革的思路办好职业教育[EB/OL].http://www.gov.cn/.2014-02-26.

[30] 国务院关于加快发展现代职业教育的决定[EB/OL].http://

www. gov. cn/. 2014 – 06 – 22.

[31] 董洪亮. 教育部副部长鲁昕：现代职业教育以就业为导向，不以升学为目的 [EB/OL]. http：//www. GZSEDU. CN/. 2015 – 03 – 15.

[32] Lucia Anderson Weathers. Degree Qualifications Profile released for large-scale implementation [EB/OL]. http://www. luminafoundation. org/news-and-events/degree-qualifications-profile-launch-news，2014 – 10 – 08.

[33] L. Dodge. Brandman University Adopts the Degree Qualifications Profile [EB/OL]. https://www. wascsenior. org/files/Brandman%20University%20Adopts%20the%20Degree%20Qualification%20Profile_January%2031%202012_final. pdf，2012 – 01.

[34] Stephen Kopp. Marshall University's Degree Qualifications Profile Project [EB/OL]. http://illinois. edu/blog/view/1542/110821，2014 – 03 – 17.

[35] Pat Hutchings. DQP Case Study：Point Loma Nazarenc University，San Diego，California [EB/OL]. http://www. learningoutcomesassessment. org/documents/DQP%20Case%20Study%20 – %20Point%20Loma. pdf，2014 – 01.

[36] Lumina Foundation. Degree Qualifications Profile [EB/OL]. http://degreeprofile. org/download- the-dqp/，2015 – 01.